RESEARCH ON LENIN'S
THOUGHT OF COMMUNIST MORAL EDUCATION

列宁共产主义
道德教育思想研究

高俊丽 著

社会科学文献出版社
SOCIAL SCIENCES ACADEMIC PRESS (CHINA)

目　录

绪论
一个历久弥新的理论话题：
共产主义道德教育

1920 年 10 月 2 日，列宁在俄国共产主义青年团第三次代表大会上发表题为《青年团的任务》的重要讲话。这篇著名演说发表于苏维埃共和国从国内战争向和平建设转变、亟待恢复国民经济建设的紧要关头。在这次讲话中，列宁提出了一个事关把青年培养成为坚定的共产主义者的重要议题——对青年进行共产主义道德教育！也是在这次报告中，"共产主义道德"这一概念首次出现。从这一概念的提出至今已有 102 年，在这 102 年间，共产主义道德和道德教育的问题一直是共产党人关注的重要问题。从马克思恩格斯对无产阶级道德问题进行探索，到共产主义道德的形成与发展，数百年来，这个话题历久弥新。十月革命一声炮响，为中国送来了马克思列宁主义。在其指导下，中国先进分子以实现民族解放、实现无产阶级解放、实现共产主义为目标成立了中国共产党。历经新民主主义革命、社会主义革命和建设、改革开放和社会主义现代化建设，我们终于进入了新时代，中国人民迎来了从站起来、富起来到强起来的伟大历史性飞跃。贯穿这一伟大历史进程的，除了正确的理论指导和中国共产党的领导等因素外，共产主义理想信念也为我们提供了披荆斩棘、锲而不舍的精神动力，让我们得以离实现中华民族伟大复兴的目标越来越近。而中国人民的共产主义理想信念始终坚定不移，正是因为我们永不停歇的共产主义道德教育。

第一节　共产主义道德教育与时代发展

一百多年前，在中国传播马克思主义的第一人——李大钊发出呐喊，"试看将来的环球，必是赤旗的世界"①，面对冰冷的绞刑架，他高呼："共产主义在中国必然得到光辉的胜利!"写下"砍头不要紧，只要主义真"的夏明翰，喊出"敌人只能砍下我们的头颅，决不能动摇我们的信仰"的方志敏，这些革命先烈之所以能够排除万难、坚持斗争、不怕牺牲、传播真理，就是因为他们有坚定的共产主义理想信念，这是共产主义道德的核心。历史的车轮滚滚向前，以毛泽东同志为核心的党的第一代中央领导集体将共产主义道德定义为"人类最伟大、最高尚的道德"，号召全党接受共产主义道德教育，并出台一系列文件，落实共产主义道德教育。以邓小平同志为核心的党的第二代中央领导集体，拨乱反正、实事求是、解放思想，在改革开放的重要时期再次肯定共产主义道德教育的重要意义，指出没有共产主义思想，没有共产主义道德，是不可能建成社会主义的，党员尤其是党的高级干部，一定要高度重视、身体力行共产主义思想和共产主义道德。以江泽民同志为核心的党的第三代中央领导集体、以胡锦涛同志为总书记的党中央依旧将共产主义理想信念、共产主义道德的培育放在重要位置，提出"三个代表"重要思想和社会主义核心价值体系、社会主义核心价值观等道德建设的重要内容。党的十八大以来，中国特色社会主义进入新时代。这个"承前启后、继往开来"的伟大时代，是我们实现中华民族伟大复兴的最关键时代。承载着伟大时代使命的我们需要更加坚定的共产主义理想信念、更加高尚的道

---

① 《李大钊全集》第 2 卷，人民出版社，2013，第 367 页。

德品质。习近平总书记在党的十九大报告中指出："人民有信仰，国家有力量，民族有希望。"① 要提高人民思想觉悟、道德水准、文明素养，提高全社会文明程度。中国特色社会主义的本质就是要实现共同富裕，实现共同富裕需要有伟大的精神力量作为支撑发展生产力，同时也需要有伟大的精神领袖引领我们实现人民精神生活的共同富裕。

一　一个历久弥新的理论探索

国无德不兴，人无德不立。道德是一个民族、一个国家最持久、最深层的力量。习近平总书记在党的十九大报告中指出，中国特色社会主义进入新时代，新时代对公民的道德建设提出更高的要求，即"要提高人民思想觉悟、道德水准、文明素养，提高全社会文明程度"②。2019 年 10 月，中共中央、国务院专门印发《新时代公民道德建设实施纲要》，提出公民道德建设要坚持马克思主义道德观，倡导共产主义道德，引导人们明大德、守公德、严私德。2021 年 10 月 15 日，习近平总书记在《求是》发表文章《扎实推动共同富裕》，强调"共同富裕是全体人民共同富裕，是人民群众物质生活和精神生活都富裕"，"促进共同富裕与促进人的全面发展是高度统一的"。③ 实现人民群众精神生活共同富裕与物质生活共同富裕成为全面建设社会主义现代化强国，实现中华民族伟大复兴的重要任务。而精神生活共同富裕的实现必然需要进行道德教育以提高人民的思想道德水平。在社会主义社会，有一部分先进分子一直在身体力行共产主义道德，正是这些一直在"身体力行共产主义道德"的先进分子，引领着道德的发展方向，为建设社会主义作出了突出的贡献，也必将成为实现中华民族伟大复兴的中坚力量。《中国共产党章程》中要

---

① 习近平：《决胜全面建成小康社会　夺取新时代中国特色社会主义伟大胜利——在中国共产党第十九次全国代表大会上的报告》，人民出版社，2017，第 42 页。
② 习近平：《决胜全面建成小康社会　夺取新时代中国特色社会主义伟大胜利——在中国共产党第十九次全国代表大会上的报告》，人民出版社，2017，第 42 页。
③ 《扎实推动共同富裕》，《求是》2021 年第 20 期。

求党员必须履行的义务有："发扬社会主义新风尚，带头实践社会主义核心价值观和社会主义荣辱观，提倡共产主义道德，弘扬中华民族传统美德，为了保护国家和人民的利益，在一切困难和危险的时刻挺身而出，英勇斗争，不怕牺牲。"① 以党员为代表的先进分子践行的共产主义道德凝聚更多的群众，形成更为强大的精神力量，是共产主义道德教育的目标所在、关键所在。

追溯科学社会主义发展史，马克思恩格斯对在工人阶级中开展道德教育有着科学而又独到的见解，而这种见解，在列宁领导俄国无产阶级革命运动过程中得到了进一步实践。这种实践在十月革命成功推翻了俄国资产阶级的统治，建立了世界上第一个社会主义国家之时，得到了全面的发展。为了调动广大人民群众的积极性，团结一切可以团结的力量，在一个经济文化极其落后的国家建设社会主义，列宁创造性地提出了共产主义道德，想要通过对全社会尤其是青少年的道德教育来培养共产主义一代新人，克服旧社会遗留下来的不良道德习惯。列宁领导的布尔什维克党通过在全社会开展共产主义道德教育，成功实现了文化革命，推动了文化建设，进一步推动了社会主义建设，巩固了苏维埃政权。

列宁共产主义道德教育思想的成功实践，在巩固苏维埃政权的同时，丰富和发展了马克思主义道德教育思想，并且为其他社会主义国家提供了宝贵的道德教育经验。但是，列宁关于社会主义道德教育的思想并未形成完整的论述，只散见于他不同时期的著作、讲话和信件中，而对列宁共产主义道德教育思想的相关研究也较少。列宁对马克思和恩格斯的道德教育思想有着什么样的继承和发展？列宁共产主义道德教育思想在当时的条件下具有什么样的意义？在社会主义建设时期提倡或培育共产主义道德是否具有现实可行性？列宁共产主义道德教育思想对新时代中国特色社会主义道德建设有什么启示？回答这些问题成为研究列宁共产

---

① 《中国共产党章程》，人民出版社，2017，第13页。

主义道德教育思想的重要缘由。

长期以来，中国在道德建设方面取得了丰硕的成就，社会主义核心价值观深入人心，人民群众的思想觉悟、道德标准、文明素养也在不断提升。但是，当前中华民族正面临世界百年未有之大变局，国际国内形势日益错综复杂，社会治理体系还不够健全。由于受不良社会思潮影响和各类思想文化侵蚀，道德领域仍然存在着许多亟待解决的问题。尤其是在现阶段，我国发展处于重要战略机遇期，全面建成小康社会的重要任务已经完成，全面建设社会主义现代化强国的征程已经开启。如何将新时代公民道德教育优势转化为治理效能和中国特色社会主义建设的强大动力，推动精神文明与物质文明协调发展，实现人民群众精神生活的共同富裕，实现中华民族伟大复兴的中国梦，是新时代我们面临的重要课题。基于此，研究列宁共产主义道德教育思想的形成、发展、重要内容以及教育路径，借鉴其道德教育的理论和实践经验，守正创新，使全体公民明大德、守公德、严私德，构筑中国精神、中国价值、中国力量，正是顺应时代发展的重要任务。

二 一个举足轻重的时代话题

习近平总书记在庆祝中国共产党成立 100 周年大会上强调："今天，我们比历史上任何时期都更接近、更有信心和能力实现中华民族伟大复兴的目标，同时必须准备付出更为艰巨、更为艰苦的努力。"[①] 由此可见，进入新时代，我们需要更多能够践行共产主义道德，为实现中华民族伟大复兴中国梦而不懈奋斗的先进分子。因此，倡导共产主义道德，开展共产主义道德教育成为与时代发展相契合的必然趋势。开展共产主义道德教育需要我们从理论上更加深入地研究、分析、掌握共产主义道德教育思想的产生、形成与发展过程，加深对马克思主义道德观的理解和认

---

① 习近平：《在庆祝中国共产党成立 100 周年大会上的讲话》，人民出版社，2021，第 17 页。

识，更好地用理论来指导实践；而研究列宁的共产主义道德教育思想，能够让我们重新回顾将科学社会主义理论变成实践的列宁是如何在经济、文化都极其落后的俄国建设社会主义的。列宁对共产主义道德教育理论与实践的探索能够使我们深刻地认识并做好新时代公民道德建设工作，推动共产主义道德教育理论和实践建设的不断深化和前进。

1. 理论意义

第一，有助于深化和拓展列宁共产主义道德教育思想的研究。列宁的共产主义道德教育思想，作为其文化思想的一部分，在列宁主义的整个思想体系中有着特殊的地位。综观列宁一生的实践活动和全部的思想理论，虽然他并没有专门阐述共产主义道德教育，但他的著作、讲话、信件等却蕴含了丰富的道德教育思想。通过对列宁的全部论述进行研究和分析可以发现，列宁关于共产主义道德和道德教育的思想内涵丰富、特色鲜明，涉及国家、民族、社会、家庭等多个领域，涵盖道德理想、道德原则、道德规范、道德教育路径等多个层次。当前，对列宁共产主义道德的研究和关注并不深入，因此，通过对列宁共产主义道德教育思想的形成与发展、教育内容、教育路径以及其当代价值的研究，可以集中整理、归纳分析和重新审视列宁的共产主义道德教育思想，丰富列宁共产主义道德教育思想研究的内容，拓宽研究视域。

第二，有助于丰富和发展马克思主义道德教育理论。列宁是马克思和恩格斯思想的继承者和实践者，列宁的共产主义道德教育思想是马克思主义道德教育理论的重要组成部分。列宁领导的俄国社会主义建设实践证实了马克思主义的科学性和可行性。列宁在领导俄国无产阶级革命实践和社会主义建设的过程中，逐步认识到共产主义道德教育对无产阶级和广大人民群众社会主义意识觉醒的重要性，创造性地提出了共产主义道德这一概念。在马克思主义道德教育思想的指导下，从对马克思主义道德教育理论的捍卫和传播，到通过无产阶级道德唤醒无产阶级的革命自觉性和团结无产阶级进行自身解放运动，再到成功建立世界上第一个社会主义国家之后用共产主义道德教育把全体人民群众团结在无产阶级周围，列宁的共产主义道德教育思想最终形成并得以深化。这是对马克思和恩格斯道德教育理论的继承和发展，开辟和开启了马克思主义道德教育理论发展的新境界和新阶段。因此，对列宁共产主义道德教育思想的研究，有利于发展马克思和恩格斯关于道德教育的科学理论，又是对整个马克思主义道德教育理论的深化和丰富。

第三，有助于夯实中国特色社会主义道德教育的理论基础。中国特色社会主义道德教育既不是从天上掉下来的，也不是杜撰出来的，而是马克思主义道德教育理论与中国社会实践相结合的产物。列宁共产主义道德教育思想，是对马克思主义道德教育理论在理论和实践上的全面继承和发展，他科学地、创造性地解决了在经济文化落后的社会主义国家如何开展道德教育的一系列问题，成功运用道德教育为社会主义经济、政治、文化建设服务，巩固了苏维埃国家政权。我们党以马克思列宁主义为指导思想，这是我们做好一切工作的理论基础和行动指南。因此，对列宁共产主义道德教育思想的研究，有助于夯实中国特色社会主义道德教育的理论基础。

2. 实践意义

第一，有助于培养和造就能够担当民族复兴大任的时代新人。道德教育最终要解决的是培养什么人的问题。习近平总书记指出："中国特色社会主义是前无古人的伟大事业。"[1] 要保证这一伟大事业顺利进行，实现中华民族伟大复兴的中国梦，关键问题就是要培养一代又一代能够担当民族复兴大任的时代新人。在当今社会，面对丰富的物质生活与多元文化交融冲突，如果没有正确的世界观、人生观、价值观，我们就不可能担负起实现中华民族伟大复兴的时代重任。列宁共产主义道德所提倡的"人人为我、我为人人"的集体主义精神、"自觉为社会造福"的奉

---

[1] 《习近平谈治国理政》第 2 卷，外文出版社，2017，第 9 页。

献精神、一切"由实践来检验"的实事求是精神、"团结一致的纪律和反对剥削者的自觉的群众斗争"、"为国家英勇牺牲"的爱国主义精神等，不仅是培养共产主义一代新人的需要，也是现阶段开启全面建设社会主义现代化国家新征程，培养和造就担当民族复兴大任的时代新人的需要。

第二，有助于倡导共产主义道德，培养共产主义远大理想。《新时代公民道德建设实施纲要》提出新时代公民道德教育要倡导共产主义道德，培养共产主义远大理想，筑牢理想信念之基，将中国特色社会主义共同理想与共产主义远大理想统一起来，用共产主义道德来引领人们的道德追求和人生方向。通过对列宁共产主义道德教育思想的研究，重温列宁及其领导的布尔什维克党在俄国社会主义革命和建设时期，以共产主义远大理想和坚定信念，带领俄国人民在极其艰苦的条件下，用共产主义道德号召并带动人民群众积极参与社会主义革命和建设，克服一个又一个困难，团结一切可以团结的力量，成功建立了世界上第一个社会主义国家并在一定时期内很好地完成了巩固政权的任务这一历程，这对人们坚定共产主义理想信念具有重要意义。列宁关于共产主义劳动态度教育、社会主义人道主义教育、无产阶级国际主义精神教育等共产主义道德教育内容的论述，关于在全社会宣传和倡导共产主义道德的目标的论述，关于将共产主义道德教育与劳动实践相结合的路径探索等，为现阶段倡导共产主义道德，培养共产主义理想信念，构建人类命运共同体等提供了实践支撑。

第三，有助于对中国特色社会主义道德教育路径的深入探索。百行德为首，百业德为先。我们党历来重视道德建设，始终把加强社会主义道德教育作为极为重要的战略任务来抓。列宁在理论和实践上全面继承和发展了马克思主义的道德学说，其社会主义道德教育思想内容丰富、内涵深刻，对如何有效开展共产主义道德教育进行了全面的探索，并且经过俄国社会主义建设实践检验，其教育思想的历史价值得到充分证明。因此，列宁共产主义道德教育思想对当前中国特色社会主义道德教育路径的探索也具有非常重要的指导作用。列宁共产主义道德教育的目标、要求、内容、路径等都非常值得借鉴。列宁的共产主义道德教育思想对新时代中国特色社会主义核心价值观的培育，对全面落实立德树人的根本任务等具有一定的启示作用。用列宁共产主义道德教育思想指导中国特色社会主义道德教育活动，不仅有助于巩固马克思主义的指导地位，同时也有助于将倡导共产主义道德教育落到实处。

第二节　国外学者经久不衰的研究热情

　　列宁是继恩格斯之后最伟大的马克思主义者之一，列宁没有固守马克思恩格斯的理论模式，他始终遵循一个原则："理论是灰色的，而生活之树是常青的。"① 1917 年，列宁领导俄国无产阶级成功取得十月革命的胜利，科学社会主义理论在俄国得以实践。此后，世界各国，尤其是美国对列宁思想给予了较多的关注，对苏（俄）联文化的研究也开始增多，但对列宁道德教育思想的研究却微乎其微。西方关于列宁道德教育思想的研究成果大多从历史学或文化学的角度出发，以著述、传记中的章节或片段等形式出现，专门的论著几乎没有。1992 年至今，俄罗斯学术界对列宁学说的研究和阐述，主要集中在肯定列宁学说的生命力和当代价值方面，对列宁的共产主义道德教育思想涉猎不多。在以上研究中，学者在一定程度上虽然丰富了列宁的道德理论，研究角度也渐趋多样化，但仍缺少对该理论历时性的全面审视和纵深探究。如今，笔者在国家科技图书文献中心（NSTL）以列宁伦理思想、列宁共产主义道德教育思想（英文和俄文）为检索词进行检索，发现直接的研究成果寥若晨星。列宁对共产主义道德教育的探索，不仅影响着本国的道德理论发展和道德建设，同时也对其他国家的道德教育推进和理论创新具有重大意义。

---

　　① 《列宁全集》第 29 卷，人民出版社，1985，第 139 页。

一 西方学者对列宁共产主义道德教育思想的相关研究

西方理论界研究列宁共产主义道德教育思想的著述是非常少的，西方学者主要从文化或意识形态等视角出发，对列宁共产主义运动和共产主义道德教育思想展开了相关研究。代表人物主要有葛兰西、卢卡奇、柯尔施、马尔库塞等。研究的视角主要有以下几个。

第一，对列宁共产主义道德教育的深刻内涵和重要性的相关研究。加拿大著名哲学家凯·尼尔森认为，列宁的道德教育思想具有阶段性，列宁对不同社会、不同阶段的道德作出了判断和评价。在共产主义第一阶段，虽然人剥削人的关系不存在了，但是还做不到完全"公平和平等"，仍然不能实现按需分配，因为这些不平等是为了实现社会财富充分涌流而存在的，当共产主义进入高级阶段后，道德原则就会发生改变，劳动者会变成一个全面发展的人，生活在一个广泛平等的社会中，人们不会担心自己是否比其他人工作的时间长或比其他人获得的少。此时，"各尽所能，按需分配"将作为共产主义社会高级阶段的基本统治性原则。[①] 意大利著名马克思主义者葛兰西认为，统治阶级要想使自己的统治稳固，必须要能够建立并控制"他们的智识、道德和政治霸权机构"[②]，同时，葛兰西认为，国家是道德教育的主体，应该在获得新的政权前和掌握政权后，使"广大群众的道德风范适应经济生产设备的继续发展，从而发展出实实在在的新人类"，道德能够使人"同心协作"，道德教育能够改变人的思想和行为方式，通过"集体压力"使"强迫和义务变成'自由'"。[③] 1917 年 12 月，葛兰西撰写了著名社论《反〈资本论〉的革

---

① 〔加〕凯·尼尔森：《马克思、恩格斯和列宁的正义观》（下），傅强、李文雯译，《创新》2008 年第 5 期。
② 〔意〕安东尼奥·葛兰西：《狱中札记》，曹雷雨、姜丽、张跣译，中国社会科学出版社，2000，第 39 页。
③ 〔意〕安东尼奥·葛兰西：《狱中札记》，曹雷雨、姜丽、张跣译，中国社会科学出版社，2000，第 198 页。

命》，他认为，十月革命的胜利是社会主义得到广泛宣传的必然结果，"社会主义宣传可以使无产阶级的历史在一瞬间戏剧性地苏醒过来"，他震惊于布尔什维克能在三年时间里把人民的意志"能动地和自觉地变成一个意志"。① 后来，葛兰西又在《自发性与自觉领导》的札记中指出，"'自发性'因素是不容忽视的，更不能加以鄙视，而是要进行教育、引导、清除外来的污染，使它符合'现代理论'"②，而这种观点是列宁在他的学说里已经公开论述过的。葛兰西指出，"把道德上的'完善'设想为一种纯粹个人的事——这是妄想和谬误"③，缺乏"自觉领导"的群众运动是不可能取得最终胜利的，革命者必须要将"现代理论"灌输给普通群众以帮助他们从"常识"中解脱出来。匈牙利马克思主义者卢卡奇立足社会存在的本体讨论了伦理道德发生的政治经济基础和历史条件。他在《历史和阶级意识——马克思主义辩证法研究》一书中指出，在整个社会的政治、经济、精神生活面对物质生产方式的制约时，毋庸置疑，劳动是天经地义且无上荣耀的实践活动，劳动是道德产生的前提，道德的主体是劳动者，道德作为社会精神生活的一种方式，是由物质生产方式所决定的。但是，绝不能仅仅把道德看作一种被动力量，要清楚地认识到道德的主观能动性，"任何革命阶级、政治团体，若不充分意识到必须首先在意识形态领域打破资产阶级传统，发现、培养能够对抗和取代资产阶级意识形态的精神力量，便不能组织起对资产阶级社会的有效冲击和改变现存的资本主义制度"④。为此，卢卡奇呼吁人们要团结在理性的旗帜下，警惕由于抛弃或反对理性而带来的灾祸。德国马克思主义者柯尔施认为，工人阶级的道德教育应该包括启发他们的阶级意识，而这一切工作都应该在革命中所进行的批判和鼓动中实施，在"理论上和实

---

① 〔意〕安东尼奥·葛兰西：《实践哲学》，徐崇温译，重庆出版社，1990，第171页。
② 李鹏程编《葛兰西文选》，人民出版社，2008，第158~159页。
③ 李鹏程编《葛兰西文选》，人民出版社，2008，第289页。
④ 张之沧：《西方马克思主义伦理思想研究》，《马克思主义与现实》2010年第2期。

践上被贯彻到底"①。同时，他还认为，道德教育的关键在于对"权威"的认同，这种"权威"主要来自大多数社会成员所认同的价值观念、风俗习惯或日常行为准则，是一种非常具有凝聚力和导向性的集体意识。②

第二，对列宁共产主义道德教育主体、内容与路径的相关研究。葛兰西认为，无产阶级政党取得革命胜利的重要途径就是要自觉教育群众，通过任何可能的渠道、方式进行理论灌输。葛兰西在《革命者和选举》中提出，议会选举也可以成为思想灌输的一种手段。他认为："参加这种斗争是为了把团结和组织性因素灌输到这些群众中去，是为了把他们的行动同社会党的活动结合起来，是为了给予他们的本能和激情以理性的表达并依靠提高政治觉悟使他们心里亮堂起来。"③ 在札记《"常识"、宗教和哲学之间的联系》中，葛兰西明确指出，"某种特定的、为任何旨在普遍取代常识和旧世界观的文化运动所必须满足的要求"之一，便是"不懈怠地重申自己的论据（虽然要提供花样翻新的文字表达形式）：重复是影响人民群众思想的最好的教导手段"，任何流行一时的意识形态构造，如若不符合"历史的复杂的有机时期的要求"，则终将在历史的竞争中消逝。④ 葛兰西强调，只有无产阶级的知识分子才能从事能动的"理性活动"，通过开展自觉的宣传鼓动工作创造新的力量，以"教育在文化上还处于中世纪的人民大众"⑤。他主张工人阶级和知识分子合作组建"知识—道德集团"，共同完成历史赋予的神圣使命，这一主张展现了他的"智慧即道德"的伦理思想。与葛兰西相同，卢卡奇也认为无产阶级政党是实施道德教育的主体，因为它是"无产阶级意识的化身、可见形态、

---

① 〔德〕卡尔·柯尔施：《马克思主义和哲学》，王南湜、荣新海译，重庆出版社，1989，第54页。

② 〔德〕卡尔·柯尔施：《马克思主义和哲学》，王南湜、荣新海译，重庆出版社，1989，第86页。

③ 李鹏程编《葛兰西文选》，人民出版社，2008，第37页。

④ 〔意〕安东尼奥·葛兰西：《狱中札记》，曹雷雨、姜丽、张跣译，中国社会科学出版社，2000，第252页。

⑤ 〔意〕安东尼奥·葛兰西：《狱中札记》，葆煦译，人民出版社，1983，第305页。

组织体现和运载工具"，是"有阶级意识的工人的自觉实现"。[1] 马尔库塞认为，人们从奴役状态中觉醒才是具有真实意义的解放，莫错"把本质的人格当作商品"。无产阶级作为革命主体，在革命成功之后，必须着手对人们进行精神层面的改造，改造的基本对象就是人类感情和审美上的需求，其中包括拯救人的爱欲、想象、激情、灵性、直觉等感性之维，使人产生新的需求、价值。无产阶级应培养出与传统完全相反的"新感性"，这种新感性"将在社会的范围内，孕育出充满生命的需求，以消除不公正和苦难；它将勾织'生活标准'向更高水平的进化"。[2] 此外，无产阶级还要认识到"一切官僚主义的福利国家也都是压抑人性的国家"，只有社会主义的人道主义，才能使个人不再依赖"一种在满足他的需求时将使他永远处于受奴役状态的剥削机构"，使人类走向自由境界，实现非压抑性的升华，建立新型的社会关系和道德模式。[3] 凯·尼尔森认为，列宁的共产主义道德是对资产阶级道德的超越，不仅要求形式上的平等，在实质上还强调彻底"消灭阶级"。他还详细分析了列宁在《国家与革命》等著作中对共产主义道德在不同阶段中的内容的论述。列宁在保持精神沉思的同时，具体分析了社会的生活条件，对共产主义道德的相关论述进行了细节深化。比如，列宁认为，在共产主义第一阶段要清除旧社会遗留下来的痕迹，实行按劳分配，培养新人等，虽然还不能做到公平和平等，富裕程度还会不同，但人剥削人已经不可能了，因为生产资料等物质资料不再是私有的；在高级阶段人们将习惯于遵守社会公共生活准则，无需再依靠社会制定的条令来管理自己的生活、约束自己的欲望，人们"各尽所能"实现自身的全面发展，真正实现劳动产品"按需分

---

[1] 〔匈〕卢卡奇：《历史和阶级意识——马克思主义辩证法研究》，张西平译，重庆出版社，1989，第365页。

[2] 〔德〕马尔库塞：《审美之维》，李小兵译，生活·读书·新知三联书店，1989，第106页。

[3] H. Marcuse, *An Essay on Liberation*, Boston：Beacon Press, 1969, p.13.

配"，自由取用。①

第三，对列宁共产主义道德教育思想的评价研究。美国学者 Michael Burawoy 于 2000 年发表的 "Marxism after Communism" 认为，在新的时代寻求全球性而非地域性的马克思主义的时候，人们应该记住，尽管马克思主义可能是困扰 20 世纪的 "幽灵"，但与此同时，它也激发人们创造了 20 世纪最伟大和最具创造性的成果，这包括支持或是反对马克思主义的哲学、历史学、经济学、政治学以及社会学理论成果。马克思主义有一种不可思议的诀窍，可以在最不经意的时候，在某个地方重现，人们应该透过共产主义道德的镜头来重新阅读马克思列宁的全部著作。② 加拿大学者凯·尼尔森认为，列宁的共产主义道德教育思想是对马克思和恩格斯道德教育思想的继承和发展，"对指导我们进行社会斗争和设计良好社会的理念起到启发作用"③。列宁论述道德问题的代表作之一《什么是"人民之友"以及他们如何攻击社会民主党人?》备受国外学者的关注。其中，英国学者乔治·拉伦对这一著作中的 "思想的社会关系" 是 "物质的社会关系的上层建筑" 这一观点十分赞同。④ 这里的 "思想的社会关系" 就包括道德，可见他与列宁所理解的道德的理论基础是一致的。而列宁道德教育思想中著名的 "灌输" 理论，更是得到西方马克思主义者的认同。他们认为，列宁的道德教育思想在协调阶级利益与全体人民利益的过程中发挥了至关重要的作用，它的关键之处在于响应人民的意愿，洞察大众的心理，并将其纳入道德教育的理论。为此，人民以同样的态度回报他。人民是自由的螺丝钉，他们为共产主义事业的集体利益而行动。卢卡奇在《历史与阶级意识——关于马克思主义辩证法的研究》

---

① 〔加〕凯·尼尔森：《马克思、恩格斯和列宁的正义观》（下），傅强、李文雯译，《创新》2008 年第 5 期。

② Michael Burawoy, "Marxism after Communism", *Theory & Society* 2 (2000)：151 – 174.

③ 〔加〕凯·尼尔森：《马克思、恩格斯和列宁的正义观》（下），傅强、李文雯译，《创新》2008 年第 5 期。

④ Jorge Larrain, *Marxism and Ideology*, London：The Macmillan Press LTD, 1983.

一书中评价这一理论是"对社会总体内的实际运动进行真正的马克思主义分析所获得的东西"①。英国学者约翰·B. 汤普森在《意识形态与现代文化》一书中非常赞成列宁在道德宣传方面所做的工作，认为列宁和卢卡奇都重视无产阶级意识的"阐明和扩散"对"克服革命障碍"的重要作用。② David Joravsky 认为，列宁的文化政策和文化路线是短暂突进的、暴力的，对知识分子存在偏见，苏联的文化问题实质是新的社会模式与现代文明之间的冲突，这种冲突体现在文化的各个领域。③ Sheila Fitzpatrik 也非常认同列宁的道德教育思想，认为道德教育就是通过阶级斗争的方法，培养具有无产阶级道德品质的知识分子。④ 当然，也有相当多的西方学者并不认同列宁的道德教育思想，比如，美国学者路易斯·费希尔，他在《列宁的一生》中，就用"不被喜爱的种子"来形容苏维埃文化。他认为，列宁领导的苏维埃政权并没有意识到文化建设的重要地位。⑤ 他也肯定了列宁道德教育思想对俄国传统思想文化，如车尔尼雪夫斯基、别林斯基等的思想的继承和吸收，但并没有看到列宁道德教育思想的直接理论来源——马克思主义。

二 苏联学者对列宁共产主义道德教育思想的研究

苏联学者对列宁共产主义道德教育思想或文化思想的研究与西方学者相比，研究的内容更加宽泛，研究更加深入，研究成果更多。他们主要是结合列宁所实施的一系列政策和马克思主义伦理学的发展总历程来进行论述。主要代表人物有卡尔波夫、布哈林、A. Φ. 施什金、H. K. 克

---

① 〔匈〕卢卡奇：《历史与阶级意识——关于马克思主义辩证法的研究》，杜章智、任立、燕宏远译，商务印书馆，1999，第13页。

② 〔英〕约翰·B. 汤普森：《意识形态与现代文化》，高铦等译，译林出版社，2005，第51页。

③ David Joravsky, *Cultural Revolution and the Fortress Mentality*, United States：Indiana University Press, 1981, p. 96.

④ Shelia Fitzpatrik ed. , *Culture Revolution in Russia, 1928 - 1931*, Bloomington and London：Indiana University Press, pp. 33 - 52.

⑤ 〔美〕路易斯·费希尔：《列宁的一生》，彭卓吾译，北京图书馆出版社，2002。

鲁普斯卡娅、加里宁等。他们无一不在探寻着新社会条件下人的培养教育问题，其研究的内容相当宽泛，包含道德教育的原则、道德教育的目标、道德教育的内容等多个方面。

第一，对列宁共产主义道德教育的性质、目的和原则的研究。H. K. 克鲁普斯卡娅在《列宁思想中的青年道德教育问题》（1925 年出版，1989 年莫斯科出版社再版了这本书）一书中，指出道德教育的目的就是实现人的全面发展，在青年道德教育问题上强调社会环境对青少年道德世界观的形成具有重要的意义，并告诫青年要把自己的生命和理想同共产主义事业相结合；认为道德教育具有阶级性，阶级的经济和政治利益决定道德教育的内容，同时也要及时消除个人利益高于共产主义事业集体利益的自私自利的思想，进一步完善了科学的共产主义道德教育理论。[①] 同样，加里宁在《论共产主义教育》和《论我国人民的道德面貌》中对列宁的共产主义道德教育思想内容进行了梳理，他也认为，道德教育具有阶级性，道德教育的基本原则是热爱劳动、爱护公物、热爱祖国、集体主义。A. Ф. 施什金对列宁的道德教育思想的研究较为集中且比较有代表性，先后发表了《列宁著作中的社会决定论和道德问题》《列宁著作中的伦理学问题》《共产主义道德原理》等。A. Ф. 施什金认为，马克思主义是在唯物史观的基础上发展了旧唯物主义者对待道德问题的科学唯物主义态度的萌芽，创造了目的明确的科学的道德概念。列宁的道德教育思想亦是如此，列宁通过对费尔巴哈的合理利己主义的研究预见了历史唯物主义的萌芽。列宁共产主义道德教育思想继承了马克思恩格斯对资产阶级道德虚伪性的揭露，他站在新的历史起点对资产阶级道德展开了新的批判。A. Ф. 施什金总结了列宁对资产阶级道德的批判；探讨了列宁共产主义道德教育的原则、基本内容，并对集体主义、爱国主义、国际主

[①] H. К. Крупская, *воспитание модежи в Ленинском духе*, советский: педагогика, 1989, pp. 39 – 69.

义和社会主义人道主义等原则和内容进行了论述；对道德价值理论进行了梳理，指出人是最伟大的价值；指出了经济决定论和道德的关系问题。但是他的研究也存在着一些问题和不足，如忽略了共产主义道德教育的重要性，没有专门对教育的形式、方法、内容加以研究等。1959 年 3 月，在列宁格勒召开的马克思列宁主义伦理学学术会议，以苏共二十一大的报告为政策依托，将集体主义规定为最高道德原则，把献身共产主义、培养社会责任感、积极参加社会劳动等作为共产主义道德的基本准则。1969 年，A. A. 基谢列夫撰写并出版了《列宁和伦理学问题》，书中指出，共产主义道德是"人类历史上最进步的"道德，并集中阐述了共产主义道德的理论内涵、形成和发展的过程，总结了列宁对待道德问题的历史主义原则、真实性原则、决定论原则和阶级性原则。[①] A. A. 基谢列夫通过集中论述列宁的道德思想，总结梳理了道德的社会功能：影响其他社会意识形式，以社会变革的力量表现历史发展的作用，以其对人的内部改造影响社会关系的发展，促进个体的发展等。季塔连科在《马克思主义伦理学》一书中总结了共产主义的道德原则：社会主义的集体主义，共产主义的人道主义，对待劳动的认真态度和对个体创造性的激发，爱国主义和国际主义。[②]

　　第二，对列宁共产主义道德教育内容的研究。H. K. 克鲁普斯卡娅主张对青少年进行道德情感教育、劳动教育和家庭教育。1951 年初，M. N. 利只诺夫及其同仁合作编写的《马克思列宁主义伦理学专业教学大纲草案》将爱国主义和国际主义、集体主义以及共产主义劳动和家庭道德观等作为主要内容进行阐述，同时认为社会主义生产关系是共产主义道德的基础。1959 年，由施什金等制定的面向高校各个专业的"马克思主义伦理学原理"课程教学大纲也涵盖了共产主义道德的原则和范畴、社会

[①] А. А. Киселев, *Ленин и вопросы этики. Львов*, советский: Львовский универстет, 1969, p. 14.

[②] А. И. Титаренко, *Марксисткая эитка*, советский: Политизидат, 1976, pp. 160 – 200.

主义社会家庭和日常生活的道德特征以及用共产主义道德对劳动人民进行教育的内容。A. A. 基谢列夫在《列宁和伦理学问题》中指出，列宁共产主义道德教育思想的内容是：忠诚于共产主义事业，共产主义理想，纪律性，无产阶级的爱国主义、国际主义、集体主义和人道主义。同时，他还论述了列宁有关个人与社会的关系、劳动纪律的培养和自我约束以及对待劳动的新态度等问题。① 季塔连科重新阐释了列宁关于共产主义道德的根本观点。他一再强调："为共产主义而斗争乃是共产主义道德的标准和出发点。共产主义也是客观上最高的目的，它决定着其他一切目的和达到目的的手段的道德价值。"② 以此为前提，他接续列宁对共产主义道德的阐释，重新论述了集体主义和劳动。此外，季塔连科还延续 A. Φ. 施什金等人的论证，论述了共产主义的人道主义、爱国主义和国际主义，建构起一个在苏联备受认同的，以共产主义道德为核心范畴的马克思主义伦理学体系。

综上所述，列宁成功领导俄国无产阶级建立了世界上第一个社会主义国家，实现了马克思主义从理论到实践的转变，不管是从马克思主义发展史还是具体的马克思主义研究领域来看，其思想都是一个无法绕过的参照系。对他的研究从 20 世纪 20 年代开始流行起来，研究范围从学术理论到革命实践，研究取得了一定的成果。正因为共产主义道德从其提出伊始就表现为一种工具性价值，它对社会主义政权的合法性辩护，对凝聚人心抵御资产阶级的进攻、进行社会主义革命和建设，具有不容低估的现实意义和作用。但是，因列宁并没有集中论述共产主义道德，因此，学界对列宁共产主义道德及道德教育思想的研究不多。而西方学者主要将道德作为意识形态或文化的组成部分进行研究。一方面，西方学者对列宁共产主义道德教育的重要性、内涵、基本内容、路径以及对列

---

① 武卉昕：《苏联马克思主义伦理学兴衰史》，人民出版社，2011，第90页。
② 〔苏〕季塔连科主编《马克思主义伦理学》，愚生、重耳译，上海译文出版社，1981，第11页。

宁共产主义道德教育思想的评价等方面的研究，给我们提供了一定的参考价值。比如，葛兰西等学者强调无产阶级道德教育的领导权问题，强调道德教育的主体应该是作为无产阶级先锋队的知识分子，客体应该是全体劳动人民，赞同列宁所提出的灌输理论，强调劳动在教育中的重要作用，并指出列宁道德教育思想能够成为指导思想的重要原因在于它成功地动员广大劳动群众去反对资本主义和资产阶级的统治，等等；凯·尼尔森等学者在对列宁道德教育阶段性思想以及其对马克思主义的继承性的研究中表明，列宁的道德教育思想并不是在单一的意义上使用道德教育的概念，而是借鉴了马克思主义意识形态中的相关主张，同时提出了基于社会主义革命和建设的独特主张等，这些都为我们现在研究列宁的共产主义道德教育思想提供了重要的依据和借鉴。另一方面，苏联学者对列宁共产主义道德教育思想的研究在一定时期内较为全面，集中出现在 20 世纪 30 年代前后，这一时期是列宁共产主义道德教育思想的发展时期，也是列宁共产主义道德教育思想话语体系在苏联的建构时期，其中学术见解、理论争论丰富多彩。相对于西方学者的研究来说，苏联学者的研究较为客观公正，也更加全面系统，为我们现阶段的研究工作提供了大量的参照依据。其主要体现为对道德教育的目标、原则、内容、重要性等方面的研究，尤其是以集体主义作为最高原则，将爱国主义、国际主义、人道主义作为列宁共产主义道德教育的内容等方面的共识，非常具有借鉴价值。

但是，国外对列宁共产主义道德教育思想的研究仍然存在着一定的不足，苏联解体更加引起国外学者对列宁主义的深度怀疑，他们多把列宁的思想与苏联政治上的错误与偏离联系在一起。这主要表现在两个方面。一方面，西方学者在研究列宁的道德教育思想时，对其领导时期的文化成就或伦理学思想一般持否定态度，仔细分析马尔库塞等人对列宁共产主义道德教育思想中灌输理论的批判，不难发现其中的谬误。而且，由于受到意识形态的影响和束缚，这些研究不可避免地带有偏见，缺乏严谨科学的理论态度，因此并不能真正把握列宁的理论和实践，理解它们的当代意义。另一方面，苏联解体后，国外对列宁道德教育思想的研究逐渐减少，一直缺少对列宁共产主义道德教育实践路径方面的探索研究，而且，对列宁共产主义道德教育思想的形成和发展背景、历程及理论基础方面的研究也较为稀少。比如，2005 年瓦列利亚·涅德莉娜发表的《共产主义理想的使命和意义》，2012 年谢尔盖·米特罗赫发表的《爱国主义教育应从列宁逝世开始》，2013 年 H. A. 康斯坦丁诺夫发表的《列宁的共产主义道德和教育学说》等，也仅仅从某一方面对列宁共产主义道德教育思想进行了分析和论述。斯大林也在《论列宁主义基础》《论共青团的任务》《论列宁主义的几个问题》等著作和文章中，重点论述了列宁道德教育思想的概念界定、体系架构、现实作用、历史意义等内容，遗憾的是，斯大林并未对列宁的道德教育思想所涉及的全部理论观点展开深入阐发，这也在一定程度上使得当今俄罗斯政界与学界对列宁共产主义道德教育思想的理解和研究不够深入。因此，再次探索列宁共产主义道德教育思想的形成与发展，研究列宁提出的道德教育的目标、内容、要求和路径，对丰富马克思主义理论、探讨现阶段如何倡导共产主义道德都非常具有现实意义。

第三节　国内学者的共产主义道德情怀

我国学者对列宁道德教育思想的研究始于 20 世纪 50 年代，截至 2022 年 7 月底，笔者以"列宁""道德教育"为关键词，在 CNKI 上检索得到共 166 篇相关文献。以"列宁道德教育"为篇名，笔者在 CNKI 上检索得到共 9 篇相关文献。从总体上看，我国学者对列宁共产主义道德教育思想的研究可分为改革开放前和改革开放后。改革开放前的研究较少，主要集中在共产主义道德培养、无产阶级道德和共产主义劳动以及相关文献的学习方面。改革开放后，由于社会主义市场经济对人们的思想道德提出了严峻的考验，学者们开始关注社会主义道德建设和道德教育问题，对列宁的共产主义道德教育思想也进行了较为深入、系统的研究和探讨。总体来看，主要集中在以下几个方面。

一　关于列宁共产主义道德教育思想理论来源的研究

列宁的共产主义道德教育思想以马克思主义唯物史观为根本遵循，是对马克思和恩格斯道德教育思想的继承和发展，是马克思主义道德教育思想与俄国无产阶级革命和社会主义建设实践相结合而形成的理论成果。因此，要正确认识和把握列宁共产主义道德教育思想，必须认真研究列宁共产主义道德教育思想的理论来源，走出各种思想误区。从我国对列宁共产主义道德教育思想的整体研究来看，追溯其思想渊源的研究较为稀少。学者林进平等在《共产主义道德：通往共产主义事业的理论创新》中指出，虽然马克思恩格斯没有明确提出共产主义道德的概念，但是可以在恩格斯的相关论述中看到共产主义道德概念的雏形，相比较而言，恩格斯关于"真正人的道德"的说法可能指向共产主义道德概念。[①] 学者孙自胜在《论列宁道德教育思想的特点与当代意义》中仅提到列宁主要用历史唯物主义决定论原则来分析道德问题。宋惠昌在《列宁关于马克思主义伦理学的思想》中指出，列宁的伦理学说坚持了马克思主义伦理学的基本理论观点，批判各种唯心主义哲学家的道德理论，以唯物史观为理论基础，承认经济发展与道德之间的关系。同时，他也提到，列宁将唯物主义决定论原则和唯物辩证法用于道德评价，批判唯心主义和形而上学的观点。郑祖泉在《列宁论无产阶级道德的社会作用》一文中指出，列宁在论述道德时捍卫了马克思主义唯物史观中道德是由经济基础决定并为其服务，对经济基础起重要的反作用的观点。学者宋

---

① 林进平、林展瀚：《共产主义道德：通往共产主义事业的理论创新》，《湖南师范大学社会科学学报》2022 年第 1 期。

惠昌也在他的研究中提到，列宁的道德理论是以"历史唯物主义为指导，建立在彻底的决定论的基础之上"①。彭东琳所著的《列宁文化建设思想研究》一书认为，列宁的文化思想（道德思想属于文化思想）有三个来源：一是马克思恩格斯的文化学说，如历史唯物主义、辩证法、实践和人的全面发展理论；二是一些理论家，如车尔尼雪夫斯基、普列汉诺夫、高尔基等的思想；三是俄国的优秀思想文化遗产，如民族精神等。在此基础之上，她提出共产主义道德教育属于上层建筑，同样遵循马克思主义哲学中的辩证唯物主义原则，共产主义道德的基础是"从无产阶级斗争的利益中引申出来的"，共产主义道德教育是人类社会发展过程中的一种社会现象，不是华丽话语和虚伪准则的灌输，它源于共产主义奋斗的实践经验和理论成果，服务于人类自我解放、实现社会化集体大生产的共产主义事业。②

二　关于列宁共产主义道德教育思想相关概念的研究

要研究列宁的共产主义道德教育思想，不仅要准确地分析和使用道德和道德教育的概念，还要清楚地分析和理解列宁对共产主义道德和道德教育内涵的阐述。对于共产主义道德的内涵，学界普遍认为，共产主义道德是衡量人们在生产和生活中的行为准则，生成于反对资产阶级斗争的过程之中，具有团结一切被剥削阶级的"魔力"。③ 学者章海山指出，列宁在社会主义实践过程中，第一次提出适应社会主义阶段的道德是共产主义道德，但是并没有对这一概念进行明确的界定。"列宁所讲的共产主义道德实际上主要是指适应社会主义时期的道德要求，但有时又是指未来共产主义道德的要求，还没有意识到社会主义道德蕴含着先进性和

---

① 宋惠昌：《学习列宁关于共产主义道德教育的思想》，《教育研究》1981年第11期。
② 彭东琳：《列宁文化建设思想研究》，中国政法大学出版社，2017，第170页。
③ 刘良梅：《〈青年团的任务〉研究综述》，《西南交通大学学报》（社会科学版）2022年第4期。

广泛性这种双重性。"① 王运苌认为，列宁所提倡的共产主义道德既适用于共产主义社会，也适用于它的初级阶段——社会主义社会。他在阐释道德的含义以及共产主义道德的形成过程基础上对共产主义道德进行了界定，即在社会化大生产和反对资产阶级斗争的过程中，无产阶级逐渐形成了与资产阶级相对立的道德，共产主义道德是"共产主义事业所要求人们的行为规范，是按照共产主义思想来判断人们的行为的是非、善恶、荣辱的标准。是人类历史上最进步、最高尚的道德"②。他认为列宁非常重视青少年的共产主义道德教育问题，以期为建设共产主义培育青年力量。我国著名的伦理学家罗国杰在 1982 年发表的《坚持共产主义道德教育》文章中就初步阐释了列宁共产主义道德教育思想的现实意蕴，他指出在社会主义建设阶段，共产主义道德教育的目的在于使广大劳动群众遵守和形成"集体主义原则和多做贡献、少取报酬"的劳动态度，坚决反对夏洛克式的斤斤计较行为，用以抵抗资本主义思想侵袭的有力武器，是激发劳动人民以百折不挠的精神去从事具体实际建设工作的先进德育理念。③ 此外，他认为列宁是马克思主义发展史上，首次使用"共产主义道德"这一概念的人，并且将"共产主义星期六义务劳动"等现象与共产主义道德联系起来。他认为："共产主义道德是指从无产阶级的完整利益中引申出来的，适应于生产资料公有制为基础的社会经济形态的，以忠于共产主义事业的集体主义为其根本原则的一种新型的社会道德体系。"④ 宋惠昌在《列宁关于马克思主义伦理学的思想》一文中指出，列宁首次提出并运用了"共产主义道德"概念，而且规定了它的含义，即"指共产主义社会建设者的道德，也是指在社会主义历史时期中共产主义者应当具备的道德。共产主义道德的历史使命就是实现共产主

---

① 章海山：《〈纲要〉对社会主义道德建设理论的发展》，《高校理论战线》2002 年第 3 期。
② 王运苌：《要重视共产主义道德教育——学习列宁〈青年团的任务〉的体会》，《安徽财贸学院学报》1983 年第 S1 期。
③ 罗国杰：《坚持共产主义道德教育》，《伦理学与精神文明》1982 年第 0 期。
④ 罗国杰主编《马克思主义伦理学》，人民出版社，1982，第 207～208 页。

义的崇高理想"①。多数学者都认为，共产主义道德的基础就是为巩固和完成共产主义事业而斗争，而实质就是忠于共产主义事业。学者郑祖泉在一篇学习和研究列宁的无产阶级道德观的心得中提出，为共产主义事业而奋斗是无产阶级道德的基础，然而列宁的共产主义道德绝非康德的抽象的"绝对命令"，因为它不脱离人类的需要和愿望，它反映了千百万人最迫切的需要和理想。② 学者严缘华在《共产主义道德是何时形成的》一文中，经过对共产主义道德的基础和阶级性的分析，指出："共产主义道德是在资本主义社会中，在为实现共产主义而奋斗的斗争过程中形成的，是无产阶级道德发展的第二阶段，是无产阶级道德和马克思主义相结合的产物。"③ 学者金可溪则认为，列宁的《青年团的任务》是对共产主义道德内容的概括，是具有历史局限性的，"在不同时期讲的共产主义道德的内容并不相同"④。学者林进平等认为，列宁对共产主义道德的阐释可以概括为"一个宗旨，两点内涵"，"一个宗旨"是指共产主义道德为实现和巩固共产主义事业而服务，具有为目标服务的工具性价值；"两点内涵"是指"团结"和"自觉劳动"是共产主义道德的必然要求。他还提出，列宁的共产主义道德概念是马克思伦理学的核心范畴，饱含教育人民、提升精神境界的意义。⑤

三 关于列宁在社会主义社会开展道德教育的必要性与目的的研究

对列宁在社会主义社会开展道德教育的必要性的研究一直较少，学者周洪轩认为，加强思想教育才能清除旧社会的传统影响，才能发挥群

---

① 宋惠昌：《列宁关于马克思主义伦理学的思想》，《马克思主义研究》1985 年第 2 期。
② 郑祖泉：《列宁论无产阶级道德的基础和原则》，《学习与思考》1982 年第 5 期。
③ 严缘华：《共产主义道德是何时形成的》，《伦理学与精神文明》1984 年第 6 期。
④ 金可溪：《对列宁共产主义道德理论的再认识》，《真理的追求》1997 年第 8 期。
⑤ 林进平、林展瀚：《共产主义道德：通往共产主义事业的理论创新》，《湖南师范大学社会科学学报》2022 年第 1 期。

众的社会主义创造力，才能培养社会主义的新一代。只有在新一代的思想觉悟表现出充分的"自觉性、思想性、坚定性和忘我精神"的情况下，社会主义革命才有所保障。① 苏玲认为，虽然十月革命取得了胜利，但由于历史原因，无产阶级及其先锋队同广大贫苦农民群众，在对共产主义道德的理解和接受等方面还存在较大的差距，必须要进行共产主义道德教育以缩小这一差距。② 宋惠昌在《列宁关于马克思主义伦理学的思想》一文中指出，先进的道德意识能够"推动社会发展"，是"革命群众的重要精神支柱"，"批判旧道德，为新社会的前进扫清障碍"。他认为只有遵循唯物史观的新的道德，即共产主义道德，才能真正克服一切宗教唯心主义的道德论，使伦理学发展为一门科学。③ 列宁在社会主义社会开展道德教育具有非常明确的目的性。苏玲指出："共产主义道德教育的目的就是要适应社会发展的需要，按照共产主义道德的原则和规范，培养和造就一代共产主义新人，提高共产主义道德建设者的素质和能力，将青年人培养成为有纪律、能吃苦、有坚强意志的劳动者。"这些劳动者正是"克服旧制度遗留下来的旧习惯、旧风气，克服在群众中根深蒂固的私有者的习惯和风气"的社会主义建设者和共产主义道德的践行者。④ 金可溪认为，道德教育的目的主要有两个，"一是克服旧社会遗留下来的、在群众中根深蒂固的私有者的习惯和风气，不断改造自己，提高自己的共产主义觉悟；二是向广大群众和青年一代灌输共产主义道德意识，逐步养成新的道德习惯，树立起新的社会风气"。这也是共产主义道德教育的根本任务。同时，他提出新一代人的任务是传承发展社会主义，早日建成共产主义社会。因此，培养新一代人的共产主义道德意识，开展共产主

① 周洪轩：《列宁对苏维埃俄国思想道德教育的探析》，《理论月刊》2009 年第 6 期。
② 苏玲：《列宁共产主义道德教育的理论及当代价值》，《湖南科技大学学报》（社会科学版）2011 年第 3 期。
③ 宋惠昌：《列宁关于马克思主义伦理学的思想》，《马克思主义研究》1985 年第 2 期。
④ 苏玲：《列宁共产主义道德教育的理论及当代价值》，《湖南科技大学学报》（社会科学版）2011 年第 3 期。

义道德教育必不可少。① 学者郑祖泉指出，无产阶级夺取政权以前，道德教育的任务是"为无产阶级推翻资产阶级的反动统治的斗争服务"；在俄国十月革命胜利后，其历史使命是"清除资本主义遗留下来的剥削阶级旧思想、旧习惯，用无产阶级的团结精神、纪律性和共产主义劳动态度来教育和培养全体劳动者""促进劳动人民之间的团结"；在着手建设社会主义的阶段下，其历史使命是"克服创建新社会的过程中所遇到的各种困难、提高社会主义劳动生产率"；但最终目的则是"把共产主义道德变成全人类的道德，起着保证社会全体成员进一步自由地、全面地发展的作用。为实现人类最美好的事业——共产主义的高级阶段服务"。② 此外，他在题为《列宁论无产阶级道德》的文章中，重点论述了列宁共产主义道德教育思想的重要意义，他提出列宁继承了马克思主义理论，将马克思主义与俄国社会现实有机结合，形成了完整的共产主义道德理论，他认为列宁共产主义道德教育思想的重要意义就在于，阐明了无产阶级所处的社会地位、对完成共产主义事业的重要性以及共产主义道德教育思想的指导作用。③

四 关于列宁共产主义道德教育的基本内容与途径的研究

对列宁共产主义道德教育的基本内容与途径的研究相对来说较多，基本上在为数不多的研究成果中均或多或少地有所涉及。关于共产主义道德教育的内容，周洪轩认为，主要包括集体主义、共产主义劳动态度、社会主义人道主义、爱国主义和国际主义、艰苦奋斗、婚姻观以及无产阶级革命纪律等。④ 苏玲等认为，共产主义道德的内容则是促进人的自由、全面发展，实现完全的真正的民主，自觉造福社会，并在《列宁青

---

① 金可溪：《批判道德虚无主义提倡共产主义道德教育——纪念列宁〈青年团的任务〉讲话发表 77 周年》，《中国青年政治学院学报》1997 年第 4 期。

② 郑祖泉：《列宁论无产阶级道德的社会作用》，《东岳论丛》1981 年第 5 期。

③ 郑祖泉：《列宁论无产阶级道德》，《哲学研究》1981 年第 8 期。

④ 周洪轩：《列宁对苏维埃俄国思想道德教育的探析》，《理论月刊》2009 年第 6 期。

年劳动教育思想的伦理意蕴及当代启示》中重新阐释了列宁关于共产主义道德教育的相关论述。列宁曾提出道德教育的阶级性和历史性是道德服务特定阶级的决定性因素，共产主义道德区别于资产阶级宣称的在异化劳动的基础上剥削无产阶级的虚伪"普世道德观"，共产主义道德教育是解救无产阶级和劳动人民脱离单调乏味的异化劳动，实现"自由全面"发展的指南。① 谷少杰在《列宁思想道德建设理论探微》中指出，道德教育的内容主要包括：共产主义道德基础，即为巩固和完成共产主义事业而斗争；树立"大家为一人，一人为大家"的道德原则；推行共产主义纪律。宋惠昌认为，列宁论述的道德规范应该包括"无产阶级的革命英雄主义和献身公共事业的精神""共产主义劳动态度""爱国主义和国际主义""无产阶级家庭道德婚姻观""社会主义人道主义""尊重社会公德"等，并强调要密切联系革命实践。② 其在《学习列宁关于共产主义道德教育的思想》中则将共产主义劳动、自觉的纪律教育、人们的道德义务观、包括婚姻家庭关系在内的人类公共生活的基本规则作为道德教育的基本内容。张佳慧在其论文中，将列宁共产主义道德教育的内容概括为集体主义、爱国主义、共产主义劳动、诚信教育等几个方面，她认为列宁的共产主义道德教育思想包括了社会主义道德教育思想的基本理论。③ 还有学者认为，共产主义道德即是共产主义建设者的道德规范，社会主义道德教育的内容应该包括团结一致的纪律，这种新的纪律是共产主义道德的本质要求，是共产主义道德教育思想的重要组成部分。④

关于列宁共产主义道德教育的基本途径，王运芳认为，要加强共产主义道德教育，从小打好道德教育的基础，这是促进整个社会风气好转

---

① 苏玲、陈隆、肖与轩：《列宁青年劳动教育思想的伦理意蕴及当代启示》，《南华大学学报》（社会科学版）2021 年第 6 期。
② 宋惠昌：《列宁关于马克思主义伦理学的思想》，《马克思主义研究》1985 年第 2 期。
③ 张佳慧：《列宁共产主义道德教育理论及其当代价值》，硕士学位论文，东北农业大学，2014，第 10 页。
④ 彭东琳：《列宁文化建设思想研究》，中国政法大学出版社，2017，第 99～101 页。

的根本措施。道德教育要注重实践。"实践既是培养人们完善共产主义道德品质的坚实基础，又是衡量道德教育有无成效的唯一标准。"此外，榜样的示范作用也是非常重要的，能够给人以鼓舞、教育和鞭策。恰当运用典型人物，启发、激励青年去实践共产主义道德义务，可以收到极大的成效。① 苏玲等人在研究中提到，道德教育的途径一是勤于学习，二是重在实践，三是榜样效应。② 谷少杰指出，有效开展思想道德教育要"结合沸腾的实际生活，避免空洞说教；注重榜样的作用；批判资产阶级腐朽思想道德"③。金可溪在《批判道德虚无主义提倡共产主义道德教育——纪念列宁〈青年团的任务〉讲话发表 77 周年》一文中指出：列宁反对脱离实际的说教式的道德教育方法，十分重视义务劳动实践在共产主义道德教育中的作用，提倡共产主义星期六义务劳动，将其当作进行共产主义道德教育的方法；同时列宁也认为注重榜样的道德教育是共产主义道德教育的应有之义，对群众进行道德教育应发挥先进阶层即榜样的作用，而且社会主义的法律也可以用来进行道德教育。学者彭东琳认为，社会道德建设应遵循道德建设的原则和方法，将共产主义道德教育思想与社会主义建设有机融合起来，才能使共产主义道德全面深刻地根植于人民群众的思想意识和行为观念中。社会道德建设的主要方法和途径主要包括五个：一是"要加强爱国主义、国际主义和集体主义精神的教育"；二是"坚持道德教育与普遍地推行义务劳动相结合"；三是"坚持道德教育与利益奖惩相结合"；四是"坚持道德教育与纪律教育相结合"；五是"坚决清除旧的道德意识和恶劣的道德习惯"。④ 学者柳丽在她所著的《列宁思想政治教育理论与实践研究》一书中指出，苏联道德教育的方式

① 王运长：《要重视共产主义道德教育——学习列宁〈青年团的任务〉的体会》，《安徽财贸学院学报》1983 年第 S1 期。
② 苏玲、陈隆、肖与轩：《列宁青年劳动教育思想的伦理意蕴及当代启示》，《南华大学学报》（社会科学版）2021 年第 6 期。
③ 谷少杰：《列宁思想道德建设理论探微》，《辽宁教育行政学院学报》2016 年第 33 期。
④ 彭东琳：《列宁文化建设思想研究》，中国政法大学出版社，2017，第 171～178 页。

主要是"培养积极的生活态度"、"宣传和利用正面的道德榜样"和充分发挥党组织的示范作用。以列宁为主要代表的共产党人面向社会各阶层开展了广泛的道德教育实践活动，提高了广大劳动群众的思想觉悟，培养了他们吃苦耐劳的精神品质。① 在实现共产主义目标的过程中，培育共产主义道德是必不可少的一环，学界对共产主义道德培育方法的探讨对于我国开展共产主义道德培育工作具有启示意义。

五　关于列宁共产主义道德教育思想当代价值的研究

在现有的研究成果中，列宁共产主义道德教育思想对我国的道德教育具有一定的借鉴意义是学者们一致认可的。周洪轩认为，列宁对在社会主义条件下开展共产主义道德教育的重视和探索为马克思主义政党领导社会主义道德教育留下了重要启示：第一，重视并加强思想道德教育是永恒的主题；第二，思想道德教育必须结合一定的时代背景和基本国情；第三，思想道德教育必须坚持与时俱进，反映时代特色；第四，研究列宁思想道德教育的思想，关键在于吸取其精神实质。此外，列宁从社会主义建设的实际情况出发，结合历史传统和民族特点，对实现社会主义思想教育的途径进行了深刻的思考和策划，提出了具有重要历史价值的思想：一是思想教育必须结合经济建设；二是思想教育必须结合物质利益原则；三是思想教育必须结合具体条件和不同对象。② 孙自胜认为，尽管时代不同了，但列宁的道德教育思想并没有过时，它对我们正确把握社会主义道德建设的基本规律，开展好道德教育仍然具有积极的借鉴价值。这主要体现在：社会主义道德教育要以广大人民群众的根本利益为基础，同时还要彰显中国特色，并且要融入社会生活。③ 苏玲等指

---

① 柳丽：《列宁思想政治教育理论与实践研究》，人民出版社，2015，第 103~104 页。

② 周洪轩：《列宁对苏维埃俄国思想道德教育的探析》，《理论月刊》2009 年第 6 期。

③ 孙自胜：《论列宁道德教育思想的特点与当代意义》，《安徽理工大学学报》（社会科学版）2013 年第 15 期。

出，列宁的道德教育思想给予当前道德建设的启示主要体现在：建设社会主义物质文明、精神文明、政治文明和生态文明需要道德教育提供精神动力。此外，共产主义道德是共产主义青年内化于心外化于行的道德。列宁的共产主义道德教育思想为学校"立德树人"提供了价值导向。"立德树人"的劳育原则是共产主义道德教育的应有向度，是实现青年全面发展的重要保障，是发展和实现共产主义事业的根本需要。"青年一代修'共产主义道德'、成'共产主义青年'是为共产主义事业提供青年力量，促进共产主义事业发展的不竭动力。"[1] 杨绍琼也支持类似的观点，在《列宁的青年德育观及其对当前高校立德树人的启示》中提到：列宁的青年德育思想对科学解决中国特色社会主义高等教育立德树人的问题，具有重要的启示意义。首先，要"科学、明确地向青年阐明马克思主义的立场和观点"，其次，要"引导青年积极培育和践行社会主义核心价值观"，最后，要"推动青年形成道德学习、道德实践的理念"。[2] 彭东琳认为，列宁道德教育活动的现代启示主要有四个方面：一要"坚持以马克思主义意识形态为指导，实现道德与政治、经济、文化等的互动融合"；二是"坚持以人为本原则，建立以政府为主导，社会、家庭、学校齐抓共管的社会道德建设体系"；三是"坚持科学的方法论原则，强调道德建设的针对性和实效性"；四是"坚持与时俱进原则，不断吸收人类优秀的知识与道德文明成果"。[3]

综上所述，国内学者抓住了列宁共产主义道德教育思想的核心，在充分肯定列宁共产主义道德教育思想的基础之上，多层面多角度对列宁共产主义道德教育思想展开了深入的研究并取得了一定的理论成果，主要表现在：对共产主义道德的内涵进行了界定，对列宁进行共产主义道

---

① 苏玲、陈隆、肖与轩：《列宁青年劳动教育思想的伦理意蕴及当代启示》，《南华大学学报》（社会科学版）2021 年第 6 期。

② 杨绍琼：《列宁的青年德育观及其对当前高校立德树人的启示》，《思想理论教育导刊》2016 年第 5 期。

③ 彭东琳：《列宁文化建设思想研究》，中国政法大学出版社，2017，第 246～252 页。

德教育的目的、内容和路径进行了梳理，对在社会主义建设时期开展共产主义道德教育的必要性进行了论证，并且还分析了列宁共产主义道德教育思想的当代价值。学者们的研究成果证明，列宁共产主义道德教育思想以及其在实践中采取的一系列方法，提升了劳动人民建立社会主义的积极性，同时也证明在社会主义发展建设过程中开展共产主义道德教育的重要性和必要性以及获得的显著成效。学者们的研究思路和方法也给我们提供了启示，他们的探索为进一步研究提供了基础和方向。但是，目前的研究仍然存在着很多的不足。首先，研究的深度和广度相对较小，研究成果相对较少。围绕列宁共产主义道德教育思想展开研究的相关文章不足 10 篇，博士学位论文为 1 篇，硕士学位论文为 2 篇。有关列宁道德教育思想研究的理论著作成果也较少，目前能查到的只有马克思主义经典作家论点摘编类的《论共产主义的思想和实践》《马克思主义经典作家论道德》《列宁论教育》等三部，来自苏联作家的译著《列宁和斯大林论共产主义道德教育》《共产主义教育概论》《论共产主义道德教育的几个问题》《列宁论共产主义建设》等四部，国内著作有《马克思主义伦理学》《共产主义道德通论》《共产主义道德概论》等三部。但在这些著作中，对列宁共产主义道德教育思想的研究，多数仅在部分章节中出现。其次，对列宁的共产主义道德教育思想这一课题的研究不够重视，没有把它作为独立的领域进行研究，认为这一内容在列宁思想中并不重要且列宁的论述较为分散，只集中出现在《青年团的任务》这一篇文章中，学者们也只对这篇文章较为集中地进行研究，虽然取得了一定的研究成果，为后续研究奠定了基础，但目前的研究普遍缺少系统性、完整性和比较性，亟待进一步深化探究。更有甚者，认为苏联解体证实了列宁的思想已经过时，不再适合当前社会的发展，因此列宁提到的共产主义道德建设，对现阶段正处于社会主义发展条件下的我们是没有意义的。因此，对列宁道德教育思想的研究自然成了"冷门"。再次，缺乏对列宁共产主义道德教育思想系统深入的研究，而且专题的总体建构和具体分支的学术研究还比较薄弱。一方面，从已有的研究成果来看，对列宁道德教育思想的研究多是从某一角度入手，如《青年团的任务》里提及的青年的共产主义道德教育思想。而从列宁的全部著作出发对共产主义道德教育思想的形成与发展历程等进行梳理，对道德教育内容进行研究剖析的几乎没有。可见，从文本角度深入挖掘，从多学科、多角度进行更为深入的研究，做到点与面、思想论著与政策实践相统一，是非常重要而又明显不足的。另一方面，针对列宁共产主义道德教育思想对我国社会主义道德教育的启示意义等热点和难点问题的研究，学者们虽提出了一些建议和对策，但多是从理论方面进行总结与归纳，而且多是早期研究成果，对新时代中国特色社会主义道德教育有无适用性还有待商榷。最后，尤为突出的是，缺少以新时代共产主义道德教育内涵更新的必要性为基础的讨论，以及针对列宁共产主义道德教育思想在当代所存在的理论局限性的研究。列宁运用马克思主义唯物辩证法和历史唯物主义思想，在继承马克思主义道德教育思想的前提下，对本国社会中存在的各种错误思潮进行了批判，并创造性地丰富和发展了马克思主义伦理学，提出了具有伟大历史意义的共产主义道德教育思想。然而，当今世界正处于大发展大变革的调整时期，社会经济关系正在发生着日新月异的变化，道德教育作为社会上层建筑的重要组成部分，必然会受到影响并发生改变。"百尺竿头，更进一步"，我们要发现并克服列宁共产主义道德教育思想在当今时代的局限性，在此基础之上踵事增华，取得更大的进步。总之，只有在全面深入了解列宁共产主义道德教育思想的渊源、产生的历史背景以及其基本内涵的前提下，才能全方位探究其在实践运用中所存在的经验教训，才能高标准、精细化地指导实践。

第四节　共产主义道德教育思想在中国实践的百年历程

共产主义道德，是中国共产党以及优秀的中国人民所持有的道德理想的最高境界和远大目标，是十月革命为我国送来马克思列宁主义的同时带来的精神指引，是对共产主义理想最终必然能够实现的坚定信仰，是要为共产主义矢志不渝奋斗终身的坚定信念。道德是一种实践精神，道德教育就是一种具体的实践过程，这种实践既是在马克思主义道德教育思想的指导之下进行的，又是为解决中国革命、建设、改革进程中出现的一系列道德问题而进行的探索。因此，中国共产党的共产主义道德教育在不同时期有着不同的主题、原则和特点。自五四运动以来，中国在伟大而又艰辛的革命历程中，逐渐形成了一整套科学的共产主义道德教育经验和理论。新民主主义革命时期的共产主义理想信念教育、三湾改编、古田会议、延安整风运动等都融合了共产主义道德教育精神，而这一时期形成的伟大建党精神、长征精神、延安精神等都是共产主义道德的具体体现；社会主义革命和建设时期的反封建伦理教育、爱国主义和国际主义教育、共产主义劳动实践教育、革命乐观主义教育以及形成的抗美援朝精神、"两弹一星"精神、雷锋精神、大庆精神、红旗渠精神等，改革开放和社会主义现代化建设新时期的集体主义、艰苦创业教育以及特区精神、抗洪精神、抗震救灾精神、劳模精神等，中国特色社会主义新时代涌现出的抗疫精神等，都带有不同时代的特征，都是共产主义道德在不同时代、结合不同任务而形成的时代内涵。新的道德形态一旦产生，便会对社会经济、政治、文化发展起巨大的促进作用，共产主义道德的发展也对中国革命、建设和改革有着强大的推动作用。而使这一作用持续保持下去的重要途径，便是不断在共产党员和先进分子中进行共产主义道德教育。

一　新民主主义革命时期共产主义道德教育的初步探索

新文化运动孕育了新道德的种子。一方面，对封建专制主义的批判呼唤一场伦理革命。在封建社会，一切剥削阶级的道德都是阻碍新道德产生的重要因素。中国早期革命家孙中山先生认为，要想再造一个新中国，就必须要扫除社会上的"旧污之染"。生在中国，人人都有责任成就此大业，而"惟负此责任，非有革命精神不为功"。① 早期的共产主义者陈独秀指出，要想使中国强盛，人民享有幸福，不破除封建专制主义的文化观念，不实现人民群众价值观的转换是万万做不到的。"非先将国民脑子里所有反对共和的旧思想，一一洗刷干净不可。因为民主共和的国家组织社会制度伦理观念，和君主制度的国家组织社会制度伦理观念全然相反——一个是重在平等精神，一个是重在尊卑阶级——万万不能调和的。"② 他向旧的封建道德发起了猛烈的批判，呼唤青年们自觉放弃那些腐朽落后的道德观念，为中华民族的振兴而奋斗，他指出："自觉者何？自觉其新鲜活泼之价值与责任，而自视不可卑也。奋斗者何？奋其智能，力排陈腐朽败者以去，视之若仇敌，若洪水猛兽，而不可与为邻，而不为其菌毒所传染也。"③ 他呼唤一种能够为大多数人谋幸福的新道德观念。正是在这种道德观念的指引下，他发现并走上了马克思主义的道路。在中国传播马克思主义的第一人——李大钊，"叹悼吾民德之衰、民力之薄耳"④，希望有识之士能够竭尽全力"奋其奔走革命之精神，出其争夺政权之魄力，以从事于国民教育"⑤。他认为，适应旧社会和旧生活的道德，在那种社会和生活有了变动的时候，也必然失去价值而成为旧道德。而新社会必然呼吁新道德，这是一种必然的趋势。陈独秀还通过创办《新青年》来呼唤中国人民抛弃封建专制主义生活方式，希望以民主科学的观念来改变中华民族内忧外患的局面。另一方面，以爱国主义为核心的民族运动唤醒了无产阶级的共产主义意识。五四运动是马克思主义传入中国并首次与工人阶级运动相结合的爱国主义运动，各地的共产主义小组以及具备共产主义思想的先进分子纷纷参与其中。他们

---

① 《孙中山全集》第6卷，中华书局，1985，第10页。
② 《陈独秀著作选》第1卷，上海人民出版社，1993，第296页。
③ 《陈独秀著作选》第1卷，上海人民出版社，1993，第129页。
④ 《李大钊文集》上卷，人民出版社，1984，第41页。
⑤ 《李大钊文集》上卷，人民出版社，1984，第43页。

利用这次爱国运动在工人阶级当中，通过演讲、演出、发宣传小册子等形式，在号召大家反对帝国主义和军阀统治的同时广泛宣传共产主义思想。这次运动赋予了爱国主义以新的内涵，它推动了工人阶级自觉意识的觉醒，传播了马克思主义，为中国共产党的成立、共产主义思想的广泛传播和中华民族的复兴奠定了坚实的基础。

马克思主义的传入为共产主义道德的形成奠定了理论基础。正如毛泽东同志在《论人民民主专政》①中阐述的那样，自鸦片战争失败起，先进的中国人就一直在寻找救国之路，但帝国主义的侵略还是打破了中国人向西方学习的幻想。"十月革命一声炮响，给我们送来了马克思列宁主义。十月革命帮助了全世界的也帮助了中国的先进分子，用无产阶级的宇宙观作为观察国家命运的工具，重新考虑自己的问题。"可以说，十月革命以及马克思主义给中国的先进分子带来了巨大的震撼。自此，学习和宣传马克思主义就成为中国先进分子的重要任务。首先，中国的先进分子和各地共产主义小组从未停止学习宣传马克思主义和共产主义。以李大钊、陈独秀、李达为代表的中国先进知识分子一直致力于宣传马克思主义和共产主义，在一些刊物上开创了马克思主义专栏，撰写了《我的马克思主义观》《社会主义批评》《社会主义的目的》等重要文献，其中，陈望道翻译的《共产党宣言》更是使毛泽东等一大批优秀分子建立了"对马克思主义的信仰"②，拥有了共产主义理想。他们渴望解放思想，开展阶级斗争，呼吁工人阶级奋起反抗建立一个新的社会，谋求自身解放和民族复兴。这些共产主义者为传播马克思主义和共产主义作出巨大贡献。其次，以马克思主义为指导的中国共产党的成立推进了共产主义道德的形成。中国共产党代表无产阶级的利益，以实现无产阶级专政、最终实现社会主义和共产主义为目标。党的一大还讨论通过了《中国共

---

① 《毛泽东选集》第4卷，人民出版社，1991，第1469～1471页。
② 〔美〕埃德加·斯诺：《西行漫记》，董乐山译，东方出版社，2010，第147页。

产党第一个纲领》《中国共产党第一个决议》，强调"党应在工会里灌输阶级斗争的精神"，要成立专门的学校和工人组织去"教育工人""提高工人的觉悟"。① 刘少奇在《论共产党员的修养》中指出，共产党员一定要把理论学习和思想意识修养紧密结合起来。"不但要在革命的实践中改造自己，锻炼自己的无产阶级思想意识，而且要在学习马克思列宁主义理论的过程中改造自己，锻炼自己的无产阶级思想意识。"② 在这篇文章中，刘少奇明确提出了共产主义道德，把它定义为"人类最伟大、最高尚"的美德，"这种道德，不是建筑在保护个人和少数剥削者的利益的基础上，而是建筑在无产阶级和广大劳动人民的利益的基础上，建筑在最后解放全人类、拯救世界脱离资本主义灾难、建设幸福美丽的共产主义世界的利益的基础上，建筑在马克思列宁主义的科学共产主义的理论基础上"③。

中国共产党在革命实践中持续探索共产主义道德教育。首先，共产主义道德来源于革命实践。从五四运动到中华人民共和国成立，从共产党领导的一次次工人运动到第一次国内革命战争、土地革命，再到抗日战争和解放战争，围绕实现共产主义这个伟大目标和坚定信念，共产主义道德以不同的形式体现出来。同样是在革命实践中，我们党逐渐探索出对党员和工人群众进行共产主义道德教育的路径，形成了群众路线和实事求是等工作方法。1937 年，张闻天在《白区党目前的中心任务》中强调："群众不是从书本上学习，而是从斗争中学习。对于群众，单靠宣传鼓动是不够的。他们需要自己的政治经验。"④ 刘少奇也强调，只有经过长期革命斗争的锻炼，在各种艰难困苦的环境中磨炼自己的意志，才能变成政治上成熟、品质上优秀、意志上坚定的革命家。1945 年，毛泽

① 《中共中央文件选集》第 1 册，中共中央党校出版社，1989，第 6 ~ 7 页。
② 《刘少奇选集》上卷，人民出版社，1981，第 112 页。
③ 《刘少奇选集》上卷，人民出版社，1981，第 133 页。
④ 《中共中央文件选集》第 11 册，中共中央党校出版社，1991，第 235 页。

东在《论联合政府》一文中指出，中国的长期战争，使中国人民付出重大牺牲的同时也锻炼了中国人民。① "这个战争促进中国人民的觉悟和团结的程度，是近百年来中国人民的一切伟大的斗争没有一次比得上的。"② 面对强大的民族敌人和国内反动势力的双重压迫，中国人民形成了比以往任何时期都高的觉悟。其次，党在革命实践中培养了大批有共产主义道德的革命的先锋队。正是在革命实践中，涌现了大量具备高尚的共产主义道德品质的英雄人物。为了传播共产主义甘愿赴死的李大钊、写下"砍头不要紧，只要主义真"的夏明翰、在狱中勾画美好新中国的方志敏等，都是践行共产主义道德的典范。以毛泽东为代表的党的中央领导集体非常重视革命干部的培养，认为革命的先锋队决定了革命能否成功。必须要培养具有共产主义道德的革命先锋队，要使他们懂得马克思列宁主义，有共产主义理想信念等。"我们要造就大批的民族革命干部，他们是有革命理论的，他们是富于牺牲精神的，他们是革命的先锋队。只有依靠成千成万的好干部，革命的方针与办法才能执行，全面的全民族的革命战争才能出现于中国，才能最后战胜敌人。"③ 再次，通过持续的宣传工作弘扬共产主义道德。中国共产党一直高度重视宣传工作，在《中国共产党第一个决议》文件中就专门对宣传工作作出规定，将工农群众作为主要的宣传对象。毛泽东等同志还号召中国广大的革命知识分子要将自己和农民结合起来，应该带着热情前往农村，将农民组织起来，帮助他们了解共产主义，树立共产主义觉悟。共产党只有依靠人民群众，与他们打成一片，才能克服任何困难，战胜一切敌人。只有依靠千千万万的群众的共同努力和共同奋斗，才能实现共产主义。中国共产党提倡要深入群众中去，从帮助他们解决生活中的问题开始，让他们认识到党代表的是人民的利益，是真正从人民利益出发的。"要使他们从这些事情

---

① 《毛泽东选集》第3卷，人民出版社，1991，第1032页。
② 《毛泽东选集》第3卷，人民出版社，1991，第1032页。
③ 《毛泽东文集》第2卷，人民出版社，1993，第63~64页。

出发，了解我们提出来的更高的任务，革命战争的任务，拥护革命，把革命推到全国去，接受我们的政治号召，为革命的胜利斗争到底。"① 党推出了《宣传工作决议案》《古田会议决议》《中共中央关于发展文化运动的指示》《论共产党员的修养》等重要宣传文献。最后，在革命实践中树立共产主义道德模范。中国共产党自成立之日起，就要求党员要成为工人阶级的先锋模范，要能够吃苦耐劳、有牺牲精神等，要带头践行共产主义道德。这一时期形成的井冈山精神、长征精神、西柏坡精神等都是共产主义道德的彰显。党内外都涌现了大量理想信念坚定、艰苦奋斗、不怕牺牲、无私奉献的共产主义道德模范。与军民同甘共苦的朱德，还被写入了歌谣："朱德挑谷上坳，粮食绝对可靠。大家齐心合力，粉碎敌人'会剿'。"② 面对有着高尚道德情怀的白求恩，毛泽东在 1939 年撰写的《纪念白求恩》一文中就指出："白求恩同志毫不利己专门利人的精神，表现在他对工作的极端的负责任，对同志对人民的极端的热忱。每个共产党员都要学习他。"③

二 社会主义革命和建设时期共产主义道德教育的曲折前进

新中国成立初期共产主义道德教育得到全面推进。中华人民共和国的成立，标志着共产主义道德教育将在共产党执政的条件下进入全面推进的新时期。1949 年 9 月 29 日，中国人民政治协商会议第一届全体会议通过了具有临时宪法性质的《中国人民政治协商会议共同纲领》，从法律意义上确立了马克思主义在国家政治生活中的指导地位。该纲领第一章第五条、第六条明确规定了人民的自由权，男女平等权、男女婚姻自由权；第五章"文化教育政策"强调要将"发展为人民服务的思想"作为主要任务，提倡"爱祖国、爱人民、爱劳动、爱科学、爱护公共财物为

---

① 《毛泽东选集》第 1 卷，人民出版社，1991，第 138 页。
② 《朱德年谱（一八八六——一九七六）》上卷，中央文献出版社，2006，第 130 页。
③ 《毛泽东选集》第 2 卷，人民出版社，1991，第 659~660 页。

中华人民共和国全体国民的公德"①。这是在社会主义革命和建设时期对共产主义道德在内容和形式上的丰富和发展，也是开展共产主义道德教育的良好开端。1950年5月1日起，《中华人民共和国婚姻法》公布实施，进一步确立了社会主义的家庭婚姻道德观。1950年7月24日到8月25日，教育部召开"全国高等学校政治课教学讨论会"，专门讨论今后思想道德教育的重要任务，并于之后发布通报，将"五爱"作为今后思想道德教育的重点。著名革命家吴玉章老前辈不止一次强调，学校教育要培养高尚道德品质以及"志愿献身于共产主义建设的精神"②。"为了使新的一代能够担负起共产主义接班人的光荣而艰巨的任务，就要培养他们成为具有高度科学文化知识的、具有共产主义道德品质的、体魄健壮的、全面发展的新人。"③ 也就是说要把学生培养成为具备"五爱"的新的一代。1950年6月，朝鲜战争的爆发为共产主义道德教育带来了新的实践环境。1950年10月19日，为了保家卫国、抗美援朝，中国人民志愿军雄赳赳、气昂昂跨过鸭绿江。1951年1月1日，《人民日报》发表题为《在伟大的爱国主义旗帜下巩固我们的伟大祖国》的社论，指出要进行抗美援朝的思想教育。1951年2月2日，中共中央发布《关于进一步开展抗美援朝爱国运动的指示》，指出在各阶层人民，特别是在工农群众中，应广泛进行时事教育，以提高民族自信心、自尊心。1951年2月18日，中共中央政治局召开扩大会议讨论了"关于抗美援朝的宣传教育运动"，强调在全国范围内继续推行这个运动，使全国人民都受到这种教育。抗美援朝运动掀起了爱国主义和国际主义教育的新高潮，"抗美援朝精神"也成为共产主义道德的重要组成部分。与此同时，1950年至1953年开展的土地改革运动是共产主义道德教育在农村的一次全面推进。《中华人民共和国土地改革法》的颁布使农民真正成为土地的主人。但是，

---

① 《建国以来重要文献选编》第1册，中央文献出版社，1992，第11页。
② 《吴玉章文集》上册，重庆出版社，1987，第412页。
③ 《吴玉章文集》上册，重庆出版社，1987，第546页。

由于中国受到数千年来封建宗法等级制度的荼毒，政策推行困难重重。以此为契机，中央派出大批党员干部、知识分子等组成土改团，深入农村，发动群众，宣传中央政策，积极开展思想道德教育，全面提高了农民的阶级水平和思想道德水平，使农民群众焕发出了前所未有的爱国热情和社会主义建设热情。1954 年 9 月 20 日，《中华人民共和国宪法》颁布实施，这是在《中国人民政治协商会议共同纲领》的基础上颁布的新中国第一部社会主义类型的宪法。它明确规定了公民的权利与义务、平等与自由，要求公民遵守社会公德。1953 年至 1956 年，党领导人民开始大规模的社会主义改造。在社会主义改造期间，党对农业、手工业和资本主义工商业从业人员进行了共产主义道德教育，还要求工会成为"共产主义学校"①。经过改造，他们的社会主义和共产主义道德品质大大提升了，这为开展社会主义建设奠定了良好的道德基础。在这一期间，中共中央还开展了"整风运动"和"三反""五反"运动，全面提高了党员干部的共产主义道德品质。此外，党中央还极其重视对青年的共产主义道德教育。从 1954 年 10 月至 1955 年 7 月，团中央在全国 135 个大中城市，开展了"培养青年共产主义道德、抵制资产阶级思想侵蚀"的工作。这项工作受到中共中央的高度肯定，中共中央给各地党委下发指示，要求各地为培养青年的共产主义道德品质创造条件并充分认识到这项工作的重要性。

社会主义革命和建设时期共产主义道德教育在曲折中发展。社会主义改造完成以后，中国共产党开始带领全国人民进行社会主义建设。由于国际国内的复杂形势，为了更好地建设社会主义，亟须在党员和群众中开展爱国主义、艰苦奋斗、勤俭节约、热爱劳动、集体主义等共产主义道德教育活动。这一时期还涌现出大量的道德模范，比如雷锋、王进喜、焦裕禄等，这一时期学习"两弹一星"精神、雷锋精神、焦裕禄精

---

① 《建国以来重要文献选编》第 7 册，中共中央文献出版社，1993，第 170 页。

神、大庆精神等成为全国的重要道德教育内容，全国各地还掀起了"比学赶帮超"的竞赛热潮。共产主义道德教育在这一时期也呈现出生机勃勃的景象。但是，反右派斗争及其扩大化、"大跃进"和人民公社化运动等，也给共产主义道德教育的发展带来了重大挫折。首先，党在建设社会主义的实践中继续探索共产主义道德教育。1956年4月25日，毛泽东在中央政治局扩大会议上作了著名的《论十大关系》的报告。报告强调要调动党内外、国内外一切积极因素建设社会主义，并且分析了社会主义建设过程中存在的主要矛盾，论述了如何对待这些矛盾的问题。这不仅为共产主义道德教育提供了重要的指南，还明确了道德教育对建设社会主义的重要性。在这之前，中央还做了大量工作部署，解决知识分子问题和科学技术发展问题。1956年9月，党的八大顺利召开，提出我国国内的主要矛盾，"已经是人民对于建立先进的工业国的要求同落后的农业国的现实之间的矛盾，已经是人民对于经济文化迅速发展的需要同当前经济文化不能满足人民需要的状况之间的矛盾"①。毛泽东、周恩来、刘少奇、邓小平等在会上从不同角度出发，提出要通过思想道德教育来克服"主观主义"、"官僚主义"和"宗派主义"。1957年2月，毛泽东发表了《关于正确处理人民内部矛盾的问题》，提出了"团结——批评——团结"的方针，指出党的教育方针就是培养德、智、体全面发展的"有社会主义觉悟的有文化的劳动者"。② 这为深入群众之中开展共产主义道德教育提供了理论基础。1957年3月18日，毛泽东又发表了《坚持艰苦奋斗，密切联系群众》，并于之后在全国范围内大规模开展了社会主义劳动教育。其次，党仍然非常重视对青少年的共产主义道德培养。毛泽东指出："儿童时期需要发展共产主义的情操、风格和集体英雄主义的气概，就是我们时代的德育。""我们所主张的全面发展，是要使学生得到

---

① 《中国共产党的九十年》第2部，中共党史出版社、党建读物出版社，2016，第473页。
② 《建国以来毛泽东文稿》第6册，中央文献出版社，1992，第340页。

比较完全的和比较广博的知识，发展健全的身体，发展共产主义的道德。"① 1961 年 9 月 15 日，中共中央还下发了《教育部直属高等学校暂行工作条例（草案）》和对这一草案实施的指示，这一草案就是"高教六十条"。该草案中明确指出，高等学校学生的培养目标是使学生"具有爱国主义和国际主义精神，具有共产主义道德品质，拥护共产党的领导，拥护社会主义，愿为社会主义事业服务、为人民服务"②。再次，这一时期共产主义道德楷模的树立取得了重大成就。不管是公而忘私、舍己为人、艰苦节约的伟大共产主义战士雷锋，还是兢兢业业、勤勤恳恳，鞠躬尽瘁、死而后已的人民的好县委书记焦裕禄，以及劳动模范孟瑞祥、王进喜等，都是党中央重点宣传、表彰并且要求全国各地进行学习的共产主义道德模范。这些模范是社会主义建设的重要力量，是共产主义道德教育的重要元素。与此同时，在解放军中，在工业、农业、教育领域也涌现出建设社会主义的革命精神，以及大量的共产主义道德教育元素。党中央、《人民日报》等媒体多次对此表示赞扬。最后，"大跃进"、人民公社化运动、反右派斗争及其扩大化以及自然灾害的发生为共产主义道德教育带来巨大的挫折。对共产主义、集体主义等的错误认识，严重阻碍了共产主义道德教育的发展。但是，在这一期间产生的调查研究之风、艰苦奋斗精神等是共产主义道德教育在曲折中发展的结果。

"文化大革命"时期共产主义道德教育受到严重冲击。虽然"文革"十年间共产主义道德教育遭受严重挫折，但按照历史唯物主义的观点，道德发展仍然是曲折向前的。这一时期在科学技术领域就产生了"热爱祖国、无私奉献，自力更生、艰苦奋斗，大力协同、勇于登攀"的"两弹一星"精神。1964 年 10 月 16 日，我国第一颗原子弹爆炸成功；1966 年 10 月 27 日，我国首次发射导弹核武器试验获得成功；1970 年 4 月 24

---

① 《毛泽东文集》第 7 卷，人民出版社，1999，第 398～399 页。
② 《建国以来重要文献选编》第 14 册，中共中央文献出版社，1997，第 581 页。

日，我国成功发射了自行研制的人造地球卫星"东方红一号"。经过多年持之以恒的艰苦奋斗，中国终于有了自己的"两弹一星"。而在研制"两弹一星"的过程中，产生了一大批共产主义道德楷模，如我们耳熟能详的人民英雄钱学森、钱三强、邓稼先等，他们在极其艰苦的环境和条件下，冒着生命危险从事科学研究，体现了伟大的爱国主义情怀。

三　改革开放和社会主义现代化建设新时期共产主义道德教育的重要发展

改革开放初期，共产主义道德教育得到有序恢复并迎来发展的春天。在遭受"文化大革命"的重创后，中国共产党开始进行拨乱反正。过去十年来对思想道德教育造成的严重危害也得以重新纠正，并且，在改革开放的大潮中，共产主义道德教育和思想道德建设走向新的发展阶段和水平。首先，关于真理标准问题的大讨论拉开了解放思想运动的序幕，使道德教育迎来了春天。1978 年 3 月 26 日，针对"两个凡是"的提出，《人民日报》刊登了一篇题为《标准只有一个》的署名短文，强调真理的标准只有一个，就是社会实践。1978 年 5 月 11 日，《光明日报》在头版以特约评论员的名义发表了中央党校刊登的文章——《实践是检验真理的唯一标准》。继新华社全文转发后，《人民日报》《解放军报》以及全国绝大多数省、自治区、市的报纸也陆续转载。6 月 2 日，邓小平在全军政治会议上指出："我们说的做的究竟能不能解决问题，问题解决得是不是正确，关键在于我们是否能够理论联系实际，是否善于总结经验，针对客观现实，采取实事求是的态度，一切从实际出发。"① 一直到 1981 年 11 月，真理标准的大讨论才算基本结束。这是一次深刻而又广泛的思想解放运动，是党思想建设史上的一次大进步，同时，也为新时期开展共产主义道德教育开辟了广阔道路。其次，以十一届三中全会为契机，

① 《邓小平文选》第 2 卷，人民出版社，1994，第 113~114 页。

共产主义道德教育迎来重大转折。党的十一届三中全会前夕，邓小平在中央工作会议上发表题为《解放思想，实事求是，团结一致向前看》的重要讲话，他指出，我们党取得的一切胜利是靠实事求是，"四个现代化"建设同样也靠实事求是，"不打破思想僵化，不大大解放干部和群众的思想，四个现代化就没有希望"①。党的十一届三中全会重新确立了马克思主义的指导地位，关于正确处理经济与政治之间的关系、正确处理两类不同性质矛盾的方法等，为重新开展共产主义道德教育奠定了坚实的基础。再次，建设社会主义精神文明对共产主义道德教育提出了新的要求。1979 年 9 月 29 日，叶剑英在《在庆祝中华人民共和国成立三十周年大会上的讲话》中首次提出"社会主义精神文明"这一概念。邓小平非常重视精神文明建设，他指出，社会主义不仅要发展生产力，提高人民的物质生活水平，建设物质文明，"还要建设社会主义的精神文明，最根本的是要使广大人民有共产主义的理想，有道德，有文化，守纪律。国际主义、爱国主义都属于精神文明的范畴"②。而对于什么是精神文明，邓小平指出："不但是指教育、科学、文化（这是完全必要的），而且是指共产主义的思想、理想、信念、道德、纪律，革命的立场和原则，人与人的同志式关系，等等。"③ 1981 年 1 月 29 日，中共中央颁布的《中共中央关于当前报刊新闻广播宣传方针的决定》指出：报刊、新闻、广播、电视要大张旗鼓地宣传建设社会主义的高度精神文明，要大力宣传共产主义的理想和道德，宣传奋发图强的爱国主义思想，增强民族自尊心、自信心。④ 最后，党中央将共产主义道德作为道德教育的重要内容并要求党员身体力行。改革开放之初，为应对一系列困难，邓小平就指出："要教育全党同志发扬大公无私、服从大局、艰苦奋斗、廉洁奉公的精

---

① 《邓小平文选》第 2 卷，人民出版社，1994，第 143 页。
② 《邓小平文选》第 3 卷，人民出版社，1993，第 28 页。
③ 《邓小平文选》第 2 卷，人民出版社，1994，第 367 页。
④ 《中国共产党新闻工作文献选编（1938—1989 年）》，人民出版社，1990，第 50 页。

神，坚持共产主义思想和共产主义道德。"① 邓小平强调："没有共产主义思想，没有共产主义道德，怎么能建设社会主义？党和政府愈是实行各项经济改革和对外开放的政策，党员尤其是党的高级负责干部，就愈要高度重视、愈要身体力行共产主义思想和共产主义道德。否则，我们自己在精神上解除了武装，还怎么能教育青年，还怎么能领导国家和人民建设社会主义！"② 我们能够取得革命的胜利，正是因为我们有着坚定的共产主义信念和共产主义道德。邓小平还强调，要将共产主义道德教育推广到"全体人民、全体青少年中间去，使之成为中华人民共和国的精神文明的主要支柱"③。巩固社会主义，必须要加强共产主义道德建设，否则，必然会破坏已经取得的建设成果，中国共产党之所以能够从弱小走向强大，正是因为"我们有马克思主义和共产主义的信念。有了共同的理想，也就有了铁的纪律。无论过去、现在和将来，这都是我们的真正优势"④。

社会主义市场经济条件下共产主义道德教育以先进性教育为主稳步推进。党的十三届四中全会之后，共产主义道德教育面临许多重大课题和挑战。1992 年 10 月，党的十四大召开，确立了"建立社会主义市场经济体制"的目标，大大加快了我国改革开放的步伐。为了应对和保证市场经济条件下社会主义社会的良性运行和发展，以江泽民为核心的党的第三代中央领导集体提出"两手抓，两手都要硬，把社会主义精神文明建设提高到新水平"的建设方针，这一方针推动共产主义道德教育在中国特色社会主义市场经济条件下稳步前进。《中共中央关于加强社会主义精神文明建设若干重要问题的决议》《公民道德建设实施纲要》《爱国主义教育实施纲要》等文件，"三个代表"重要思想，是这一时期共产主义

① 《邓小平文选》第 2 卷，人民出版社，1994，第 367 页。
② 《邓小平文选》第 2 卷，人民出版社，1994，第 367 页。
③ 《邓小平文选》第 2 卷，人民出版社，1994，第 368 页。
④ 《邓小平文选》第 3 卷，人民出版社，1993，第 144 页。

道德教育开展的重要遵循。1996 年 10 月 10 日通过的《中共中央关于加强社会主义精神文明建设若干重要问题的决议》明确强调："我们现在建设和发展有中国特色的社会主义，最终目的是实现共产主义，应当在全社会认真提倡社会主义、共产主义思想道德。"① 2001 年颁布的《公民道德建设实施纲要》明确提出："大力倡导共产党员和各级干部带头实践社会主义、共产主义道德。"② 首先，共产主义道德教育必须要与社会主义市场经济相适应。"搞社会主义市场经济，有利于人们开阔眼界、活跃思想、增长才干、开拓创新。同时也应清醒地看到，市场活动中出现和存在的东西，并不都是积极的、健康的、合理的。"③ 发展经济，不能忽视道德问题，物质文明与精神文明同等重要，必须要同时建设。2000 年 2 月 21 日至 25 日，江泽民在广东考察工作谈到加强党风廉政建设时提出了"德治"这个概念，并在 2001 年 1 月 10 日召开的全国宣传部长会议上指出，我们在发展社会主义市场经济的过程中，"要坚持不懈地加强社会主义道德建设，以德治国"④。江泽民提出努力探索和建立与社会主义市场经济相适应的社会主义思想道德体系。德治和法治，必须双管齐下。只有把道德教育抓好了，干部的思想政治素质和精神境界提高了，社会主义建设才能有保障。其次，共产主义道德教育是引领社会良好风尚的需要。江泽民同志反复告诫全党全国人民："在发展社会主义市场经济的整个过程中，要始终高度重视社会风气问题。应当警惕，如果社会风气败坏，不仅经济建设搞不上去，我们这个民族也不可能兴旺发达。"⑤ 为了营造良好的社会风气，江泽民同志指出，要加强社会主义道德建设，弘扬共产主义道德，优秀的道德品质能够引领社会风尚。我们要"旗帜鲜明地扶持正气，克服邪气，在全社会造成浓厚的健康向上、积极进取

---

① 《十四大以来重要文献选编》下，中央文献出版社，1999，第 140 页。
② 《〈公民道德建设实施纲要〉学习读本》，红旗出版社，2001，第 4 页。
③ 《毛泽东邓小平江泽民论社会主义道德建设》，学习出版社，2001，第 6~7 页。
④ 《江泽民文选》第 3 卷，人民出版社，2006，第 200 页。
⑤ 《毛泽东邓小平江泽民论社会主义道德建设》，学习出版社，2001，第 7 页。

的良好风尚"①。最后，坚持先进性与广泛性要求相结合，树立道德模范。《中共中央关于加强社会主义精神文明建设若干重要问题的决议》明确强调："要把先进性要求同广泛性要求结合起来，鼓励支持一切有利于解放和发展社会主义社会生产力的思想道德，一切有利于国家统一、民族团结、社会进步的思想道德，一切有利于追求真善美、抵制假恶丑、弘扬正气的思想道德，一切有利于履行公民权利与义务、用诚实劳动争取美好生活的思想道德，团结和引导亿万人民积极向上，不断提高全民族的思想道德水平。"② 江泽民多次强调，"共产党员要带头身体力行社会主义、共产主义道德，为在人民中倡导这些道德真正起到表率作用"③。而《公民道德建设纲要》再次提到要坚持把先进性要求与广泛性要求结合起来，大力倡导共产党员和各级干部带头践行共产主义道德，引导人们在遵守基本道德规范的基础上，不断追求更高层次的道德目标。党中央还通过影视作品、"讲文明树新风"活动等各种渠道宣传践行共产主义道德的模范，号召人民群众向他们学习。

在全面建设小康社会进程中，共产主义道德教育以促进社会和谐为基础科学发展。2002 年 11 月，党的十六大提出全面建设小康社会。中国特色社会主义经济、政治、文化、社会建设均围绕这一目标进行，而加强社会主义思想道德建设，不断提高全民族的思想道德水平不仅是实现这一目标的重要条件，也是这一目标实现的内在要求。因此，在促进社会主义物质文明、政治文明、精神文明建设与构建社会主义和谐社会的同时，思想道德教育也取得了重要成绩。2003 年 9 月，中共中央精神文明建设指导委员会决定将《公民道德建设实施纲要》颁布之日——9 月20 日作为"公民道德宣传日"，这突显了道德建设的重要性，也更广泛地动员了社会各界参与道德建设，全面推进了共产主义道德教育。首先，

---

① 《毛泽东邓小平江泽民论社会主义道德建设》，学习出版社，2001，第 7 页。
② 《十四大以来重要文献选编》下，中央文献出版社，1999，第 140 页。
③ 《十四大以来重要文献选编》下，中央文献出版社，1999，第 164 页。

以道德模范为引领开展共产主义道德教育。2007 年，中央文明办等部门决定在第五个"公民道德宣传日"到来之际评选和表彰全国道德模范，推动公民道德建设。2008 年 2 月，中央文明委颁发《关于进一步做好评选表彰全国道德模范工作的决定》，明确提出之后每两年评选一届全国道德模范，把学习宣传道德模范的活动长期坚持下去。2009 年和 2011 年，评选出"助人为乐""见义勇为""诚实守信""敬业奉献""孝老爱亲"模范 109 名，提名奖 522 名。这些道德模范正是践行共产主义道德的楷模，先进性教育中的典型。其次，引导人们在行为准则上追求更高的道德目标，特别是要加强青少年的道德教育。党的十六大对全面建设小康社会作出重要部署，同时强调要加强思想道德建设，"特别要加强青少年的思想道德建设，引导人们在遵守基本行为准则的基础上，追求更高的思想道德目标"[1]。为贯彻落实十六大精神，中央文明委颁发《关于深入贯彻党的十六大精神 进一步加强公民道德建设的意见》，指出要大力弘扬以爱国主义为核心的民族精神，向抗击非典斗争中的英雄模范学习，要建立并完善激励和监督机制。2004 年 2 月 26 日，中共中央、国务院颁发了《关于进一步加强和改进未成年人思想道德建设的若干意见》，指出十八岁以下的未成年人思想道德状况如何，直接关系到中华民族的整体素质，关系到国家前途和民族命运。实现中华民族伟大复兴，需要培养和造就千千万万具有高尚思想品质和良好道德修养的合格建设者和接班人，这既是一项长远的战略任务，又是一项紧迫的现实任务。要注重青少年的爱国主义情感和社会主义、共产主义理想信念的培养等。[2] 再次，加强与改进大学生思想政治教育工作，以思想政治教育工作为载体，开展共产主义道德教育。2004 年 8 月 26 日，中共中央、国务院印发了《关于进一步加强和改进大学生思想政治教育的意见》，对大学生思想政治教

---

① 《十六大以来重要文献选编》上，中央文献出版社，2005，第 30 页。
② 《十六大以来重要文献选编》上，中央文献出版社，2005，第 790～792 页。

育作出重要部署，该意见强调，要积极引导大学生不断追求更高的目标，使他们中的先进分子树立共产主义的远大理想，确立马克思主义的坚定信念；同时认真贯彻《公民道德建设实施纲要》，以基本道德规范为基础，深入开展公民道德教育。① 2005 年 1 月，中共中央召开了全国加强和改进大学生思想政治教育工作会议，贯彻文件精神。2 月，中宣部、教育部印发了《关于进一步加强和改进高等学校思想政治理论课的意见》，提出通过思想政治理论课培养大学生良好高尚的道德品质。最后，建设社会主义核心价值体系推动共产主义道德教育科学发展。2006 年 10 月，党的十六届六中全会通过了《中共中央关于构建社会主义和谐社会若干重大问题的决定》，文中强调，构建社会主义和谐社会要建设和谐文化，而社会主义核心价值体系是建设和谐文化的根本，要树立社会主义荣辱观，培养文明道德风尚，以正确的舆论导向营造健康的思想道德氛围。② 而和谐社会的构建必须要以人为本，科学发展，这同时也是对和谐文化建设的要求，也为共产主义道德教育提供了新的指导思想。

四　中国特色社会主义新时代共产主义道德教育的新要求

以习近平新时代中国特色社会主义思想为指导。共产主义道德是马克思主义的道德观，必须以马克思主义为指导。在中国特色社会主义新时代开展共产主义道德教育，要以马克思主义的最新成果——习近平新时代中国特色社会主义思想为指导。自党的十八大以来，中国特色社会主义进入新时代。党的十八大报告提出，在新的历史条件下夺取中国特色社会主义新胜利，必须做到公平正义、社会和谐、共同富裕等。要扎实推进社会主义文化强国建设，深入开展理想信念教育，培育和践行社会主义核心价值观；深化群众性精神文明创建活动，广泛开展志愿服务，

---

① 《十六大以来重要文献选编》中，中央文献出版社，2006，第180页。
② 《十六大以来重要文献选编》下，中央文献出版社，2008，第660~661页。

推动学雷锋活动、学习宣传道德模范常态化。① 报告中虽然没有直接提出要进行共产主义道德教育，但是共产主义理想信念、雷锋精神、道德模范都属于共产主义道德教育范畴。在这之后，习近平总书记一直十分重视公民道德建设，对公民道德教育作出一系列重要指示和部署。如《新时代公民道德建设实施纲要》《新时代爱国主义教育实施纲要》的颁布，推动了道德教育的常态化和制度化，为新时代共产主义道德教育指明了方向。首先，要充分肯定道德的重要作用，尤其是高尚的道德品质，共产主义道德是无穷的精神力量。2013 年 9 月 26 日，习近平总书记在会见第四届全国道德模范及提名奖获得者时指出："精神的力量是无穷的，道德的力量也是无穷的。"② 2013 年 11 月 24 日至 28 日，在山东考察时他指出："国无德不兴，人无德不立。必须加强全社会的思想道德建设，激发人们形成善良的道德意愿、道德情感，培育正确的道德判断和道德责任，提高道德实践能力尤其是自觉践行能力，引导人们向往和追求讲道德、尊道德、守道德的生活，形成向上的力量、向善的力量。只要中华民族一代接着一代追求美好崇高的道德境界，我们的民族就永远充满希望。"③其次，要积极开展道德教育活动，深化道德建设。自 2013 年开始，总书记多次对全国道德模范表彰活动作出了批示，提出要持续深化社会主义思想道德建设，弘扬中华传统美德，弘扬时代新风，用社会主义核心价值观凝魂聚力，深化群众性精神文明创建活动，着力培养担当民族复兴大任的时代新人，为中国特色社会主义事业提供源源不断的精神动力和道德滋养。最后，共产主义道德教育要与实践紧密结合。2019 年 4 月 30 日，习近平总书记在纪念五四运动 100 周年大会上指出："青年要把正确的道德认知、自觉的道德养成、积极的道德实践紧密结合起来，不断修

---

① 《十八大以来重要文献选编》上，中央文献出版社，2014，第 10～25 页。
② 《习近平谈治国理政》第 1 卷，外文出版社，2018，第 158 页。
③ 《习近平关于社会主义文化建设论述摘编》，中央文献出版社，2017，第 137 页。

身立德，打牢道德根基，在人生道路上走得更正、走得更远。"① 习近平新时代中国特色社会主义思想为共产主义道德教育提供了重要理论支撑和现实指引。

加强党对共产主义道德教育的领导要求党员带头践行共产主义道德。共产主义道德产生于无产阶级反对资产阶级、寻求自身解放的革命斗争实践中。列宁指出，共产主义道德是从无产阶级斗争的利益中引申出来的，它的基础是巩固和实现共产主义。这就说明只有在共产党的领导下，为实现共产主义和全人类的解放而奋斗的过程中才会产生共产主义道德。马克思恩格斯在《共产党宣言》中提出："共产党人不是同其他工人政党相对立的特殊政党。他们没有任何同整个无产阶级的利益不同的利益。"②因此，一方面，我们要认识到开展共产主义道德教育，不仅要在党的领导下，而且还要不断加强党的领导，这样才能保持共产主义道德教育不褪色、不变质、不变味。这是由党的性质所决定的，我们党一切行动的根本出发点和落脚点就是全心全意为人民服务，党的最终目标和最高理想就是实现共产主义。保持这样的理想信念是践行共产主义道德的前提条件。中国特色社会主义最大的优势、最本质的特征就是党的领导，这是历史和人民的选择。"党的领导是做好党和国家各项工作的根本保证。"③只有保持并不断加强党的领导，始终跟着党中央的步伐前进，共产主义道德教育才能稳步推进。另一方面，加强党对共产主义道德教育的领导还必须要求党员带头践行共产主义道德。《中国共产党章程》要求党员必须履行的义务中就明确提出：共产党员要"提倡共产主义道德，弘扬中华民族传统美德，为了保护国家和人民的利益，在一切困难和危险的时刻挺身而出，英勇斗争，不怕牺牲"。党的十八大以来，中央颁布了《中国共产党问责条例》《关于新形势下党内政治生活的若干准则》《中国共

---

① 《习近平谈治国理政》第3卷，外文出版社，2020，第337页。
② 《马克思恩格斯选集》第1卷，人民出版社，2012，第413页。
③ 习近平：《中国共产党领导是中国特色社会主义最本质的特征》，《求是》2020年第14期。

产党党内监督条例》《中国共产党党员教育管理工作条例》等，开展"两学一做"学习教育活动、"不忘初心，牢记使命"主题教育活动等，坚持从严治党，敢于刀刃向内，始终保持党的先进性和纯洁性。广大党员在各个岗位上英勇奋战、无私奉献、攻坚克难、敢于牺牲，这一时期涌现出郭明义、黄文秀、张桂梅、钟南山等优秀共产党员。正是因为有这些为党和人民作出杰出贡献而且时刻践行着共产主义道德的优秀党员模范，我国才创造出如此辉煌的成就。

　　共产主义理想信念教育推动共产主义道德教育走向新的高度。共产主义理想信念就是共产主义道德的思想内核和根本所在。培养共产主义道德首先应该培育坚定的共产主义理想信念。如果人民没有坚定的共产主义远大理想，就无法对共产主义道德产生认同感，更不可能按照这种高尚的道德标准来要求自我。中国共产党自成立之日起就把共产主义作为远大理想，"我们党之所以能够经受一次次挫折而又一次次奋起，归根到底是因为我们党有远大理想和崇高追求"①。习近平总书记多次强调："我们党始终坚持共产主义远大理想，共产党员特别是党员领导干部要做共产主义远大理想和中国特色社会主义共同理想的坚定信仰者和忠实践行者。对马克思主义的信仰，对社会主义和共产主义的信念，是共产党人的政治灵魂，是共产党人经受住任何考验的精神支柱。"②党的十九大提出，要使"全体人民在理想信念、价值理念、道德观念上紧紧团结在一起"③。党的十九届四中全会进一步提出要"推动理想信念教育常态化、制度化"④。《中共中央关于党的百年奋斗重大成就和历史经验的决议》对建党百年来，尤其是党的十八大以来形成的常态化、制度化理想信念教育予以高度肯定，这也是我们党取得重大成就的根本所在。对共

---

① 《十八大以来重要文献选编》下，中央文献出版社，2018，第347页。
② 《十八大以来重要文献选编》上，中央文献出版社，2014，第115页。
③ 《习近平谈治国理政》第3卷，外文出版社，2020，第33页。
④ 《中共中央关于坚持和完善中国特色社会主义制度、推进国家治理体系和治理能力现代化若干重大问题的决定》，人民出版社，2019，第23页。

产主义理想信念教育的肯定和坚持是共产主义道德教育的一个重要方面，使得共产主义道德教育能够始终保持着旺盛的生命力。当然，"坚定的理想信念，必须建立在对马克思主义的深刻理解之上，建立在对历史规律的深刻把握之上"①。因此，共产主义道德教育要求我们不断开展对马克思主义的深入学习，对党史、新中国史、改革开放史、社会主义发展史的学习，从树立道路自信、理论自信、制度自信、文化自信开始，把握历史规律，坚定实现共产主义的历史自觉，树立历史自信，成为一个具有坚定共产主义理想信念、高尚共产主义道德品质的合格的接班人。

精神生活共同富裕的发展要求为共产主义道德教育带来新的挑战。共同富裕是社会主义的本质要求。2021 年 8 月 17 日，在中央财经委员会第十次会议上，习近平总书记指出："共同富裕是全体人民的富裕，是人民群众物质生活和精神生活都富裕，不是少数人的富裕，也不是整齐划一的平均主义。"② 2021 年 10 月 15 日，习近平总书记在《求是》发表文章《扎实推动共同富裕》，再次强调："共同富裕是全体人民共同富裕，是人民群众物质生活和精神生活都富裕"，"促进共同富裕与促进人的全面发展是高度统一的"。③ 从共同富裕到物质生活与精神生活共同富裕，反映了建设社会主义过程中实践的不断深化。精神生活共同富裕同样也是中国特色社会主义的本质要求，人民群众精神生活共同富裕与物质生活共同富裕成为全面建设社会主义现代化强国，实现中华民族伟大复兴的重要任务，而实现精神生活共同富裕是建立在物质生活共同富裕的基础之上的道德发展要求。虽然改革开放 40 多年来，人民群众的精神生活日益丰富，精神文明状况日益改善，思想道德素养日益提高，但不可否认的是，在人口基数如此庞大的我国，人民群众道德素质参差不齐，部

---

① 《十八大以来重要文献选编》下，中央文献出版社，2018，第 348 页。
② 《在高质量发展中促进共同富裕 统筹做好重大金融风险防范化解工作》，《人民日报》2021 年 8 月 18 日，第 1 版。
③ 习近平：《扎实推动共同富裕》，《求是》2021 年第 20 期。

分贫困地区的民众在思想观念、精神追求、价值判断、文化素养上相对落后，道德发展呈现出"堕距"现象。实现精神生活共同富裕需要人民群众在道德层面上共同发展、共同提高，更需要有高层次、高水平道德品质的先进分子引领人民群众实现精神生活共同富裕。正如在建设中国特色社会主义的过程中，要使一部分人先富起来，以先富带动后富、帮助后富。如何培养出更多具备共产主义道德品质的时代新人，用他们的力量来引领社会道德建设，实现精神生活共同富裕的建设目标，以"星星之火"引起燎原之势，是新时代共产主义道德教育面临的重大任务和挑战。

倡导共产主义道德是新时代公民道德建设的现实需要。2019 年，中共中央、国务院印发《新时代公民道德建设实施纲要》，提出要"坚持马克思主义道德观，社会主义道德观，倡导共产主义道德"，道德建设要遵循规律，将先进性要求与广泛性要求结合起来，同时也要注意发挥道德榜样的示范引领作用，推动人民群众的道德认识水平不断提升，提高人民群众道德实践能力，还要鼓励人们在日常生活中养成良好的道德品行。[1] 中国特色社会主义进入新时代，伟大时代呼唤伟大精神，伟大事业需要榜样引领。新时代对公民道德建设提出了新的更高的要求。习近平总书记在庆祝中国共产党成立 100 周年大会上强调："今天，我们比历史上任何时期都更接近、更有信心和能力实现中华民族伟大复兴的目标，同时必须准备付出更为艰巨、更为艰苦的努力。"[2] 全面建成小康社会的目标已经完成，全面建设社会主义现代化强国的征程已经开启，实现中华民族伟大复兴的中国梦正在如火如荼地进行。但是，这一目标绝不是"轻轻松松、敲锣打鼓"就可以实现的，我们还有可能会面临更多的风险和挑战。比如复杂多变的国际环境，持续不断的意识形态攻击，全球化

---

① 《新时代公民道德建设实施纲要》，人民出版社，2019，第 4~6 页。
② 习近平：《在庆祝中国共产党成立 100 周年大会上的讲话》，人民出版社，2021，第 17 页。

背景下的疫情防控问题，等等。尤其是自 2020 年以来全球新冠疫情大流行，我们国家在应对过程中取得了卓越而显著的成就，形成了"生命至上，举国同心，舍生忘死，尊重科学，命运与共"的伟大抗疫精神，但是，在应对疫情过程中，同样也存在着许多不遵守疫情规定、传播虚假消息、滥用权力谋取私利等破坏疫情防控的问题。未来还有许多不可控的未知风险与挑战，在改革不断深化、经济持续发展的今天，公民道德建设显得更为重要。实现中华民族伟大复兴的中国梦更需要坚实的精神力量，需要弘扬高尚的道德风尚，需要共产主义道德榜样的引领。

第五节 新时代研究列宁共产主义道德教育思想的新思考

列宁共产主义道德教育思想研究既是马克思主义伦理学理论研究，也是马克思主义伦理学实践研究；既是对马克思主义经典作家基础理论的追溯，又是对马克思主义与新时代中国建设社会主义文化强国相结合的探索。因此，此项研究既使用了传统基础理论研究的方法，又使用了理论与实践相结合的方法，深刻剖析了列宁共产主义道德教育的内涵、内容、原则、方法、历史地位等，回答了开展共产主义道德教育是否与时代发展相符合的重大问题，全面探索了列宁共产主义道德教育思想对新时代开展共产主义道德教育的重要启示。

一 列宁共产主义道德教育思想的研究方法

1. 文献研究法

对列宁共产主义道德教育思想的研究和梳理需要查阅和分析大量文献，需要对国内外研究列宁共产主义道德教育思想的论著、对列宁共产主义道德教育思想的理论基础、对列宁所著的全部文献资料进行甄别和梳理。这主要包括以下几个方面。一是对马克思和恩格斯的道德教育思想进行研究。这就需要对马克思和恩格斯的相关著作和研究进行归纳、整理、分析和评价，如《马克思恩格斯选集》《马克思恩格斯全集》。二是要对列宁的共产主义道德教育论述进行彻底的收集、阅读、归类、整理、分析，如《列宁选集》《列宁全集》《列宁专题文集》。三是要收集、研究国内外学者对列宁道德教育思想的相关研究成果。四是要对中国特色社会主义道德教育思想的发展历程进行研究，阅读毛泽东、邓小平、江泽民、胡锦涛以及习近平等同志的诸多重要文章。通过梳理相关文献，研究列宁共产主义道德教育思想及其当代价值。

2. 历史分析法

任何思想的产生都是依据一定的时代背景，有着浓厚的时代特色。道德作为意识形态的一种，是上层建筑的一部分，由经济关系所决定，道德教育是统治阶级的统治工具，不同的历史阶段，因统治阶级的不同，道德教育也有所不同。道德教育受制于一定阶级的政治、法律制度等。列宁的共产主义道德教育思想也不例外。因此，对列宁共产主义道德教育思想的研究要建立在历史唯物主义的基础之上，通过历史分析法，深入分析列宁共产主义道德教育思想的形成背景、发展历程以及列宁共产主义道德教育在特定条件下的内容和路径。

3. 阶级分析法

在阶级社会里，各种不同的道德观念和道德教育理论，归根到底都反映着一定阶级的利益和要求，表现着一定的阶级关系和阶级矛盾。而列宁在提出共产主义道德这一概念时明确指出：共产主义道德是为无产阶级利益服务的。本书对列宁共产主义道德教育思想的研究，坚持以阶级分析的方法，以对以往全部阶级社会的道德现象分析为基础，从无产阶级的利益出发，透过现象抓住本质，探讨列宁共产主义道德教育思想的阶级性本质和阶段性特征。也只有从阶级利益这个基础出发，才能对列宁共产主义道德教育思想进行科学的批判和继承。

4. 理论与实践相统一法

道德是一种"实践理性"，更是一种"实践精神"。因此，研究道德和道德教育思想，必须要坚持理论与实践相统一、相结合的方法。理论与实践的统一，也是马克思主义的一个基本原则，是伦理学研究的基本方法。列宁的共产主义道德教育思想，是以马克思主义道德教育思想为理论基础，从无产阶级的阶级斗争实践中引申出来的，是在无产阶级和广大人民群众的社会主义革命和建设实践中发展的，列宁对共产主义道德教育路径的探索也是以社会主义建设实践为基础的，它本身就是理论与实践的统一。而且对列宁共产主义道德教育思想的研究最重要的是要看它对新时代中国特色社会主义道德建设的重要意义，必须要与新时代公民道德建设实践相结合，与新时代中国特色社会主义文化发展相结合。

二 列宁共产主义道德教育思想研究的主要问题

应发展之需，寻理论之源；以道德之果，育时代新人。本书从理论逻辑到历史逻辑再到现实逻辑进行分析，从列宁共产主义道德教育思想形成的理论来源和现实依据出发，通过对列宁相关文献的整理分析，系统梳理了列宁共产主义道德教育思想的发展历程，集中阐述了列宁共产主义道德教育的目标、内容、要求和路径，并在此基础上，将列宁共产主义道德教育思想与新时代倡导共产主义道德相结合，通过研究列宁对共产主义道德教育路径的不懈探索，探讨中国特色社会主义道德教育的创新与发展。

绪论，一个历久弥新的理论话题：共产主义道德教育。这一部分主要解决四个问题。一是阐述选择这一研究题目的背景和意义，从中国共产党在马克思主义指导下成立一直到中国特色社会主义进入新时代，共产主义道德和道德教育在中国一直有着举足轻重的作用，关于共产主义道德和道德教育的话题历久弥新。二是从国内外研究现状来分析学者们对列宁共产主义道德教育思想研究的热情与主要观点，发现了研究的分歧与问题所在，比如关于共产主义道德的内涵，关于是否应该在社会主义阶段开展共产主义道德教育等。三是分析梳理共产主义道德教育在中国实践的百年历程，从新民主主义革命时期共产主义道德教育的初步探索，到社会主义革命和建设时期共产主义道德教育的曲折前进、改革开放和社会主义现代化建设新时期共产主义道德教育的重要发展，再到中国特色社会主义新时代共产主义道德教育的新要求，列宁共产主义道德教育思想与中国实际相结合，在中国得到了重大丰富和发展。四是对全书的研究方法、研究问题和创新点进行集中陈述，分析了在新时代研究列宁共产主义道德教育思想的新要求。

第一章，列宁共产主义道德教育思想的理论来源和现实依据。这一部分主要研究四个问题。一是共产主义道德与道德教育的缘起。从分析共产主义道德和道德教育的形成过程入手，探索共产主义道德与资本主义道德、社会主义道德之间的主要差别，明确共产主义道德的内涵、共产主义道德及道德教育发展的阶段性特征。列宁将共产主义道德的发展分为三个阶段：产生于资本主义条件下且居于从属地位的无产阶级所具有的道德——无产阶级道德；存在于社会主义时期作为领导阶级的无产阶级的道德——社会主义道德；存在于共产主义时期的全人类的道德——共产主义道德。不同阶段的道德存在差别，不同阶段的道德教育同样具有不同的特点。二是马克思恩格斯关于道德和道德教育的基本理论。通过追溯马克思恩格斯的一生，梳理他们留下的重要理论成果，分析他们对道德和道德教育的重要论述，总结他们道德思想的主要特征和重要观点，其中包括道德是社会经济状况的产物，道德教育能够推动无产阶级摆脱思想上的片面性，而且道德教育问题只有在实践中才能得到合理解决，这些观点为分析列宁的共产主义道德教育思想打下了坚实的理论基础。三是列宁共产主义道德教育思想形成的时代背景。"历史从哪里开始，思想进程也应当从哪里开始"，任何理论的产生都是一定时代的产物。列宁共产主义道德教育思想的产生与俄国无产阶级社会主义意识逐渐觉醒、沙皇长期黑暗统治所造成的俄国文化极其落后的现状、人民群众的道德发展水平不符合建设社会主义的需要等密切相关。四是列宁共产主义道德教育思想的发展历程。列宁共产主义道德教育思想的形成与俄国不同时期革命实践的不同需要紧密相联，因此，在不同时期，列宁对共产主义道德教育的认识也各不相同。以十月革命为分界点，十月革命前是列宁共产主义道德教育思想的探索期，从十月革命胜利后一直到战时共产主义时期结束是形成与发展期，而自新经济政策开始到列宁晚年，是对共产主义道德教育思想的丰富和完善时期。

第二章，列宁关于共产主义道德教育目标、内容与要求的论述。这一章是在上一章的基础上具体分析列宁共产主义道德教育思想，主要包括三个部分的内容。一是分析列宁对共产主义道德教育目标的论述。列宁在社会主义建设初期，面对种种困难和问题，提出了要在全社会进行共产主义道德教育的重要任务。希望能够通过在全社会大力弘扬共产主义道德，提高全体人民群众的道德水平，克服旧社会遗留下来的不良风气和习惯，团结一切可以团结的人，共同为建设社会主义而努力。更重要的是，共产主义道德教育的实施可以为建设社会主义、迈向共产主义培养具有坚定信念的共产主义一代新人。二是分析列宁在不同时期对共产主义道德教育的内容的论述。共产主义社会就要有共产主义的劳动态度，这是区别于其他社会的重要方面，因此要对无产阶级进行共产主义劳动态度教育。为了反抗资产阶级的剥削，建立无产阶级的共产主义社会，还要对无产阶级进行自觉的革命纪律教育。列宁还强调无产阶级的家庭婚姻道德观应该与其他阶级和社会的家庭婚姻道德观区别开来，尊重妇女，建立以爱情为基础的平等的婚姻家庭关系。同时，列宁还强调社会主义的人道主义精神和无产阶级的国际主义精神，这些都成为列宁共产主义道德教育思想的重要内容。三是分析了列宁对共产主义道德教育的要求的论述，也就是论述了在道德教育过程中所要遵循的条件。它贯穿于道德教育的全过程，是衡量道德教育是否偏离方向以及成功与否的标准。根据列宁的论述，共产主义道德教育的基本要求有三个方面：以"大家为一人，一人为大家"为准则，以巩固和完成共产主义事业为基础，并与沸腾的实际生活相结合。这三个方面缺一不可，体现了共产主义道德教育的愿望和条件。

第三章，列宁关于共产主义道德教育路径的探索。这一章主要是对列宁领导的共产主义道德教育实践进行分析，"理论是灰色的，而生活之树是常青的"①，列宁的一生从未停止过探索共产主义道德教育的实践路径。列宁的探索主要有四个方面。一是注重共产主义道德教育的制度建设。有效的制度是实施共产主义道德教育的有力保障，为了更好地对无产阶级进行共产主义道德教育，列宁强调，必须要坚持党对共产主义道德教育的领导，全面贯彻落实党的道德教育方针，在党的坚强领导下，全面铸牢共产主义道德教育的制度保障，同时还要加强对学校、工会、共青团等重点组织机构的道德教育引导。二是共产主义道德教育要与推行义务劳动相结合。马克思主义认为，劳动创造了人，因而创造了道德主体，人在劳动中形成了各种道德观念。不同的社会，对劳动的要求以及对待劳动的态度各有不同。在无产阶级创立的共产主义社会中，倡导义务劳动是建设共产主义社会、培养共产主义道德的重要手段。因而，列宁提出要大力倡导"共产主义星期六义务劳动"，将它当作共产主义的幼芽精心呵护起来；还要开展社会主义劳动竞赛，激发劳动者的生产积极性和首创精神，使它成为人民群众践行共产主义道德的重要路径；与此同时，列宁还号召在全社会树立共产主义劳动的道德榜样。列宁始终坚持将共产主义道德教育与推行义务劳动结合起来，强调在劳动实践中开展道德教育。三是构筑共产主义道德教育文化基础。列宁指出，要进行共产主义道德教育，还必须构筑文化基础。"任何力量都不能阻止工人

---

① 《列宁选集》第 3 卷，人民出版社，2012，第 27 页。

的觉醒！没有知识，工人就无法自卫；有了知识，他们就有了力量！"①
文盲不仅不懂政治，更不会懂什么是共产主义道德，要想顺利开展共产
主义道德教育，还要全力提高国民的文化水平，开展一场文化革命；在
全社会大力开展共产主义道德宣传，使共产主义道德的要求为全体人民
群众所熟知。列宁还指出，发展科学技术也是提高文化水平的一种必要
手段，可以为共产主义道德教育提供有力的物质保障。四是批判资产阶
级和腐朽的道德观念。列宁共产主义道德教育思想的形成离不开他在革
命实践中对资产阶级和腐朽的道德观念的批判。列宁以马克思主义唯物
史观为基础，深刻揭露了道德虚无主义的真面目，捍卫共产主义道德；
他还批判道德自发论，提出共产主义道德只能从外面灌输给工农群众，
强调共产主义道德教育要坚持党的领导；列宁还批判狭隘民族主义的
"民族文化"和"民族文化自治"口号是资产阶级的骗局，提倡以民族
平等为基础的无产阶级的国际主义文化。

第四章，列宁共产主义道德教育思想的突出特点和历史地位。这一
章主要对列宁共产主义道德教育的理论和实践进行评价和总结。列宁共
产主义道德教育思想是对马克思主义道德教育思想的继承和发展，是对
广大人民群众进行共产主义道德教育的思想成果，也是对本国无产阶级
革命和社会主义建设实践的经验总结，其内涵十分丰富，特征极其鲜明。
列宁的共产主义道德教育思想在马克思主义道德教育发展史上具有非常
重要的地位。一是它有以下几个特点：批判性是列宁共产主义道德教育
思想的主要特征，贯穿了其形成与发展的全过程；创新性是列宁共产主
义道德教育思想的最显著特征，共产主义道德就是他对马克思主义道德
进行创新的结果；将共产主义道德教育与劳动实践相结合是他这一思想
实践性的突出表现；共产主义道德和道德教育思想的产生同样也是历史
发展规律的必然结果，因而也具有非常突出的历史性。二是列宁共产主

---

① 《列宁全集》第 2 卷，人民出版社，2013，第 68 页。

义道德教育思想在马克思主义道德发展的历史中具有重要的地位。他发展了马克思主义道德教育思想，提出了共产主义道德以及道德教育，在一定程度上提高了人民的共产主义道德水平。而且，列宁对共产主义道德教育的高度重视以及他在道德教育过程中所推行的一系列实践活动，不仅为苏联后期的社会主义建设提供了巨大的精神动力和实践经验，更为其他的社会主义国家和非社会主义国家提供了可供学习的经验。

第五章，列宁共产主义道德教育思想的当代启示。列宁充分利用共产主义道德教育，将文盲占大多数的本国人民，团结在无产阶级和党的周围，充分调动最广大人民群众的社会主义建设积极性和主动性，大幅度提高了人民群众的道德水平，推动了经济的发展，强化了党的领导，发动了文化革命。同时，列宁在共产主义道德教育理论与实践上的探索，对马克思主义道德教育思想的丰富和发展作出了巨大的历史性贡献。这一章主要是对列宁共产主义道德教育思想为新时代倡导共产主义道德、开展道德教育提供的重要启示进行分析。重点探讨四个问题。一是倡导共产主义道德必须要坚持党的领导。中国共产党是以马克思主义为指导思想的党，中国特色社会主义是马克思主义与中国实践和时代特征相结合的产物，最本质的特征就是党的领导。中华民族从站起来到富起来，再到强起来的这一过程充分证明了，只有坚持党对一切工作的领导，才能坚持中国特色社会主义，才能坚持人民群众的主体地位。同样，在当前形势下倡导共产主义道德，要想取得预期的教育效果，要想最大限度地增加人民群众的幸福感、获得感和安全感，就必须要坚持党的领导。二是建设中国特色社会主义要倡导共产主义道德。这一部分重点回答了为什么要在建设中国特色社会主义时期倡导共产主义道德、开展共产主义道德教育。根据马克思主义关于道德发展规律的论述，对人民群众的道德培养必须要高于现有水平，才有可能为社会发展提供巨大的动力。共产主义道德正是社会主义道德发展的最高阶段，因此，在建设中国特色社会主义时期高扬共产主义道德旗帜十分重要。三是倡导共产主义道德要在实践中改革创新道德教育。倡导共产主义道德是当前道德教育的目标之一，必须要根据实际情况，使教育范围、教育队伍在实践中不断扩大，教育方式在实践中不断改革创新、发展完善。这也是马克思主义道德教育思想的基本要求，是马克思主义道德教育思想与时俱进的具体体现。四是倡导共产主义道德要适应时代发展的需要。道德教育在不同的阶段有着不同的表述和特征，新时代对公民道德教育提出了更高的要求。为适应这一发展要求，道德教育必须立足于培养能够实现中华民族伟大复兴的建设者和接班人，将人类道德建设的优秀成果进行批判性继承、吸收，使之为新时代倡导共产主义道德服务。

三　列宁共产主义道德教育思想研究的守正创新

第一，系统概括了列宁语境下的共产主义道德及道德教育的内涵。列宁认为，因社会发展阶段不同，共产主义道德具有三种不同形态：无产阶级道德、社会主义道德和共产主义道德。在这三种不同形态下，共产主义道德教育的内涵也各有不同。这种不同是建立在科学的理论指导之上的，是列宁结合俄国无产阶级革命和社会主义建设实际，以十月革命和新经济政策的实施为分界点，逐渐探索而形成的。共产主义道德是对以往所有剥削阶级道德的历史性超越，是真正代表无产阶级利益的道德。

第二，全面梳理和研究了列宁共产主义道德教育的内容。列宁将培养共产主义一代新人、克服旧社会遗留下来的习惯和风气、在全社会大力弘扬共产主义道德确定为共产主义道德教育的目标；从五个方面总结概括了共产主义道德教育的具体内容，即共产主义劳动态度教育、自觉的革命纪律教育、无产阶级家庭婚姻道德观念教育、社会主义人道主义教育以及无产阶级国际主义精神教育；并在此基础上提出共产主义道德教育的要求，即要以"大家为一人，一人为大家"为准则，以巩固和完成共产主义事业为基础，与沸腾的实际生活相结合。

第三，对列宁共产主义道德教育的路径进行了全面考察。其中包括：

构建共产主义道德教育体制机制，在党的领导下，加强制度保障和重点组织机构的教育引导；将共产主义道德教育与普遍推行义务劳动相结合，在劳动实践中进行道德教育；在大量考察的基础上，列宁发现本国人民群众文化极其落后，影响共产主义道德教育的开展，因而又提出了要构筑共产主义道德教育的文化基础；同时，还总结了列宁在提出以及开展共产主义道德教育过程中，对资产阶级和腐朽道德观念的批判。

第四，分析并探索在社会主义时期倡导共产主义道德的实践路径。以列宁共产主义道德教育思想为基础，以 2019 年中共中央、国务院印发的《新时代公民道德建设实施纲要》为依据，本书提出在社会主义时期倡导共产主义道德非常必要，能够为社会发展提供强大的精神动力，推动社会不断进步，助力实现中华民族伟大复兴的中国梦和共产主义。但是，在社会主义时期倡导共产主义道德要坚持党的领导，发扬党员的先锋模范作用；要时刻高扬共产主义道德旗帜，理直气壮地培养共产主义道德品质；还要在实践中改革创新道德教育并且与时代发展相适应。

第一章
列宁共产主义道德教育思想的
理论来源和现实依据

　　"一切划时代的体系的真正的内容都是由于产生这些体系的那个时期的需要而形成起来的"[①]，都是依据一定的理论基础，在特定的历史条件下，与时代发展相结合，在社会实践活动中逐渐形成的合乎规律的科学认识。作为一种科学思想体系，列宁共产主义道德教育思想的形成与发展也是如此。列宁是继马克思和恩格斯后又一伟大的革命理论家和实践者，作为一名坚定的马克思主义者，他依据道德和道德教育的发展规律，充分继承马克思和恩格斯关于无产阶级道德和道德教育的思想，结合俄国无产阶级革命斗争和社会主义建设实践，创造性地提出共产主义道德，并赋予共产主义道德以科学的内涵。列宁将共产主义道德的发展分为三个不同阶段：产生于资本主义条件下且居于从属地位的无产阶级所具有的道德——无产阶级道德；存在于社会主义时期作为领导阶级的无产阶级的道德——社会主义道德；存在于共产主义时期的全人类的道德——共产主义道德。他还将无产阶级的道德发展与共产主义能否实现相联系，提出依据无产阶级的发展情况，要在不同阶段开展共产主义道德教育。依据共产主义社会的阶段性发展理论，以十月革命和新经济政策的提出

---

　　① 《马克思恩格斯全集》第3卷，人民出版社，1960，第544页。

为基础，列宁共产主义道德教育思想从探索中萌芽，在实践中发展，最后在总结反思中逐渐丰富并完善。列宁共产主义道德教育思想具有重大的历史意义，有效地回击了资产阶级思想家对马克思主义存在伦理学空场的攻击，揭露了资产阶级道德的虚伪和腐朽，为无产阶级政权提供了道德辩护，在无产阶级解放、社会主义革命和建设过程中发挥着巨大作用，是通往共产主义事业的重大理论创新。

第一节　共产主义道德与道德教育的缘起

"共产主义道德"的提出，在马克思主义发展史上，经历了较长的过程，它是在无产阶级反对资产阶级，寻求自身解放的革命斗争实践中逐渐产生、发展起来的。"在马克思和恩格斯的著作中，以及在他们同时代的其他马克思主义者的著作中，都还没有把'共产主义'和'道德'直接联系起来，明确提出'共产主义道德'。"① 他们通常将在资产阶级剥削条件下成长起来的无产阶级所具有的道德，称为"无产阶级道德"。真正将两者结合起来的是列宁，他主张以"人人为我，我为人人"的新道德取代"人人为自己，上帝为大家"的旧道德观念。他从最初的"共产主义星期六义务劳动""共产主义劳动态度"等现象中，将"共产主义"与"道德"现象联系在一起，并且在十月革命后，结合新的历史条件和社会主义建设实际，"第一次把无产阶级的道德命名为共产主义道德，阐明了共产主义道德的基础、原则、规范、本质及共产主义道德教育的意义和方法"②。在此之后，共产主义道德与道德教育概念才逐渐被使用。但因所处时代和环境的不同，对共产主义道德与道德教育概念的理解也不尽相同。本书所使用的概念为列宁语境下的共产主义道德与道德教育。

---

① 罗国杰主编《马克思主义伦理学》，人民出版社，1982，第207页。
② 罗国杰：《马克思主义伦理学的探索》，中国人民大学出版社，2018，第134页。

列宁的共产主义道德教育思想带有鲜明的实践性和深厚的指导性意蕴，继承并发扬了俄国传统道德文化的精髓，总结了人民群众实践过程中产生的道德经验，为后世共产主义道德教育思想体系发展奠定了宝贵的理论根基。

一　共产主义道德与道德教育的内涵

道德包含两层含义，"具有'知'（认识）与'行'（实践）两个方面。道德不仅是言谈议论的事情，必须体现于生活、行动之中，然后才可称为道德"①。马克思主义认为，道德是建立在一定经济基础之上的、一种特殊的社会意识形态，是上层建筑的一部分，道德的产生、发展和演变都根源于社会经济关系的变化。社会经济关系所代表的利益，决定了道德的基本原则、主要规范等。道德在阶级社会里，始终代表着一定阶级的利益。马克思把这种意识形态称为把握世界的、特殊的实践精神方式。所以，道德是人类社会所特有的，通过实践精神来把握世界、完善自我的特殊方式。它是从一定阶级或集体的实际利益和本质要求中所引申出来的行为准则和规范，反映了一定社会的经济基础和时代特征，依据人们在生产、生活过程中所形成的风俗习惯、内心信念和社会舆论来调节人与人、人与社会、人与自然之间的关系。道德受经济基础制约并可以反作用于经济基础，具有明显的阶级性、历史性和实践性。道德随着社会发展而不断演进。人类社会发展至今，因生产力的发展，经济关系的改变，大致经历了五种社会形态。随着社会形态的演变，人类的道德发展也经历了五种不同形式的演进。这五种形式分别是：原始社会的道德、奴隶社会的道德、封建社会的道德、资本主义社会的道德、社会主义社会的道德。未来，人类也必将进入共产主义社会，因此，必将形成共产主义道德。按照马克思主义道德理论，社会主义道德是人类在

---

① 张岱年：《中国伦理思想研究》，上海人民出版社，1984，第27页。

社会主义社会发展过程中，物质生活状况和精神活动实践的总体反映，是共产主义道德在社会主义时期的特殊表现形式，它反映并调节着人与社会历史发展之间的关系，为实现人的全面发展的终极价值目标提供更为广阔的实践空间和坚实的理论基础。

"共产主义道德"这一概念是由列宁提出的。在历经无产阶级革命和社会主义建设的实践后，列宁在1920年10月2日召开的共产主义青年团第三次全国代表大会上作《青年团的任务》的著名报告时，提出了对团员青年进行共产主义教育的原则和方法，阐明了要培养团员青年掌握共产主义理论知识、具备共产主义道德品质，使其成为共产主义的坚定信仰者和建设者，并且首次提出了"共产主义道德"① 这一概念。列宁肯定了共产主义道德的存在，批判了资产阶级的道德，指出"每一个社会阶层都有自己的'生活方式'、自己的习惯、自己的爱好"②，共产主义道德作为"真实的个人的真实'思想和感情'"③，产生于无产阶级的社会活动，符合无产阶级的利益，是从无产阶级斗争的利益中引申出来的一种新的道德，它是对过去一切剥削阶级道德的否定。列宁认为，共产主义道德是为了把"劳动者团结起来反对一切剥削，反对一切小私有制"④，创造一种可以使劳动群众联合起来共同捍卫劳动人民的利益，巩固无产阶级政权并最终建成共产主义社会的团结一致的力量。这种力量"完全服从无产阶级阶级斗争的利益"⑤，这种道德是"为摧毁剥削者的旧社会、把全体劳动者团结到创立共产主义者新社会的无产阶级周围"⑥，"为人类社会上升到更高的水平，为人类社会摆脱对劳动的剥削"⑦ 服务

---

① 《列宁选集》第4卷，人民出版社，2012，第288页。
② 《列宁全集》第25卷，人民出版社，1988，第356页。
③ 《列宁全集》第1卷，人民出版社，1984，第367页。
④ 《列宁选集》第4卷，人民出版社，2012，第291页。
⑤ 《列宁选集》第4卷，人民出版社，2012，第291页。
⑥ 《列宁选集》第4卷，人民出版社，2012，第290页。
⑦ 《列宁选集》第4卷，人民出版社，2012，第292页。

的。在列宁看来，"团结一致的纪律和反对剥削者的自觉的群众斗争"①是共产主义者独有的道德，它是适合当时以生产资料公有制为基础的社会经济形式，服务于共产主义建设事业的新型道德体系。列宁提出的共产主义道德是在特定历史条件下，随着无产阶级的成长和斗争实践的发展而逐步产生和形成的，是以忠于共产主义事业的集体主义为基本原则的。它体现了无产阶级和广大劳动人民的根本利益，是处理单个人之间、个人与集体、个人与社会之间关系的行为规范和准则。同时，共产主义道德也是人类历史上最伟大、最崇高、最符合人的全面发展要求与社会发展规律的道德。在我们尚未进入共产主义社会时，共产主义道德致力于启发、提高无产阶级和广大劳动人民的革命觉悟和斗志，坚定其信心以取得革命的胜利。革命胜利之后，在社会主义时期，它可以帮助人们清除旧道德的影响，提高人们的道德品质，使其团结一致进行社会主义建设；到了共产主义社会，共产主义道德必然会成为全人类共同的道德，作为人们的行为准则用以维护社会生活秩序。

　　道德教育是道德活动的重要组成部分，是道德得以继承和发展的重要条件。道德教育是指一定社会、阶级或集体，为了使人们能够自觉践行某种道德规范，具备满足一定时代、一定阶级或一定集体需要的道德品质，运用一定的方式方法，有组织、有计划地对人们施加一系列的道德影响，使某种道德规范和行为准则能够为人们所接受并转化为内在品质，从而对社会生活产生一定促进作用的实践活动。道德教育是由教育者、教育内容、教育载体以及受教育者等诸多因素共同组成的教育实践活动。道德教育的目的是解决受教育者自身的道德素质与教育者所要求的道德目标不相符合的矛盾，但道德教育目标的最终实现还要通过改变受教育者的道德认知、道德情感、道德意志和道德行为来完成。道德教育受经济基础的制约，受政治制度、经济制度、文化水平等的影响，道

---

① 《列宁选集》第 4 卷，人民出版社，2012，第 292 页。

德教育的目标、要求、内容、形式等随着生产力与生产关系的发展而不断更新。但是道德教育也具有相对独立性，它既能够通过自身的实践活动培养出适合社会发展和统治阶级利益的人，也能够通过实践活动培养出具有更高水平的道德主体，还能在不满道德现状的实践活动中，阻碍或推动道德向前发展。道德教育活动紧随着道德而产生，萌芽于原始社会，在奴隶社会得到一定的发展，到奴隶社会末期和封建社会时期，道德教育的重要作用被统治阶级发现，道德教育逐渐系统化、规模化，主要为了宣扬统治阶级道德要求；到资本主义社会，道德教育被资产阶级利用得淋漓尽致，且和宗教紧密联系在一起，用以迷惑工人阶级和广大人民群众，使人们相信资产阶级统治的合理性；直到马克思恩格斯等代表工人阶级的伟大革命领袖的出现，他们提出了工人阶级的道德要求，扯破资产阶级道德伪善的面纱，对以往社会道德的剥削性和阶级性实质进行批判，提出要对工人阶级和广大劳动人民进行道德教育，宣扬工人阶级道德要求的重要性。至此，道德教育才能称为是合乎人性的道德教育，为全人类的解放、人的全面发展服务的道德教育。

共产主义道德教育同样也是由列宁提出并开展的，是对马克思主义伦理思想的创造性转化和创新性发展。早在革命初期，列宁就开始探索在无产阶级中开展道德教育，培养坚定的马克思主义者和社会主义革命者，并在领导无产阶级革命和社会主义建设实践中最终形成了共产主义道德教育思想。因而，列宁的共产主义道德教育思想散见于他在不同时期的各类著作中，正式使用共产主义道德教育这一概念则是在他提出共产主义道德的时候。列宁认为，共产主义道德的提出和道德教育的开始实施，必须要在工人和农民用事实证明他们"能用本身的力量捍卫自己并且创造新社会的时候"[①]。这个时候最有必要开展反对剥削者、利己主义者、小私有者，反对"我赚我的钱，其他一切都与我无关"的心理和

---

① 《列宁全集》第39卷，人民出版社，1986，第306页。

习惯的道德教育。道德教育的开展也必须要与"沸腾的实际生活"相结合，要让人民群众清楚地看到地主和资本家是如何欺骗和压迫劳动群众的；要让他们在承受同剥削者作斗争的痛苦中看到劳动群众为了斗争所做的牺牲；要让他们看到为了保卫已经取得的斗争成果而不得不做出重大牺牲以继续进行斗争；要让他们在斗争中看到资本家和地主这些剥削者们是多么疯狂的敌人。只有在这种环境下，真正的共产主义者才能被培养出来。列宁论述了共产主义道德教育的必要性。首先，列宁认为，赶走沙皇、地主和资本家都不是什么困难的事，但是要消灭阶级却无比困难。因为旧社会的道德原则是："不是你掠夺别人，就是别人掠夺你；不是你给别人做工，就是别人给你做工；你不是奴隶主，就是奴隶。"①所以无产阶级需要用共产主义道德去重新教育和改造一部分人，让他们能够意识到以前的那种习惯和观点是不合理的，是不符合共产主义社会要求的。要使他们在共产主义道德的教育下团结起来共同建设共产主义社会。其次，我们必须要在同资产阶级作殊死斗争中培养出真正的共产主义者，"应该使培养、教育和训练现代青年的全部事业，成为培养青年的共产主义道德的事业"②。开展共产主义道德教育就是为了培养共产主义者，只有这样的人才能全心全意为共产主义事业而奋斗。再次，革命只有在千百万人的一切才能被高度集中地调动起来，并且要在最尖锐的阶级斗争中激发出他们的关于共产主义的"意识、意志、热情和想象"③，激发出他们全部的、最高贵的、最符合社会发展方向的道德品质的时候，才可能取得成功。而这种道德品质不能仅仅存在于无产阶级的先锋队中。在经过无产阶级革命、战时共产主义政策、新经济政策等各个时期的探索实践后，列宁最终形成并丰富了共产主义道德教育思想，确立了共产主义道德教育的目标、要求、内容，完善了共产主义道德教育的路径，

---

① 《列宁选集》第 4 卷，人民出版社，2012，第 291 页。
② 《列宁选集》第 4 卷，人民出版社，2012，第 288 页。
③ 《列宁选集》第 4 卷，人民出版社，2012，第 203 页。

通过共产主义道德教育的实施，发展了马克思主义道德教育思想，提高了人民的共产主义道德水平，巩固了苏维埃政权。

二 共产主义道德是对资本主义道德的历史性超越

道德是时代精神的升华和文明发展的活的灵魂，既是人类最为重要的精神生活样态之一，也是人类文明最为重要的精神载体之一。共产主义道德对时代精神的映射是在对资本主义道德的批判性考察中实现的。共产主义道德与资本主义道德是两种根本对立的道德，代表两种不同的道德观。在马克思看来，资本主义社会的一切文明成果，无论是物质成果还是精神成果，毋庸置疑都是资本创造的结果。当然，资本主义道德也不例外。它在诞生之初便用概念统摄、歪曲、遮蔽社会现实和历史进程，究其实质，不过是特定历史条件下人为建构的为资产阶级服务的道德。所以，资本主义道德是一种虚伪的、堕落的、腐朽的道德，是为巩固资本主义私有制、为资产阶级的利益服务的，同时也是为资产阶级剥削无产阶级而辩护，为资产阶级的掠夺和侵略而辩护的道德。由于资本主义道德的力量有着纯粹的破坏性，因而它就像是加速垂危者死亡或死尸解体的细菌。当资本主义道德的结构摇摇欲坠时，使它倾覆的总是资本主义追逐利益最大化而剥削戏谑无产阶级劳动群体的丑恶嘴脸和贪婪内心。所以资本主义道德必将被先进、科学、高尚的新道德类型所取代。而共产主义道德是人类迄今为止最科学、最进步、最崇高的道德，它是为无产阶级的利益服务的，代表的就是最广大的无产阶级的利益，它的基础就是为巩固和完成共产主义事业而服务。早在十月革命前，列宁就认为未来社会的道德一定是对资本主义道德的历史性超越。他在《无产阶级在进行斗争，资产阶级在窃取政权》一文中指出，无产阶级革命胜利后，将会连根铲除万恶的农奴社会的一切痕迹，建立一个被压迫民族、农民以及工人享有完全自由的共和国。"那时我们将利用无产阶级的全部革命力量来为社会主义、为使一切劳动者彻底摆脱任何剥削而进行最广泛最勇敢的斗争。"① 共产主义道德重构了人类道德生活与政治生活的关系，重构了人类社会存在与自然存在的关系，勾画了一幅自由与平等共存的社会图景。

共产主义道德形成的理论基础是对资本主义道德理论的批判。列宁提出的共产主义道德是建立在历史唯物主义和辩证唯物主义的基础之上的。它不是由人们的主观愿望所决定的，而是社会发展到一定阶段的历史产物，是无产阶级为完成人类解放斗争的目标而提出的，"是人类在资本主义社会、地主社会和官僚社会压迫下创造出来的全部知识合乎规律的发展"②，是无产阶级文化必不可少的重要组成部分。马克思和恩格斯在《资本论》和《共产党宣言》等著作中，用辩证唯物主义和历史唯物主义的原理，揭示了无产阶级的历史使命就是推翻资本主义生产方式并消灭阶级，建立无产阶级的生产方式和共产主义社会。共产主义道德正是建立在这样的理论基础之上的，以巩固和完成共产主义事业为基础。辩证唯物主义和历史唯物主义认为，存在是第一性的，思维是第二性的，社会存在决定社会意识，一切事物的形成、发展必须以时间、地点、条件为转移。因此，我们在提出新的道德要求时也必须从人们生活的历史条件出发，不可能存在脱离社会生活实际而独立存在的道德。无产阶级取得了革命的胜利，建立了社会主义社会，那么就应该有与之相适应的、新的、更加适合社会发展的道德产生。同时，社会意识也具有相对独立性，共产主义道德要求无产阶级以集体主义为核心，要锻造自觉的革命纪律，要坚持爱国主义和国际主义的统一等，当这些要求为无产阶级所掌握时，他们就能够更加彻底地清除资产阶级道德的影响。共产主义道德教育坚持实践的原则，强调要在实践中培育和发展道德，使新的道德不仅能够解释世界，还可以改造世界。与此相反，资本主义道德是建立

---

① 《列宁全集》第11卷，人民出版社，1987，第150页。
② 《列宁选集》第4卷，人民出版社，2012，第285页。

在唯心主义和形而上学的理论基础之上的。资产阶级用宗教的形式将自己的道德说成上帝规定的不可违抗的戒律，宣扬所谓的"宗教宗法道德"和"宿命论"。宗教道德割裂了人与社会的联系，使人脱离现实的感性世界，强制人沉浸在抽象的内心世界中。而宗法道德将人与人的关系变成物的关系，并极力维护这种关系、摧残人的个性发展。资本主义宣传抽象的、超自然的、超人类的道德，用自由、平等、博爱的幌子来欺骗无产阶级和广大劳动群众，它的一切目的就是为资产阶级服务，为维护资本主义制度服务，是在唯心主义道德观的掩盖下更大程度地榨取工人阶级的剩余价值。而资本主义社会的劳动实践本身就是一种异化劳动，它把人的自主活动和自由活动都变成了维持人的肉体生存的一种手段。这种劳动和在这种劳动关系下产生的资产阶级道德是人本身、人与人的关系等的异化。由此可以看出，共产主义道德从理论上就是对资本主义道德的超越。

共产主义道德在经济基础上与资本主义道德根本对立。共产主义道德以生产资料公有制为基础，要求消灭一切剥削制度；而资本主义道德以资本主义生产资料私有制为基础，竭力维护资本主义的剥削制度。正如列宁所说，以"自由"交换为条件的私有制经济，必然产生各种"勾心斗角、互不信任、互相敌视、各行其是、尔虞我诈等等恶劣风气"①。在资本家统治的社会，工人阶级注定要"在地下工作、在地下室生活、饮用遭到邻近工厂污染的水"②，他们注定要受工厂主、房产主等资产者的剥削，注定要靠出卖劳动力、出卖自由、出卖良心、出卖爱情、出卖一切可以出卖的东西来换取生存下去的权利。只要存在"资本权力"，就不可能有平等。而社会主义就是要消除资产阶级的社会联系和社会经济关系，消除资产阶级呼吁的不得不屈从于资本的劳动"自由"，建立新的经

---

① 《列宁全集》第 39 卷，人民出版社，1986，第 100 页。
② 《列宁全集》第 15 卷，人民出版社，1988，第 152 页。

济关系和劳动纪律，建立新的具有世界历史意义的无产者的国民经济的新制度。这种新的经济制度将阻止一切使私有者成为私有者的"自由"，阻止一切资本剥削劳动的自由并同它进行坚决的斗争。"旧的国家，即使是最好的最民主的资产阶级共和国，从建立时起就从来不是也不可能是什么别的东西，而只能是资产阶级专政，是工厂、生产工具、土地、铁路的所有者的专政，一句话，是一切物质资料、一切劳动工具的所有者的专政，而劳动因为没有占有这一切，仍然处于奴隶地位。"① 人类第一次获得胜利的社会主义革命，就是以广大的人民群众能够独立地担任起国家的管理者职能为基础的。社会主义革命不是简单地改变国家的形式，不是简单地实行民主制或是共和制，"不是另外举行一次虽以人们完全'平等'为前提，实际上却巧妙地掩饰着一部分人是有产者、另一部分人是无产者的事实的选举。"②

共产主义道德在阶级利益方面超越资本主义道德。资本主义道德是为资产阶级利益服务的，是资产阶级统治和剥削劳动人民的工具；而共产主义道德是为无产阶级利益服务的，是从无产阶级为了人类解放而进行斗争的实践活动中引申出来的。无产阶级与资产阶级在阶级利益方面有着不可调和的矛盾，资本家靠剥削、奴役无产阶级，以最大限度地榨取剩余价值，积累自己的财富，资产阶级宣称的所谓的劳动自由、交换自由、贸易自由等各种自由"都是十足的谎言，都是用来掩饰资本主义的欺骗、暴力和剥削的"③；而无产阶级为了本阶级的利益，为了摆脱资本家的剥削和压迫，只有团结起来推翻资产阶级的统治和资本主义私有制，推翻人剥削人、人压迫人的社会，建立以公有制为基础的无产阶级的美好社会。列宁在《俄共（布）党纲草案》中指出，资产阶级的自由和民主与无产阶级的自由和民主有着本质的不同，前者总是冠冕堂皇地

---

① 《列宁全集》第 35 卷，人民出版社，1985，第 432 页。
② 《列宁全集》第 35 卷，人民出版社，1985，第 433 页。
③ 《列宁全集》第 39 卷，人民出版社，1986，第 100 页。

宣扬着自由和权利，而事实上大多数工人和农民都无法享受这些自由和权利；无产阶级或苏维埃则着重于用最好的条件"来教育那些被资本主义弄得愚昧无知的人们，实际保证这些群众有真正的（实际的）可能来逐渐摆脱宗教偏见等等的束缚。在实际上使被剥削的劳动者能够真正享受文化、文明和民主的福利"①。无产阶级专政的目标就是消灭阶级、消灭一切人剥削人的现象，而共产主义道德也是在这一基础上产生的，共产主义道德的全部内容都必须贯彻无产阶级斗争的精神。事实上，就算是在最先进、最文明、最民主的资本主义国家里，大多数劳动者也是受到剥削、压制的。"他们在资本主义苦役的重压下，实际上没有参加也不可能参加政治活动。"② 资产阶级把这种伪善的、形式上的平等称为"民主"。但是，无数的穷人、劳动者、小农和工人却处于他们的压迫和欺骗之下。列宁在《立宪会议选举和无产阶级专政》中再次提到，资本主义社会的各个资产阶级政党的统治就是建立在对民众的欺骗、资本的压迫和在资本主义本质这一问题上的自我欺骗等的基础之上的，它们总是想用各种隐蔽的手段来调和阶级矛盾。而无产阶级是直接通过阶级斗争建立社会主义国家，打碎那些造成"事实上不平等的柱石和基础，然后由战胜了剥削者的无产阶级带领所有劳动群众去消灭阶级，也就是去实现并非骗局的唯一的社会主义的平等"③。无产阶级专政就是为了巩固和维护剥削者和无产者之间的"不自由"和"不平等"，让剥削者不能再继续剥削和压迫无产者。

列宁还通过对资产阶级参与的各类战争的分析，指出了资产阶级道德充满了谎言、诡辩和"爱国主义"的花言巧语。资产阶级打着自由、公平与民族解放的旗号发动战争，而实际上却是为了获得更多的利益，为了压迫其他民族而战。共产主义道德则提倡爱国主义与国际主义的统

---

① 《列宁专题文集·论无产阶级政党》，人民出版社，2009，第194～195页。
② 《列宁全集》第35卷，人民出版社，1985，第433页。
③ 《列宁全集》第38卷，人民出版社，1986，第23页。

一，希望全世界无产阶级联合起来将革命进行到底，从而获得自身的解放。共产主义道德对资本主义道德的历史性超越还体现在它对待劳动的态度上，共产主义道德提倡义务劳动，认为劳动是创造一切财富的源泉；而在资本主义社会，工人们则不得不出卖自己的劳动，人类伟大的实践活动由此变成了异化劳动。集体主义是共产主义道德的基本原则，其本质特征包括彻底的革命性、严谨的科学性和强烈的实践性等。因此，不管是从道德的理论基础，还是从道德的本质、规范、原则等方面来看，共产主义道德都是对资本主义道德的历史性超越。

三　共产主义道德及道德教育的发展具有阶段性

如同共产主义社会具有阶段性一样，共产主义道德的发展也具有阶段性，道德教育在不同的阶段侧重点也各有不同。共产主义道德是从无产阶级利益中引申出来的。因此，共产主义道德及道德教育，都是同无产阶级的历史使命和革命利益相一致的。共产主义道德及道德教育的产生、形成和发展也同无产阶级在各个阶段的斗争实践密切相关。列宁认为，在资本主义社会成长起来的无产阶级所具有的道德品质，为共产主义道德的形成奠定了良好的基础，无产阶级在接受马克思主义教育和党的领导之后，逐渐形成了自觉反对资产阶级剥削制度和实现共产主义的道德品质，这也是共产主义道德发展的第一阶段。同时，列宁指出，共产主义具有阶段性，社会主义是共产主义的第一阶段，"共产主义则是更高的社会形式，只有在社会主义完全巩固的时候才能得到发展"①。共产主义道德及道德教育在不断丰富、发展和完善的过程中，必然会反映这两个不同阶段的特点。社会主义社会因为是建立在资本主义社会基础之上的，要解决的道德问题也与资本主义社会紧密相联；共产主义社会则不然，"共产主义的东西"，只是在"出现个人为社会进行的大规模的、

---

① 《列宁选集》第4卷，人民出版社，2012，第91页。

无报酬的、没有任何权力机关和任何国家规定定额的劳动时，才开始产生"①，比如，共产主义星期六义务劳动。因此，根据列宁提出的理论，共产主义道德应该有三个发展阶段和三种形态：产生于资本主义条件下且居于从属地位的无产阶级所具有的道德——无产阶级道德；存在于社会主义时期作为领导阶级的无产阶级的道德——社会主义道德；存在于共产主义时期的全人类的道德——共产主义道德。

产生于资本主义条件下的无产阶级所具有的道德即无产阶级道德，是共产主义道德在第一阶段的形态。这一时期的道德教育侧重于启发无产阶级团结起来，从自发的经济斗争转向自觉的政治斗争。列宁认为，共产主义道德是从无产阶级利益中引申出来的，是无产阶级从自在阶级向自为阶级转变、从革命的自发性向自觉性转变过程中逐渐形成的道德，是共产主义思想与无产阶级革命实践相结合的产物。无产阶级在没有接受共产党的领导和马克思主义教育时，所具有的道德只是为共产主义道德的形成准备了条件，只有无产阶级开始自觉地反对资产阶级的剥削统治并且为实现自身解放、争取共产主义胜利而斗争时，才能形成共产主义道德。因无产阶级道德产生于资本主义社会，它也具有这一时期的显著特点。首先，无产阶级道德属于被统治阶级的道德。无产阶级与资产阶级是一对双胞胎，它们在资产主义生产资料私有制的基础上同时产生，而无产阶级的道德形成于反抗资产阶级的剥削和压迫中。无产阶级的道德理想与道德要求，同当时的社会道德现实之间存在着不可调和的矛盾。作为被统治阶级，无产阶级的道德的每一次实践，都建立在同作为统治阶级的资产阶级之间的斗争基础上。其次，无产阶级道德是共产主义道德在第一阶段的形态，在这一时期还只是少数人的道德，道德教育就是为了使它成为多数人的道德。这里的少数人主要是指能够为共产主义事业奋斗的革命先锋队。无产阶级道德与生产资料私有制是相矛盾的，与

---

① 《列宁选集》第 4 卷，人民出版社，2012，第 93 页。

统治阶级的道德要求也是相悖的。在道德教育和舆论宣传被统治阶级控制的条件下，无产阶级道德并不能得到广泛传播。它受到统治阶级的歪曲、诋毁和打压，还受到长期处于生产资料私有制条件下劳动人民所形成的习惯的抵制，因此，道德教育的开展也极其困难。再次，无产阶级道德教育的直接目标就是为推翻资产阶级的统治，建立无产阶级专政的社会主义国家而服务。这一目标就成为这一时期用以衡量人们行为的善恶、是非、荣辱等的首要尺度。最后，作为共产主义道德的第一种形态，无产阶级道德同劳动人民的根本利益是高度一致的。无产阶级在其先锋队的带领下，通过同资产阶级等一切剥削者的斗争实践，促使一批又一批的工人阶级、劳动人民以及其他进步阶层的人们不断觉醒并加入革命队伍中来，共产主义道德教育也在这一过程中逐步开展。这一时期的共产主义道德教育将使无产阶级彻底觉醒并深刻意识到，只有解放全人类，才能解放自己。同时，列宁也清楚地认识到，如果离开党的领导和马克思主义道德教育，无产阶级就会形成"工联主义""无政府主义"等倾向，极有可能表现出个人主义道德意识，并最终被资产阶级和反动势力所利用。

存在于社会主义时期作为领导阶级的无产阶级所具有的道德即社会主义道德，是共产主义道德在第二阶段的形态。这一阶段的共产主义道德和道德教育还具有明显的过渡性质。道德教育在这一时期侧重于培养能够建设共产主义的新的一代，巩固新生的无产阶级政权。随着无产阶级革命取得成功，无产阶级正式成为领导阶级，"这个时期的国家只能是无产阶级的革命专政"[①]。而这个刚刚从资本主义社会中脱胎出来的，在经济、道德、精神等各方面还带有旧社会痕迹的无产阶级专政的国家，就处于共产主义社会的第一阶段或低级阶段，列宁把它称为社会主义国家。这一时期的道德是社会主义道德。社会主义道德在这一阶段成为统

---

① 《列宁选集》第3卷，人民出版社，2012，第188页。

治阶级的道德，阶级性仍然是它的显著特征。社会主义道德还获得了国家权力的支持，拥有了合法、公开、广泛的教育阵地和宣传途径。这一时期，人们评价道德行为的善恶、是非、荣辱等均以是否巩固和完成共产主义事业为标准。"无产阶级严格的纪律性同小资产阶级自由散漫及无政府状态的危险的自发势力作长期的坚决斗争"①仍是这一时期的特点，同时，也是"历史事变链条中我们现在必须用全力抓住的环节，抓住这个环节才能顺利解决当前的任务"②，直至过渡到下一个"闪耀着特别的令人向往的光辉，国际无产阶级革命胜利的光辉"③的环节。共产主义道德教育在这一阶段的主要任务是对资产阶级进行批判，"激发起群众对资产阶级的仇恨，提高阶级觉悟，提高团结自己力量的本领"④，使人们克服旧社会遗留下来的习惯和风气，在全社会弘扬共产主义道德，培养共产主义一代新人。当旧东西已经被摧毁，地基已经清理好时，新的一代则需要努力建成共产主义社会。共产主义道德及道德教育在这一阶段也具有特殊的表现形式。首先，社会主义社会的民主虽然超越了资本主义社会那种残缺不全的、贫乏的、虚伪的、只供富人和少数人享受的民主，却仍然不是完全的真正的民主。这一阶段将"第一次提供人民享受的、大多数人享受的民主，同时对少数人即剥削者实行必要的镇压"⑤。其次，共产主义道德教育在这一阶段还不能要求完全的公平和平等，因为在共产主义第一阶段只是消灭了生产资料私有制，但还必须提倡"按'劳动'（而不是按需要）分配消费品"⑥，这种把同一标准应用在不同的人身上的权力本身就代表着不平等和不公平。"不劳动者不得食"和"对等量劳动给予等量产品"仍然无法避免"资产阶级权利"。再次，共产主义道德

① 《列宁选集》第 3 卷，人民出版社，2012，第 507 页。
② 《列宁选集》第 3 卷，人民出版社，2012，第 507 页。
③ 《列宁选集》第 3 卷，人民出版社，2012，第 507 页。
④ 《列宁选集》第 4 卷，人民出版社，2012，第 287 页。
⑤ 《列宁选集》第 3 卷，人民出版社，2012，第 192 页。
⑥ 《列宁选集》第 3 卷，人民出版社，2012，第 195 页。

教育在社会主义阶段还不能将完全的自由作为自己的范畴。因为这一阶段在经济上发展不成熟，不能完全摆脱资本主义的传统或痕迹，国家还需要存在，以保证人们在生产资料公有制的基础之上平等地参加劳动并拥有平等获得产品的权利，只要"还有国家的时候就没有自由，到有自由的时候就不会有国家了"①。最后，计算和监督仍然是这一时期道德教育的必然需求。无产阶级取得政权后，要培养武装的工人和普遍武装的人民"代替他们去监督生产和分配，计算劳动和产品"，"把共产主义社会第一阶段'调整好'，使它能正常地运转"，在这里，"全体公民都成了国家（武装工人）雇用的职员"②。只有全体劳动者自觉遵守纪律，才能够彻底消除资本主义剥削造成的卑鄙丑恶现象。这一时期还需要通过道德教育要求全体社会成员遵守社会生活准则。

存在于共产主义时期的全人类的道德即共产主义道德，是共产主义道德在最高阶段的形态。道德教育侧重于培养人们自觉遵守公共生活准则的习惯。随着经济基础的发展，当分工消失，脑力劳动和体力劳动的对立消失时，人类则真正进入共产主义社会，共产主义道德的发展也进入最高阶段。在这一阶段，共产主义道德及道德教育仍然是处于不断发展中的，它们的发展是与共产主义社会的发展相适应的。共产主义道德及道德教育在这一阶段的特点与前期有着较大的差别。首先，共产主义道德将彻底摆脱其阶级性特征，由统治阶级或领导阶级的道德逐步转变为全人类共同的道德，成为全人类共同遵守的行为规范。其次，共产主义道德及道德教育将具有前所未有的社会作用。到了共产主义社会，代表阶级利益的国家权力机关将彻底消失，整个社会秩序的维持，社会生活的正常运转，必然将越来越依靠人们内心所形成的自觉的行为习惯和信念。列宁认为，在这一阶段，就不再需要以全民计算和监督来实现劳

---

① 《列宁选集》第 3 卷，人民出版社，2012，第 197 页。
② 《列宁选集》第 3 卷，人民出版社，2012，第 202 页。

动者的权利和自由的方式了，通过道德教育，人民群众会养成自觉的劳动习惯和共产主义的劳动态度。劳动生产率的极大提高让人们可以自愿地尽其所能来劳动，在社会主义社会成长起来的"人们已经十分习惯于遵守公共生活的基本规则"① 而不需要任何监督，自然会到达超出"资产阶级权利的狭隘眼界"的阶段，在这一阶段也将能够实现真正的民主，即"从形式上的平等进到事实上的平等"②，实现"各尽所能，按需分配"的原则。最后，当共产主义道德深入人心，成为全社会共同践行的核心价值观时，共产主义道德教育也必失去其阶级性本质。

第二节　马克思和恩格斯关于道德和道德教育的基本理论

　　无产阶级革命家马克思和恩格斯，毕生致力于推翻旧世界、建立新世界，为人类解放的崇高理想不懈奋斗。马克思和恩格斯共同创立了博大精深的马克思主义科学理论体系，创造性地揭示了人类社会永续发展的规律，为最终建立一个没有剥削和压迫、人人平等和自由的理想社会指明了前进的方向，其中马克思和恩格斯关于道德和道德教育的基本理论为无产阶级实现团结、自由和实现身体、思想的解放等提供了指导。马克思和恩格斯虽然没有专门的伦理学著作，但是他们在自己所撰写的一系列著作中分别从不同的角度对道德和道德教育思想进行了阐述。尤其是马克思和恩格斯在从唯心主义转向唯物主义，从革命民主主义转向共产主义之后，他们的伦理思想就成为建立在科学理论体系之上的、无产阶级伦理思想的代表。在一些著作文献中，马克思恩格斯从道德教育视野出发，对资本主义进行了全方位、多角度的批判，特别是在《德意

----

① 《列宁选集》第3卷，人民出版社，2012，第198页。
② 《列宁选集》第3卷，人民出版社，2012，第201页。

志意识形态》《反杜林论》《家庭、私有制和国家的起源》等著作中对道德的论述较为集中，更是在唯物主义历史观的基础之上，揭示了道德的起源、本质、社会作用和发展变化的规律，同时还阐述了道德教育的重要作用并且领导了无产阶级道德教育的实践。这些论述是马克思恩格斯道德教育理论的重要组成内容，为列宁共产主义道德教育思想的形成与发展提供了坚实的理论支撑。

一　道德是社会经济关系的产物

道德归根到底是社会经济关系的产物。马克思恩格斯的道德观是建立在唯物史观的基础之上的，他们认为在历史进程中，人类所创造的一切都是有前提条件的，显然"经济的前提和条件归根到底是决定性的"[1]，是全部社会生活的物质基础。道德作为调节人们行为的规范，是一种通过人们的意识而形成的社会关系，是社会关系特别是经济关系的产物。恩格斯通过观察当时社会不同阶级拥护的特殊道德得出结论："人们自觉地或不自觉地，归根到底总是从他们阶级地位所依据的实际关系中——从他们进行生产和交换的经济关系中，获得自己的伦理观念。"[2]人们在进行物质生产和物质交换的同时，也在不断地形成或改变自己的意识或意识的产物。原有的道德观念在这一过程中得以传承，新的道德观念在这一过程中得以形成。道德的内容随着经济关系的变化与发展而不断改变。"根据古代的观点，人，不管是处在怎样狭隘的民族的、宗教的、政治的规定上，总是表现为生产的目的，在现代世界，生产表现为人的目的，而财富则表现为生产的目的。"[3]马克思明确指出："物质生活的生产方式制约着整个社会生活、政治生活和精神生活的过程。"[4] 任何

---

① 《马克思恩格斯选集》第 4 卷，人民出版社，2012，第 604 ~ 605 页。
② 《马克思恩格斯选集》第 3 卷，人民出版社，2012，第 470 页。
③ 《马克思恩格斯文集》第 8 卷，人民出版社，2009，第 137 页。
④ 《马克思恩格斯选集》第 2 卷，人民出版社，2012，第 2 页。

观念形式所构成的全部上层建筑都是由这一历史时期的社会经济结构所形成的物质基础决定的。它是生产关系和交换关系的产物，"一句话，都是自己时代的经济关系的产物"①。恩格斯在《反杜林论》中通过对封建贵族、资产阶级和无产阶级三个不同阶级道德的考察，指出一切以往的道德，毫无疑问，都是对当时经济状况的反映。社会经济关系的性质决定道德的性质，有什么样的经济关系，就有什么样的道德与之相适应，道德被用以维护这一经济关系或成为这一经济关系的桎梏而最终导致道德的改变。社会经济关系是道德赖以产生、存在和发展的客观基础。在人类道德发展的历史上，一切道德的兴衰更替、进退消长，无不根源于社会经济关系的变革。

道德在阶级社会中始终是阶级的道德。虽然道德作为一种淳朴的习俗萌芽于原始社会，但是随着阶级的产生，道德就成为处于统治地位的阶级用来维护其统治地位的工具。道德具有一定程度的人类文明共通性，但在社会还存在不同阶级和利益差别的状况下，道德仍存在阶级性。马克思恩格斯在《德意志意识形态》中指出，占统治地位的阶级一定是占有能够使其处于统治地位的物质力量和精神力量的阶级。这一阶级不仅支配着物质生产资料，而且支配着精神生产资料，而没有支配权的人的思想则从属于这一阶级。意识形态领域的变化同样是阶级斗争的结果。道德作为意识形态的一部分，它的阶级性不言而喻。马克思和恩格斯认为，当人们不得不通过劳动来维持自身的生存状态时，就必然只能处于被统治地位，生活在有着明确阶级划分的社会里，道德也就只能是阶级的道德。"它或者为统治阶级的统治和利益辩护，或者当被压迫阶级变得足够强大时，代表被压迫者对这个统治的反抗和他们的未来利益。"② 在人类社会发展的过程中，虽然道德也沿着自身的发展规律或倒退或进步

---

① 《马克思恩格斯选集》第3卷，人民出版社，2012，第796页。
② 《马克思恩格斯选集》第3卷，人民出版社，2012，第471页。

（总的来说是进步的），但是还没有能超出阶级的道德。在以往的任何阶级社会里，占统治地位的只能是统治阶级的道德。同时，马克思和恩格斯也明确指出，被统治阶级的道德虽然不占统治地位，但是依然能够代表被统治阶级的根本利益和美好愿望，能够从本质上反映未来社会发展的道德要求。同一社会形态下的不同阶级的道德在本质上是根本对立的，"只有在不仅消灭了阶级对立，而且在实际生活中也忘却了这种对立的社会发展阶段上，超越阶级对立和超越对这种对立的回忆的、真正人的道德才成为可能"①。

　　道德要建立在被正确理解的社会利益关系之上。分工的发展使得单个人或单个家庭与集体之间在共同的利益这个问题上产生了矛盾，这个共同的利益不仅仅存在于人们的观念之中，还首先"作为彼此有了分工的个人之间的相互依存关系存在于现实之中"②。利益存在于每一个阶级之中，存在于现实的人之中。"每一个社会的经济关系首先是作为利益表现出来"③，马克思认为应该从市民社会出发来考察道德这一意识的理论产物。历史上，每一个试图取代旧的统治阶级的新阶级，为了达到自己的目的，都会把自己的利益说成社会全体成员共同的利益。"'思想'一旦离开'利益'，就一定会使自己出丑。"④ 马克思恩格斯根据对道德历史发展的考察，指出任何一种道德的提出或消散都与利益相关。人类迄今为止最为高尚的无产阶级道德亦是如此。马克思认为，"人们为之奋斗的一切，都同他们的利益有关"⑤。道德与其他意识形态一样，如果不反映人民的实际利益，只能沦为无用的空话。真正的共产主义者"既不拿利己主义来反对自我牺牲，也不拿自我牺牲来反对利己主义"，"共产主

① 《马克思恩格斯选集》第3卷，人民出版社，2012，第471页。
② 《马克思恩格斯文集》第1卷，人民出版社，2009，第536页。
③ 《马克思恩格斯全集》第18卷，人民出版社，1964，第307页。
④ 《马克思恩格斯文集》第1卷，人民出版社，2009，第286页。
⑤ 《马克思恩格斯全集》第1卷，人民出版社，1995，第187页。

义者根本不进行任何道德说教"①，无论是自我牺牲还是利己主义，都是他们在一定条件下实现自我价值的一种必要形式。他们不会提出脱离现实的道德要求，只会从唯物主义的角度出发深刻揭示这一对立的物质根源。历史上一切直接或间接的革命都是为了利益，"革命的开始和进行将是为了利益，而不是为了原则，只有利益能够发展成为原则，就是说，革命将不是政治革命，而是社会革命"②。就如同代表着道德的"平等"一样，它"不仅仅是表面的，不仅仅在国家的领域中实行，它还应当是实际的，还应当在社会的、经济的领域中实行"③。马克思恩格斯还在《德意志意识形态》中指出，如果单个人的生活条件使他不得不牺牲或放弃一些个人利益，那么任何的道德说教都不能阻挡这个人"单方面、畸形的发展"，而这一发展的方式如何，则"一方面决定于为他的发展所提供的材料，另一方面决定于其他特性被压抑的程度和性质"。④

二 道德教育促使无产阶级摆脱思想上的片面性

道德作为哲学的一部分，应该将"无产阶级当作自己的物质武器"，同样，无产阶级也应该把道德当作实现自身解放的"精神武器"，让这一道"思想的闪电"透彻地"击中这块素朴的人民园地"。⑤ 理论上清醒才能有思想上的坚定。马克思恩格斯对道德理论的研究和认识使得他们极为关注道德教育。理论只有掌握群众才能变成物质力量，而理论要想掌握群众，只能通过不同渠道、不同方式将其灌输给群众并转化为他们的内心信念。基于道德的独立性和能动作用，无论是历史上哪一个统治阶级，都会努力通过道德教育使他们的道德成为人民遵守的行为规范，并借以维护统治阶级的统治。而无产阶级要想通过革命实现自身的解放，

---

① 《马克思恩格斯全集》第 3 卷，人民出版社，1960，第 275 页。
② 《马克思恩格斯全集》第 3 卷，人民出版社，2002，第 411～412 页。
③ 《马克思恩格斯选集》第 3 卷，人民出版社，2012，第 484 页。
④ 《马克思恩格斯全集》第 3 卷，人民出版社，1960，第 296 页。
⑤ 《马克思恩格斯选集》第 1 卷，人民出版社，2012，第 16 页。

也必然要通过道德教育这一途径来提高自身的道德素质，同传统的道德观念实行最彻底的决裂，造就全面发展的人以适应新的社会形态。因此，只有使广大人民群众对道德教育建立全面的认识，深入了解其优越性及其实现的长期性、曲折性和必然性，感受道德教育的实践感召力和价值魅力，全人类的解放事业才能获得坚实的思想前提。而形成这一思想前提，要以人民群众对马克思主义的运用以及对共产主义道德教育的认同为基础。

道德教育是无产阶级争取群众、掌握群众的物质力量。在阶级社会里，道德作为经济关系的产物，它是为经济利益服务的，是为维护统治阶级的统治服务的。道德教育的目的是把统治阶级的道德观念灌输给全社会，从意识形态出发来证明统治阶级统治的合理性。统治阶级利用自己在政治和经济上的优势，将其道德观念向全体社会成员进行宣传和灌输，以实现对被统治阶级在思想上的领导和控制。而无产阶级要想实现自身的解放，不仅要在经济上和政治上与资产阶级作斗争，还要在道德观念上彻底摆脱资产阶级的束缚，并且通过道德教育，争取和掌握最广大的人民群众。一方面，"统治阶级的思想在每一时代都是占统治地位的思想。这就是说，一个阶级是社会上占统治地位的物质力量，同时也是社会上占统治地位的精神力量"[①]。历史上的统治阶级总是把自身的利益说成全体社会成员共同的利益。这些号称维护全体成员共同利益的思想只是统治阶级的思想，是统治阶级用以合理化其特殊利益的思想。而统治阶级要想达到自己的目的，实现自己的思想统治，道德教育就成为一个重要环节。通常情况下，在取得政权后，统治阶级总是把其思想观念作为生活准则提出来，"一则是作为对自己统治的粉饰或意识，一则是作为这种统治的道德手段"[②]。另一方面，理论一经掌握群众就会变成物质

---

① 《马克思恩格斯选集》第 1 卷，人民出版社，2012，第 178 页。
② 《马克思恩格斯全集》第 3 卷，人民出版社，1960，第 492 页。

力量。马克思指出，"批判的武器当然不能代替武器的批判，物质力量只能用物质力量来摧毁"①。理论一经掌握群众就可以变成物质力量，而只有彻底的、抓住事物根本的理论才能够说服人，能够说服人的理论才能够掌握群众，"所谓彻底，就是抓住事物的根本。而人的根本就是人本身"②。道德教育就是理论掌握群众的有效途径，它能够把最优秀的无产阶级道德转化为无产阶级自身解放的物质力量。要用新的适合社会发展、符合经济关系的道德理论来教育群众，让群众掌握新的道德规范和道德要求，从而和传统的道德作斗争。

道德教育促使新的一代同传统的道德观念实行最彻底的决裂。恩格斯在 1892 年为《社会主义从空想到科学的发展》写的英文版序言中，谈到宗教对资产阶级统治的影响和无产阶级革命时指出："传统是一种巨大的阻力，是历史的惯性力，但是它是消极的，所以一定要被摧毁。"③ 历史证明，道德教育是摧毁传统观念最为有效的途径。在《共产党宣言》中，马克思和恩格斯认为，在共产主义革命过程中要实现两个决裂，一是"同传统的所有制关系实行最彻底的决裂"，二是"同传统的观念实行最彻底的决裂"④。这说明了同所有制关系和同传统观念决裂对共产主义革命同等重要，也说明了共产主义革命的彻底性。而道德教育作为革命的一种形式，是在革命过程中同传统观念实行最彻底的决裂的一种重要途径。虽然历史是由人民群众自己创造的，但是，人们不可能随心所欲地、按照设定的环境和条件创造自己想要的历史，"而是在直接碰到的、既定的、从过去承继下来的条件下创造。一切已死的先辈们的传统，像梦魇一样纠缠着活人的头脑"⑤。马克思和恩格斯指出，新的资产阶级革命会借用过去的"语言、热情和幻想"，是为了找到"革命的精神"和

---

① 《马克思恩格斯选集》第 1 卷，人民出版社，2012，第 9 页。
② 《马克思恩格斯选集》第 1 卷，人民出版社，2012，第 10 页。
③ 《马克思恩格斯选集》第 3 卷，人民出版社，2012，第 772~773 页。
④ 《马克思恩格斯选集》第 1 卷，人民出版社，2012，第 421 页。
⑤ 《马克思恩格斯选集》第 1 卷，人民出版社，2012，第 669 页。

"赞美新的斗争"，就像一个刚学会新的语言的人一样，总是习惯于把它翻译成自己的母语，而"只有当他能够不必在心里把新语言翻译成本国语言，能够忘掉本国语言而运用新语言的时候，他才算领会了新语言的精神，才算是运用自如"①。工人阶级与以往的其他被统治阶级一样，都是长期受统治阶级在意识形态尤其是道德方面的教化，统治阶级教化的目的就是使社会成员的思想观念和行为方式等与统治阶级的要求相一致，最终实现其思想统治。在工人运动中，工人阶级虽然在前进，但是还受到从资产阶级那里遗留下来的各种传统的束缚，只能缓慢地前行。但是，随着革命运动的不断发展，工人阶级正在逐渐吸收属于无产阶级独有的优良革命精神，在革命中受到无产阶级道德的教育和影响并最终摆脱资产阶级带给他们的不良传统，而最终的结果必然是工人阶级队伍的壮大。

道德教育是培养全面而自由发展的人的重要途径。马克思和恩格斯一直以来致力于全人类的解放运动，而建立共产主义社会、实现人的全面而自由的发展是其革命的最终目的。正如他们在《共产党宣言》中所说："代替那存在着阶级和阶级对立的资产阶级旧社会的，将是这样一个联合体，在那里，每个人的自由发展是一切人的自由发展的条件。"② 这个"联合体"便是共产主义社会，而实现共产主义社会不仅要推翻资产阶级的统治，还要提高全社会的文明程度，提高全体社会成员的道德素质。马克思和恩格斯的一生都在为了这个崇高的理想而奋斗。他们所倡导的道德教育是为了唤醒无产阶级的革命意识、促进无产阶级的自身解放，是为促进人的全面而自由发展服务的。一方面，工人阶级在道德方面遭到统治阶级的摒弃和忽视。但有力量从事民族解放事业的正是那些"粗野""道德堕落"的工人、贱民、穷人等。因为他们没有文化知识，

---

① 《马克思恩格斯选集》第 1 卷，人民出版社，2012，第 669 页。
② 《马克思恩格斯选集》第 1 卷，人民出版社，2012，第 422 页。

也没有偏见，他们"还有可造之材"，"他们还有前途"①。在资本主义社会，"人们用来调节人与人关系的简单原则，由于社会状况，由于一切人反对一切人的战争，本来就已经陷入极度混乱的状态"②，而当这些原则与宗教教育紧密结合在一起，生成一种宗教训令式的道德教育时，往往会令工人感到莫名其妙和格格不入，而惨不忍睹的生活状况又极力地破坏着他们的道德。执行道德教育的人们总是以上帝的意旨来要求他人为了自己的幸福生活而忍受饥饿。要想工人阶级能够意识到自己的处境并起来反抗资产阶级，社会主义者们就一定要想方设法对工人进行道德教育，"共产党一分钟也不忽略教育工人尽可能明确地意识到资产阶级和无产阶级的敌对的对立"，以便"工人能够立刻利用资产阶级统治所必然带来的社会的和政治的条件作为反对资产阶级的武器"③。恩格斯在《共产主义原理》中指出，教育能够使年轻人摆脱分工给每个人所造成的片面性。另一方面，"私有制只有在个人得到全面发展的条件下才能消灭"④。马克思和恩格斯认为，因为现存的交往形式和生产力是全面的，所以只有全面发展的个人才能占有它们，只有在一定历史阶段上全面发展的人才是自由的人。人是从"感性世界和感性世界中的经验中获得一切知识、感觉等等的"，必须在"经验的世界"里才能"体验到真正合乎人性的东西"⑤，人只有具有能够表现其本身真正个性的积极力量而不是避免某种事发生的消极力量时才是真正自由的。在《资本论》中，马克思指出，道德教育同智育和体育等教育相结合是提高社会生产的一种方法，而且"是造就全面发展的人的唯一方法"⑥。

---

① 《马克思恩格斯全集》第3卷，人民出版社，2002，第497页。
② 《马克思恩格斯文集》第1卷，人民出版社，2009，第427页。
③ 《马克思恩格斯选集》第1卷，人民出版社，2012，第434页。
④ 《马克思恩格斯全集》第3卷，人民出版社，1960，第516页。
⑤ 《马克思恩格斯文集》第1卷，人民出版社，2009，第334页。
⑥ 《马克思恩格斯文集》第5卷，人民出版社，2009，第557页。

三 道德教育问题只有在实践中才能得到合理的解决

"全部社会生活在本质上是实践的"[①]，道德教育也不例外。马克思和恩格斯非常关注道德教育在市民社会中的实践，认为"凡是把理论引向神秘主义的神秘东西，都能在人的实践中以及对这种实践的理解中得到合理的解决"[②]。这里的实践既包括生活实践，也包括生产实践，还包括无产阶级实现自身解放的革命实践。道德教育不能仅局限于知识层面，而要与实际生活的锻炼相结合，道德教育只有在实践中才能发挥作用。因此，马克思和恩格斯一直致力于启发工人阶级的阶级意识，提高其道德素养。他们坚持把理论教育与工人运动实践相结合，通过党的报纸杂志等媒体宣传无产阶级道德观，在批判剥削阶级的旧道德中宣传无产阶级和共产主义的新道德。他们要求无产阶级政党一定要自觉担负起宣传、教育和鼓动人民群众的任务，要在一切可能的领域占领阵地，这样才能在"决定性的时刻保证自己在各个据点的影响"[③]。所以，开展道德教育不能与社会发展实际相脱离，不能好高骛远凭空说教，要注重客观现实性，要认真考察社会现实，根据现实需要，提出道德教育的现实任务，才会成功实现道德教育目标。

把工人运动实践与理论教育结合起来。马克思和恩格斯始终坚持革命必须要依靠工人阶级，要善于教育和引导工人阶级。为了把"一切力量捏在一起，并使这些力量集中在同一个攻击点上"[④]，必须要对工人阶级进行共产主义意识教育。而且，教育不能由"沙漠中的布道者"来主导，必须以先进、科学、彻底的理论为指导，而这些理论必须来自无产阶级和广大人民群众的革命实践。"只有在革命中才能抛掉自己身上的一

---

① 《马克思恩格斯选集》第1卷，人民出版社，2012，第135页。
② 《马克思恩格斯选集》第1卷，人民出版社，2012，第135～136页。
③ 《马克思恩格斯全集》第29卷，人民出版社，1972，第569页。
④ 《马克思恩格斯选集》第4卷，人民出版社，2012，第500页。

切陈旧的肮脏东西，才能胜任重建社会的工作。"① 因此，马克思和恩格斯带领组建了世界上第一个无产阶级政党——共产主义者同盟，为同盟起草了《共产党宣言》作为政治纲领。《共产党宣言》作为国际共产主义运动的纲领性文件，是马克思主义与国际工人运动相结合的产物，也是马克思恩格斯道德教育思想的纲领性文件。马克思和恩格斯在同盟成立前后通过演讲、发表文章、辩论等对马克思主义理论进行了广泛的宣传，极其重视道德教育在革命实践中的重要作用。1848 年，在《共产党宣言》发表后不久便爆发了欧洲资产阶级革命，马克思和恩格斯始终站在革命最前线，指导并教育无产阶级要积极参与到革命中去，革命失败后，他们又立刻进行经验总结，制定革命策略，丰富、深化自己的理论体系，及时采取措施提高无产阶级和广大人民群众的革命热情。1864 年9 月，国际工人协会成立（第一国际）后，马克思和恩格斯又起草了国际工人协会的宣言、章程等，同时又同蒲鲁东主义、拉萨尔主义等进行论战，通过科学的理论教育来启发工人阶级的阶级意识、道德理想、道德信念。1871 年 3 月 18 日，在第一国际思想影响下，日益觉醒的具有光荣革命传统的法国巴黎的工人阶级发动武装起义，建立了世界历史上第一个无产阶级专政的政府——巴黎公社。马克思建议国际工人协会派出代表参加伦敦的群众集会以宣传巴黎公社的真相，写了大量的信件为巴黎公社争取社会各界的声援，将其寄到全世界有支部的地方。他通过各种渠道密切关注公社的各项活动，向公社领导人提出了斗争策略、经济发展等各项措施，深刻总结了公社革命失败的经验教训，在革命失败后，还为援助公社流亡人员做出了大量的工作。马克思和恩格斯对英国、美国、意大利等国的工人运动也给予大量的关注和指导。与此同时，马克思和恩格斯还指导、培养了一大批工人运动的领袖，如李卜克内西、魏德迈等，通过他们向工人阶级和广大群众开展道德教育，要他们"必须

① 《马克思恩格斯选集》第 1 卷，人民出版社，2012，第 171 页。

以高度的热情把由此获得的日益明确的意识传播到工人群众中去，必须不断增强党组织和工会组织的团结"①。

　　通过报纸杂志等媒体进行道德教育。在马克思恩格斯生活的年代，报纸杂志是大众传播的最重要的媒体。他们认为通过报纸杂志等进行宣传，会达到更加理想的教育效果。报纸"能够成为运动的喉舌"，而杂志"能够更广泛地研究各种事件"，通过报纸杂志能时刻保持与人民群众的紧密联系。② 早在 1842 年，马克思就开始为《莱茵报》撰稿并担任主编，通过发表文章，严厉抨击了普鲁士当局为维护地主阶级利益而制定的法律制度，旗帜鲜明地捍卫穷苦人民的物质利益。因触动了反动当局的利益，《莱茵报》被迫停刊。为了给"真正独立思考的人们寻找一个新的集合地点"③，1844 年，马克思又与卢格一起创办了《德法年鉴》。刊物一经出版便受到德、法、俄等国知识分子的普遍好评，这一刊物被恩格斯称为德国的第一份社会主义刊物，为宣传科学理论和道德教育作出了巨大贡献。在 1848 年 6 月，马克思和恩格斯在科伦创办了《新莱茵报》，这是世界上第一份马克思主义性质的报纸。因报纸在"各个具体场合，都强调了自己的特殊的无产阶级性质，这种性质是它还不能一下子就写在自己旗帜上的"④，马克思还给报纸添加了"民主机关报"的副标题。马克思和恩格斯为《新莱茵报》撰写了 500 多篇文章，和英国、意大利、法国等国的领导人都保持联系，准确地报道了国外的社会政治活动。这一刊物被列宁称为"革命无产阶级最好的机关报"⑤，它"不仅是德国民主派的，而且是欧洲民主派的机关报"⑥，是当时唯一能够帮助德国和欧洲各国工人阶级在错综复杂的革命斗争中辨别方向的报纸。恩格斯赞扬

①　《马克思恩格斯选集》第 3 卷，人民出版社，2012，第 38 页。
②　《马克思恩格斯全集》第 7 卷，人民出版社，1959，第 3 页。
③　《马克思恩格斯全集》第 1 卷，人民出版社，1956，第 415 页。
④　《马克思恩格斯全集》第 21 卷，人民出版社，1965，第 19 页。
⑤　《列宁全集》第 21 卷，人民出版社，1959，第 60 页。
⑥　《马克思恩格斯全集》第 6 卷，人民出版社，1961，第 683 页。

道："没有一家德国报纸——无论在以前或以后——像《新莱茵报》这样有威力和有影响，这样善于鼓舞无产阶级群众。"① 但《新莱茵报》依然在打击中停刊了。1850 年 3 月，马克思和恩格斯又在重重困难中创办了《新莱茵报·政治经济评论》作为《新莱茵报》的延续，仍然从事对无产阶级和人民群众的政治宣传、思想教育和道德教育。但这一刊物仍未能摆脱当局的迫害，在出版 6 期后就停刊了。马克思和恩格斯还指导了德国工人阶级的机关报，如 1859 年创办的《人民报》、1864 年创办的《社会民主党人报》、1869 年创办的《人民国家报》和 1876 年创办的《前进报》等。他们还积极指导了美国工人报刊《改革报》《革命》《人民呼声》《纽约每日论坛报》，英国宪章派的《人民报》《北极星报》等。他们为这些报刊撰稿并利用这些报纸进行政治宣传、思想教育和道德教育。马克思和恩格斯还非常重视党报对无产阶级的影响，提出党报要用来阐述、论证并捍卫党的理论和政策，要时刻对工人阶级和人民群众进行宣传教育。他们在布鲁塞尔建立了德意志工人协会后，取得了《德意志—布鲁塞尔报》这一机关报的主动权，为之撰稿以宣传科学理论。马克思恩格斯一生都在从事报纸杂志等媒体宣传活动，他们一直非常关注主流媒体的动向，甚至连普通报纸杂志也未忽视。他们的著作中涉及欧美等国约 1500 家报纸杂志，他们为 200 多家报纸杂志撰写文章，亲自创办、担任编辑的有 12 家，撰写了许多文章、社论、诗歌等刊发在报纸杂志上，批判各种错误的道德倾向，动员工人阶级和广大人民群众参加革命斗争，提高自身道德觉悟。

在批判剥削阶级的旧道德和错误思潮中进行道德教育。批判性是马克思主义的鲜明特征，批判是马克思和恩格斯争取工人阶级，掌握群众，进行共产主义教育的主要手段。他们在革命中所取得的胜利都是同错误的理论和思潮相斗争的结果，他们的道德和道德教育思想也是在批判的

---

① 《马克思恩格斯选集》第 4 卷，人民出版社，2012，第 10 页。

过程中赢得广大人民群众的支持和拥护的。首先，马克思和恩格斯批判封建道德中的等级关系与人身依附关系对人民群众的愚弄。在封建制度下，人与人只是"作为具有某种［社会］规定性的个人而互相交往，如封建主和臣仆、地主和农奴等等，或作为种姓成员等等，或属于某个等级等等"①，而且，"物质生产的社会关系以及建立在这种生产的基础上的生活领域，都是以人身依附为特征的"，所以"人身依附关系构成该社会的基础"②。其次，他们还批判宗教道德对人们身体和精神上的摧残。宗教只以抽象的教义来进行道德说教，而在解决实际问题时却软弱无力。"信奉上帝的话，由我们来说；执行上帝意志的事，让人民去做。基督教的古圣先贤为了拯救世人的灵魂而鞭笞自己的肉体；今天的有教养的圣者们却为了拯救自己的灵魂而鞭笞人民的肉体。"③ 马克思在《〈黑格尔法哲学批判〉导言》中指出，宗教同样也是由人创造的，而且是人的本质在幻想中的实现，是颠倒了的世界。"宗教是人民的鸦片"，"是被压迫生灵的叹息，是无情世界的情感，正像它是无精神活力的制度的精神一样"④，给人民的心灵套上了真正的枷锁。恩格斯在《伍珀河谷来信》和《英国工人阶级状况》等文中都提到，宗教"颂扬怯懦、自卑、自甘屈辱、顺从驯服，总之，颂扬愚民的各种特点"，它的"社会原则带有狡猾和假仁假义的烙印"⑤。恩格斯指出，历史本身就是人而非神的启示，只有在人的启示下，我们才能"自由地独立地创造以纯人类道德生活关系为基础的新世界"⑥，所有打上"神性的"烙印的事物都是非人性的。因此，我们没有必要把一切美好的、伟大的、崇高的、真正人性的事物归功于神的抽象概念。最后，马克思和恩格斯着重批判了资产阶级道德的虚伪性，

---

① 《马克思恩格斯全集》第 46 卷上册，人民出版社，1979，第 110 页。
② 《资本论》第 1 卷，人民出版社，2004，第 95 页。
③ 《马克思恩格斯全集》第 11 卷，人民出版社，1962，第 364 页。
④ 《马克思恩格斯文集》第 1 卷，人民出版社，2009，第 4 页。
⑤ 《马克思恩格斯全集》第 4 卷，人民出版社，1958，第 218 页。
⑥ 《马克思恩格斯全集》第 3 卷，人民出版社，2002，第 520 页。

揭露了资产阶级"美丽动听"的道德谎言，指出资本主义制度造成了社会道德的堕落。资产阶级所谓的自由、平等只是经济形式上的、表面上的，"这种平等和自由证明本身就是不平等和不自由"①。在资产阶级统治下，工人阶级的生活环境极其恶劣，没有人关心他们的教育问题，而他们自己也没有接受教育的能力。他们的孩子"就是在这种颓废风气盛行的环境中（他们的父母往往就是这种环境的一部分），在无人管教的情况下成长起来的，又怎能指望他们日后具有高尚的道德呢?"②而资产阶级对无产阶级进行教育的直接、真实的目的就是获取更多的利润。"资产者认为道德教育就是灌输资产阶级的原则，而且资产阶级没有使人民受到真正教育的经费，即使有这笔经费，它也不肯使用。"③资产阶级甚至宣布无产阶级"是不受国家和社会保护的;这样就公开宣布了无产者不是人，不值得把他们当人对待"④。同时，为了清除存在于工人阶级和人民群众中的非科学理论，马克思和恩格斯还集中批判了蒲鲁东主义、拉萨尔主义、杜林主义等错误思潮，专门发表了《哲学的贫困》《哥达纲领批判》《反杜林论》等科学论著，对蒲鲁东等人的无政府主义、改良主义、机会主义、狭隘民族主义、永恒道德论等进行了集中严厉的抨击。马克思恩格斯提出了科学的国家观、权威观、无产阶级国际主义、人的全面自由发展等理论，阐述了马克思主义的基本思想，促进了马克思主义道德观的传播和发展。

第三节　列宁共产主义道德教育思想形成的时代背景

"历史从哪里开始，思想进程也应当从哪里开始，而思想进程的进一

---

① 《马克思恩格斯全集》第46卷上册，人民出版社，1979，第201页。
② 《马克思恩格斯文集》第1卷，人民出版社，2009，第443页。
③ 《马克思恩格斯全集》第6卷，人民出版社，1961，第648页。
④ 《马克思恩格斯文集》第1卷，人民出版社，2009，第493页。

步发展不过是历史过程在抽象的、理论上前后一贯的形式上的反映。"①思想的形成与发展是以历史的发展为基础的，受一定的社会环境与现实条件影响。列宁的共产主义道德教育思想亦是如此，它也有赖于一定的时代背景和实践基础。列宁在俄国进行了伟大的社会主义实践，取得了社会主义革命的胜利。在社会主义建设和发展时期，为了人类社会能够上升到更高的水平，真正消除劳动剥削的制度，列宁正式将无产阶级道德命名为共产主义道德，提出并创立了共产主义道德教育理论体系。共产主义道德教育是无产阶级的实践活动，是理论与实践相统一的一种新型道德教育符合巩固新生政权、建设社会主义的实践需要和客观要求。共产主义道德教育思想的产生，得益于俄国无产阶级社会主义意识的复苏，顺应社会主义文化建设的需要，对社会主义物质建设、文化建设和政治建设等有着重要意义和价值。共产主义道德教育在社会主义革命、建设、发展过程中，启迪、提升了无产阶级的革命觉悟，鼓励其斗志，坚定了人民群众建设社会主义的必胜信心，巩固了无产阶级的革命成果。

一　俄国无产阶级社会主义意识逐渐苏醒

异常尖锐的帝国主义矛盾给俄国无产阶级带来了深重的灾难。19世纪末20世纪初，国际资本主义进入帝国主义阶段，完成从自由竞争向垄断资本的过渡。俄国在工业资本主义迅速发展的基础之上，也开始向帝国主义阶段过渡。这一时期，垄断资本为了获得高额利润，不仅剥削和压榨本国劳动人民，还迅速扩充军备，以军事侵略等手段，通过抢占和瓜分殖民地，开始垄断资本的输出，疯狂剥削和压榨世界各国劳动人民，转移本国经济危机和矛盾。1898年，美国为夺取西班牙的殖民地而发动的战争，掀起了帝国主义重新瓜分殖民地的战争序幕。而1904年到1905年，日本和俄国为争夺中国东北和朝鲜半岛发动的战争，不仅是帝国主

---

① 《马克思恩格斯全集》第13卷，人民出版社，1962，第532页。

义重新瓜分世界、争夺霸权的突出表现，也进一步加剧了俄国人民与资产阶级之间的矛盾。俄国由于其特殊的地理位置——处于危险的东西方交会的十字路口，而且对外国资本有着严重的依赖性，成为帝国主义矛盾的焦点和集合体；同时，俄国由于其发展的特殊性，也成为帝国主义链条上的薄弱环节。一方面，俄国自 1861 年废除农奴制，实行改革后，工业资本主义得到了迅速的发展。相关资料显示，俄国仅在 1866 年到 1890 年不到 30 年的时间，工厂就增加了 11010 家，生产总值增加了 75700 亿卢布，而工人增加了 378000 人。截至 1909 年，俄国 45 个工业部门中，有 140 个垄断联合组织，省级以上的卡特尔和辛迪加在战争年代达到 200 个左右，全俄 50 家股份银行中 80% 的固定资产和债务被 12 家最大的银行所占有。[1] 但这些成绩的取得均是建立在剥削劳动人民和工人阶级的基础之上的。资本主义越是发展，无产阶级越是苦不堪言。另一方面，在废除农奴制的俄国，大部分土地仍然掌握在大地主手中，小商品生产、宗法式、封建主义和农奴制残余等经济形式依然大量存在，与资本主义经济形式结为一体、利益结为一体，共同剥削着劳动人民。农民不仅没有政治权利，经济上还遭受多重压榨，生活在水深火热之中。列宁曾对这一时期农民的生活状况作出概括，"农民过着一贫如洗的生活，他们和牲畜住在一起，穿的是破衣，吃的是野菜；他们只要找到栖身之所，就会离开自己的份地，甚至倒赎份地，付钱给愿意收下这块份地的人，因为经营份地是蚀本的。农民经常挨饿，由于连年歉收，成千上万的人不断死于饥饿和瘟疫"[2]。与此时，占全国人口 57% 的非俄罗斯民族，长期遭受沙皇政府和沙文主义者的压迫和迫害，成为他们眼中的"异族"。沙皇俄国犹如"各族人民的监狱"。无产阶级同资产阶级、封建地主阶级之间的矛盾，国内被压迫民族同沙皇政府和沙文主义者之间的矛盾，

---

[1] 参见苏联科学院经济研究所编《苏联社会主义经济史》第 1 卷，复旦大学经济系等部分教员译，生活·读书·新知三联书店，1979，第 15 页。
[2] 《列宁全集》第 4 卷，人民出版社，1984，第 381 页。

俄国人民同帝国主义之间的矛盾，殖民地人民同俄国帝国主义之间的矛盾等错综复杂，异常尖锐，给俄国无产阶级和广大农民带来了深重的灾难。

无产阶级在争取自身权益而进行的自发罢工中发展壮大。19 世纪末 20 世纪初，俄国工业无产阶级在资本主义大工业的发展中日益发展壮大起来。这一时期，俄国的工业无产阶级从改革前的 300 万人增加至大约 1000 万人，而且，工人的集中程度甚至超过了一些发达资本主义国家，47.8% 的工人集中在 1000 人以上的大型企业中。俄国资产阶级已经伴随着与无产阶级之间空前尖锐的矛盾，成为毫无革命性的反动阶级。俄国的无产阶级也遭受着非比寻常的剥削和压迫，和西欧各国相比，俄国无产阶级劳动时间最长，工资却最低。他们平均每天劳动 12 小时到 15 小时，1/3 的工人每天劳动 12 小时，1/5 的工人每天劳动长达 14 小时，还有 1/10 的工人每天劳动 15 小时到 16 小时。在这样的劳动强度下，他们不仅没有任何劳动保障，没有劳动保险，还要忍受资本家对他们那少得可怜的工资进行再次压榨。他们的生活异常艰难，"工人在地窖、阁楼和陋室中住得愈来愈挤，比往常更加吃不饱，他们把家里最后剩下来的一点破烂也卖给了高利贷者"①。尽管如此，商业危机还在持续把成千上万的失业工人抛上街头。无产阶级的贫困骇人听闻，政府和资产阶级对此毫无反应。为改善生活状况，争取更好的生活条件，工人们开始自发地组织起来。从最初的捣毁机器、打破厂房，组织罢工，到成立工人协会，工业无产阶级的队伍迅速成长壮大起来。1875 年，在扎斯拉夫斯基的领导下，"南俄工人协会"在敖德萨成立，但仅一年就被沙皇政府破坏。1878 年，在木匠哈尔图林和钳工奥布诺尔斯基的领导下，"俄国北方工人协会"在彼得堡成立，为扩大影响，争取民主，他们还出版了属于工人的报纸——《工人曙光报》。类似的工人协会还有很多，它们不断组织工

---

① 《列宁全集》第 5 卷，人民出版社，1986，第 287 页。

人进行罢工和游行示威，还提出了"打倒沙皇制度"，争取"民主""自由"等政治口号。据不完全统计，俄国工人举行的罢工次数，在 1870～1879 年为 187 次，1880～1889 年为 323 次。① 工人的持续罢工运动在 1905 年达到了高潮，列宁曾总结说，"没有 1905 年的'总演习'，1917 年的二月资产阶级革命和十月无产阶级革命都是不可能的"②。到 1910 年后，俄国工人罢工运动再次掀起了新的高潮。到 1916 年，罢工事件已超过 1500 起，参加人数达数百万之多。这是无产阶级逐渐觉醒的有力证明，他们积累了丰富的政治经验，最重要的是，他们在一次又一次的罢工中淬炼出优良的道德品质。

马克思主义的传播与社会民主工党的成立推动无产阶级社会主义革命意识的觉醒。因俄国在欧洲的重要战略地位和俄国无产阶级的发展壮大，马克思和恩格斯一直非常关注俄国，他们与俄国的政治家们进行了约 460 封书信的交流，马克思主义也在这一交流过程中得以传播到俄国。一些革命民主主义者翻译出版了《共产党宣言》等著作。1872 年，3000 册《资本论》一经出版发行，便被抢售一空。"没有革命的理论，就不会有革命的运动"③，马克思主义的传入，犹如久旱之甘霖，给俄国革命带来希望的同时，也为俄国革命指明了新的方向。米海洛夫斯基感叹说，"马克思的著作出版得再及时也没有了，俄国社会十分感谢"④。俄国早期的民主主义革命者们也开始走进"民间"，宣传讲解社会主义制度，教育民众。但是，这些人因没能将俄国现实与马克思主义结合起来，固守发动农民的理念，否定无产阶级的重要性，最终成为马克思主义传播的阻碍。这些人也从早期的民粹主义者发展成为自由民粹主义者。在与民

---

① 参见〔苏〕波斯别洛夫《苏联共产党历史》第 1 卷，郭值京等译，上海人民出版社，1983，第 122 页。

② 《列宁全集》第 36 卷，人民出版社，1985，第 294 页。

③ 《列宁全集》第 6 卷，人民出版社，1986，第 23 页。

④ 〔俄〕尼·康·米海洛夫斯基：《俄国民粹派文选——论马克思一书》，中共中央马克思恩格斯列宁斯大林编译局译，人民出版社，1983，第 232 页。

粹主义者进行论战的过程中，普列汉诺夫创建了俄国第一个马克思主义组织——"劳动解放社"，为马克思主义在俄国的传播作出了巨大贡献。列宁也通过撰写文章、演讲等方式宣传捍卫马克思主义，先后发表了《我们究竟拒绝什么遗产？》《左派民粹派论马克思主义者之间的斗争》等文章批判民粹主义。随着马克思主义的传播，俄国各个城市的马克思主义小组或团体也应运而生。1895 年秋，列宁将分散于彼得堡市各处的20 多个小组联合起来，改组为"工人阶级解放斗争协会"，并在全国各地相继成立多个此类组织，培养了大批工人骨干，为开展马克思主义宣传和共产主义理想信念教育奠定了坚实的基础。1898 年 3 月，在列宁的领导下，来自俄国各地社会主义组织的 9 名代表在明斯克秘密召开第一次代表大会，宣告了社会民主工党的正式成立。列宁还领导创办了《火星报》等党的刊物。社会民主工党的成立和对各类报刊的利用，使马克思主义在俄国得到了广泛的传播，也加强了对科学社会主义学说的宣传，调动了无产阶级革命的积极性，提高了工人的阶级自觉、革命自觉和共产主义道德自觉。

二　沙皇长期的黑暗统治造成俄国文化极其落后

统治者阻碍人民群众接受教育而导致文盲众多。马克思和恩格斯认为，在封建社会和资本主义社会，统治阶级往往只允许人们接受符合他们统治利益的那一点点教育，而这一点点教育对于工人阶级和广大人民群众来说，简直太少了。统治阶级通过自己所掌握的权力，控制各种信息传播通道和来源，极力保持人民的愚昧和迷信，实行各种愚民政策以巩固他们的统治。虽然俄国从 1861 年改革后一直致力于向欧洲学习先进的技术和文化，但是其目的不是提高人民群众的文化水平，而是巩固沙皇的统治。统治阶级剥夺了人民群众受教育的权利，用各种办法来愚弄人民。因此，俄国"一方面是最落后的土地占有制和最野蛮的乡村，另一方面又是最先进的工业资本主义和金融资本主义"①。统治者非常害怕人们掌握知识，如果有人愿意把自己的知识传授给别人，他就一定会被列为"反政府分子"。统治者把知识和教育看作"火星"，绝不允许其落在工人阶级身上。② 这是俄国文盲率极高的重要原因。一方面，儿童入学率极低，在学龄儿童占总人口 1/5 的俄国，学生人数却只占 4.7%，4/5 的适龄儿童和少年不能接受教育。俄国成为欧洲唯一一个剥夺了人民群众"接受教育、获得光明、求取知识的权利的野蛮的国家，在欧洲除了俄国以外，再没有第二个"③。另一方面，沙皇政府对教育的投入非常少，几乎所有的收入都被拿去给了军队、警察和"寄生虫"们，负责教育的国民教师们不仅要"在没有生火的、几乎无法居住的小木房里挨饿受冻……同冬天被农民赶进小木房里的牲畜住在一起"④，还要随时忍受统治者对他们精神上的压抑、蔑视和压制。不仅如此，统治者还竭力控制图书馆、报纸等这样的公共资源，禁止这些被普通民众所使用。沙皇政府就这样剥夺了俄国 9/10 的居民接受教育的权利。因此，俄国的文盲率是整个欧洲最高的，在 1904 年约 96%，1908 年约 95%。"俄国的落后和野蛮已经到了令人难以置信的地步。"⑤

地理环境因素使农民守旧心理严重。地理环境对民族文化的形成、发展有着重要的影响。比如，人们的生活习惯、风俗传统、宗教信仰等，因所处环境和开放程度的不同而具有明显的地域性特征。列宁认为，地理环境通过影响生产力的发展，进而影响着经济关系和因经济关系而产生的所有其他社会关系的发展。⑥ 地理环境因素影响人们形成新的生产关系，也影响文化的传承与发展。地理环境的封闭性造成人们思想中仍然

---

① 《列宁全集》第 16 卷，人民出版社，1988，第 400 页。
② 《列宁全集》第 2 卷，人民出版社，1984，第 66 页。
③ 《列宁全集》第 23 卷，人民出版社，1990，第 110 页。
④ 《列宁全集》第 23 卷，人民出版社，1990，第 112 页。
⑤ 《列宁全集》第 23 卷，人民出版社，1990，第 110 页。
⑥ 《列宁全集》第 39 卷，人民出版社，1986，第 99～100 页。

有着根深蒂固的宗法制度、原始习性和狭隘的认识。"那些最根深蒂固的偏见，那种一成不变、世代相传的落后习惯"① 依然存在于许多地区。列宁在后来总结说，在奥伦堡和鄂木斯克以南、沃洛格达以北、顿河畔罗斯托夫及萨拉托夫东南、托木斯克以北的地区，有可以容下几十个文明大国的空旷地带，"然而主宰这一片片空旷地带的却是宗法制度、半野蛮状态和十足的野蛮状态。那么在俄国所有其余的穷乡僻壤又是怎样的呢？乡村同铁路，即同那连结文明、连结资本主义、连结大工业、连结大城市的物质脉络往往相隔几十俄里，而只有羊肠小道可通，确切些说，是无路可通。到处都是这样。这些地方不也是到处都是宗法制度、奥勃洛摩夫精神和半野蛮状态占优势吗？"② 正是地理环境等因素造成人们思想上的极度落后，地理上的不便或封闭状态不仅限制了民族文化的交流，也限制了人们思想、道德等方面的发展，使其始终落后于时代的发展。这些以劳动为道德基础的小生产者们"闭塞无知，因而不得不相信自己负有永世做老马的'神圣义务'"；从"'先辈传下来的'奴才性"使他因不舍那一点小产业而拒绝"任何关于'公平报酬'的思想并反对一切'宣传'；由于劳动生产率很低，由于劳动者被束缚在一个地方，这点小产业使小生产者变成了野人，而且由于经济条件的关系必然造成他的闭塞无知和奴才性"。③ 这就要求已经觉醒的革命先进分子"必须冒着种种失利和失败的危险，特别迅速、特别坚决地向前迈进"④。

西方文化和原有文化的碰撞导致价值观分裂。原有的村社制度、由东罗马帝国传入的东正教文化、东方游牧民族的入侵、西方文化的引入等使俄国的文化具有了多元的特点。西方文化和俄国文化的碰撞、冲突、融合，不仅使俄国形成了独具特色的民族心理和文化传统，同时也使人

---

① 《列宁全集》第39卷，人民出版社，1986，第101页。
② 《列宁全集》第41卷，人民出版社，1986，第216页。
③ 《列宁全集》第1卷，人民出版社，1984，第365页。
④ 《列宁全集》第24卷，人民出版社，1990，第143页。

们的道德观念、价值判断等出现了分裂。首先，作为"特殊的俄罗斯精神"① 的村社文化是俄宗法制度得以维系的重要纽带，也是俄国能够进行社会主义革命的重要因素。封闭的村社使农民形成了因循守旧的心理、宗法式的人身依附关系和逆来顺受的处世态度，也使他们拥有集体主义意识、平等互助的团结精神，而这些原始的高尚道德情怀，被马克思认为是"俄国社会复兴的因素和俄国比其他还处在资本主义制度压迫下的国家优越的因素"②。其次，官方引进的东正教文化，是统治阶级为了维护其统治的精神工具，强调对沙皇权力的无限崇拜、敬畏和依附。东正教的"圣愚"们成为苦修精神的代表，民众的学习对象。但是，他们的行为一直处于矛盾之中，如他们强调在行为选择上保持纯洁，却可以为了某种目的而不择手段；在面对他人时偶尔温顺，偶尔又强横无礼；在对待权威时，既嘲讽又树立；等等。这种严重的宗教悖反心理正是沙皇利用宗教愚弄民众的结果。最后，俄受到西方文化的强有力的影响。自彼得一世开始，俄开始引进西方文化。引进技术和人才、开设学校、改变风俗习惯等使俄国打开了通向西方文化的大门。但是，彼得一世引进西方文化很大程度上只是为了维护俄国现存的社会制度，因而也只改变了以贵族为代表的上层社会的生活方式，普通民众仍然受传统文化观念的影响，这也造成上下层各阶级之间在价值观念上的严重分歧。虽然叶卡捷琳娜二世时期深化了与西方文化的融合，但俄国仍旧没能填补"欧化的上层阶级与作为农奴被束缚在庄园里的农民群众之间的鸿沟"③。这种多种文化并存的情况一方面为社会发展带来了希望，另一方面也成为社会变革要面对的重大挑战。

---

① 〔俄〕维特：《俄国末代沙皇尼古拉二世：维特伯爵的回忆》，张开译，新华出版社，1983，第 392 页。
② 《马克思恩格斯全集》第 19 卷，人民出版社，1963，第 431～432 页。
③ 转引自郑东艳《列宁文化观研究》，人民出版社，2017，第 63 页。

三 建设社会主义对人民群众的道德水平提出更高要求

捍卫苏维埃政权需要人民群众形成坚定的信念和统一的意志。十月革命开辟了人类历史的新纪元，"使地球上一亿人首先摆脱了帝国主义战争和帝国主义世界"①。十月革命取得胜利后，苏维埃政权通过了《和平法令》，提出同一切交战国政府缔结不割地、不赔款的和平条约，但这一提议并未得到协约国的响应。1918 年，为获得短暂的喘息，集中力量进行经济建设，巩固新生的苏维埃政权，列宁代表苏维埃政权同德国签订了布列斯特和约。他指出："无产者懂得，既然没有力量，就得屈从，然而他善于后来在任何条件下都养精蓄锐，无论如何要一次再次地重新奋起。"② 在此之后，列宁领导无产阶级政府通过经济改革巩固国家政权，这引起了国内反动分子、国外帝国主义等的极大恐慌，因此很快便形成了由协约国政府组成的帝国主义势力和苏俄内部的反革命势力两股旨在推翻苏维埃政权的势力。新生的苏维埃政权遇到了前所未有的困难。为了击退国内外的武装干涉和进攻，应对国内面临的粮食危机、燃料危机等困难，捍卫新生的苏维埃政权，列宁提出实施"战时共产主义政策"，无产阶级和广大劳动人民要通过斗争的锻炼、生活的锻炼成长壮大起来，掌握好政权，彻底战胜资产阶级。因此，在 1918 年 3 月 7 日召开的俄共（布）第七次代表大会上，列宁指出，苏维埃政权的首要的和基本的任务就是"采取最有力、最果断和最严厉的措施来加强俄国工人和农民的自觉纪律和纪律，阐明俄国进行解放战争，卫国战争，社会主义战争的日子愈来愈近的历史必然性"，并且在"各处建立有严密联系的并以钢铁般的统一意志团结在一起的群众组织"③，用共产主义理想信念教育人民群众充分认识到战争的历史必然性，认识到无产阶级必然能够依靠坚定的

---

① 《列宁选集》第 4 卷，人民出版社，2012，第 569 页。
② 《列宁全集》第 33 卷，人民出版社，1985，第 422 页。
③ 《列宁全集》第 34 卷，人民出版社，1985，第 32 页。

信念和统一的意志取得社会主义的完全胜利。这种统一的意志就是无产阶级极严格的、高度自觉的、钢铁般的纪律。列宁要求人民群众遵守无产阶级的革命指令、维护无产阶级斗争的利益、履行建设社会主义的义务等，但是，列宁也深刻地认识到，这样高度自觉的、共产主义的行为规范，是不可能被人民群众自发地遵循的，因此必须要在革命实践中、在劳动中进行共产主义道德教育。这是布尔什维克取得胜利的基本条件之一。

人民群众参差不齐的道德水平严重制约着社会主义建设实践。列宁领导的俄国无产阶级革命成功后，苏维埃政权面临的最为紧迫、最为关键的问题，就是如何在一个经济文化落后的国家建设社会主义。列宁指出，俄国"是一个最野蛮的、中世纪式的、丢人地落后的亚洲国家"①，小农生产者占人口多数，在物质和生产方面，甚至"比西欧最落后的国家还要落后"②，而在文化方面，9岁以上的人文盲率高达73%，劳动人民基本上被剥夺了受教育的权利。此时的俄国是一个令人"难以置信的空前落后的国家，是一个贫穷和半开化的国家"③，"那些最根深蒂固的偏见，那种一成不变、世代相传的落后习惯"④，都是社会主义建设道路上的阻碍。在俄国的各行各业中，资产阶级所固有的一切坏处都在不断复活着，俄国无产阶级只有增强组织性和纪律性，作再接再厉的、坚持不懈的、长期的、顽强的斗争，才能逐渐地战胜这种祸害。十月革命取得成功后，列宁及其领导的布尔什维克党曾一度希望能够直接过渡到马克思恩格斯所描绘的共产主义社会，因而采取了"战时共产主义政策"，但这一努力却以失败告终。列宁后期反思道，在这样一个最不发达的国家里试图为农民组织大规模的生产和分配，最终会由于文化条件所限无

① 《列宁全集》第21卷，人民出版社，1990，第426~427页。
② 《列宁全集》第34卷，人民出版社，1985，第285页。
③ 《列宁全集》第23卷，人民出版社，1990，第379页。
④ 《列宁全集》第39卷，人民出版社，1986，第101页。

力完成这个任务。① 列宁指出，1917 年 11 月 7 日，"这个伟大的日子离开我们愈远，俄国无产阶级革命的意义就愈明显，我们对自己工作的整个实际经验也就思考得愈深刻"②。列宁在《十月革命四周年》一文中总结道："我们计划（说我们计划欠周地设想也许较确切）用无产阶级国家直接下命令的办法在一个小农国家里按共产主义原则来调整国家的产品生产和分配。现实生活说明我们错了。"③ 列宁分析了失败的原因，指出不仅与物质贫困有关，而且与文化、道德贫困有关。经过反复思考，列宁认为要想过渡到共产主义社会，不能仅凭热情，还要考虑现有物质基础上的道德水平，考虑人民群众的利益分配等问题，应当"在这个小农国家里先建立起牢固的桥梁，通过国家资本主义走向社会主义"④。现实生活和革命发展的客观进程都在向我们诠释这一真理性的结论。

培养共产主义一代新人成为社会主义建设的重大战略任务。十月革命后，列宁深刻地认识到，在俄国这样一个因循守旧、愚昧无知、文盲众多、极度贫穷与落后的国家里，想要建成社会主义是极其困难的。想要建设社会主义，不仅需要识字的人、懂科学技术的人，还需要"有觉悟的共产主义者"、有"建立共产主义社会的责任的青年"⑤。列宁认识到，"从资本主义社会培养出来的一代工作者所能完成的任务，至多是消灭建筑在剥削上面的资本主义旧生活方式的基础"⑥，这一代人努力的目标就是要建立并巩固无产阶级和劳动阶级的政权，使社会主义制度得以确立并稳定下来。但是，要想在这个基础上建成共产主义社会，就需要依靠成长在社会主义制度下的一代人，这一代人生活在没有剥削和压迫的条件下，他们将彻底摆脱"旧制度遗留下来的旧习惯、旧风气，那些

---

① 《列宁全集》第 43 卷，人民出版社，1987，第 115 页。
② 《列宁选集》第 4 卷，人民出版社，2012，第 563 页。
③ 《列宁选集》第 4 卷，人民出版社，2012，第 570 页。
④ 《列宁选集》第 4 卷，人民出版社，2012，第 570 页。
⑤ 《列宁选集》第 4 卷，人民出版社，2012，第 287 页。
⑥ 《列宁选集》第 4 卷，人民出版社，2012，第 281 页。

在群众中根深蒂固的私有者的习惯和风气"①，他们受到的训练、培养和教育与上一代人截然不同。他们将学习共产主义的全部知识，领会共产主义的全部精神，将自己的全部精力都贡献给公共事业，在工作与斗争实践中学习如何建设共产主义。在列宁看来，在资本主义条件下成长起来的这一代人的任务就是为这一切准备条件，不仅要打翻过去的东西，还要把它彻底消灭，让新的社会主义观念、共产主义道德深入工人阶级和广大人民群众中，变成他们的日常习惯。列宁认为，用进步的教育制度和共产主义道德培养出能够建设共产主义的一代新人，提高全体人民的文化水平、整个社会的文明程度，才能够成功在俄国建设社会主义。

第四节　列宁共产主义道德教育思想的发展历程

列宁认为，共产主义道德教育是培养广大群众自觉遵守共产主义道德行为准则的重要手段，是推动广大群众自觉树立共产主义理想的关键举措。共产主义道德教育不仅关系到社会主义新的建设者、接班人的培养，而且关系到伟大的共产主义事业能否实现。列宁共产主义道德教育思想从萌芽到丰富、完善共经历了三个阶段：第一阶段主要是在十月革命前，列宁在领导无产阶级革命的过程中，对无产阶级的道德教育问题进行了初步探索，用马克思主义来指导无产阶级革命，将无产阶级道德与实现共产主义相结合，提出要对无产阶级进行道德教育的思想，并且在其撰写的《国家与革命》中，提出共产主义社会发展过程中，与其相适应的道德及道德教育也具有阶段性特征；第二阶段是列宁共产主义道德教育思想的形成与发展时期，主要是从十月革命胜利后一直到战时共产主义时期结束，突出体现在《青年团的任务》一文中，列宁提出从无产阶级利益中引申出来的道德是共产主义道德，要开展共产主义道德教

---

① 《列宁选集》第4卷，人民出版社，2012，第303页。

育；第三阶段是列宁共产主义道德教育思想的丰富和完善，在这一阶段列宁开始重视道德教育中的个人利益问题，提出新经济政策，并且在晚年的"政治遗嘱"中提出道德教育必须与经济、政治、文化相结合，要逐步建设完善的共产主义道德教育制度，充分发挥道德教育在社会主义建设和发展中的积极作用。

一　列宁共产主义道德教育思想的萌芽和初步探索

列宁的共产主义道德教育思想萌芽于 19 世纪末 20 世纪初。这一时期俄国社会处于剧烈的变革之中，马克思主义传入俄国，民粹主义、"合法马克思主义"、经济主义、民族主义等各种社会思潮此起彼伏，在国家的发展问题上展开了激烈的论战。列宁的共产主义道德教育思想就是在坚持和捍卫马克思主义的基础之上，在与各种社会思潮的交锋过程中，在不断探寻适合俄国的发展道路和革命的发展方向中逐渐产生的。历史唯物主义决定论是列宁分析阐释共产主义道德教育思想所依据的主要原则。他认为，社会的道德、人的行为品质等都是由社会经济基础，由人们所拥有的物质条件和社会生活环境决定的。从来不存在超人类、超阶级的道德，也没有永恒不变的道德。据此，道德教育不是普适的，在不同的经济基础和时代条件下，要突出道德教育的意识形态性和斗争性。这一时期，列宁共产主义道德教育思想的探索和形成主要集中体现在他的相关著作之中，如《农民生活中新的经济变动》（1893 年）、《什么是"人民之友"以及他们如何攻击社会民主党人?》（1894 年）、《社会民主党纲领草案及其说明》（1895 年和 1896 年）、《我们拒绝什么遗产?》（1897年底）、《怎么办?》（1901 年秋至 1902 年 2 月）、《进一步，退两步》（1904 年）、《从民粹主义到马克思主义》（1905 年）、《争取自由的斗争和争取政权的斗争》（1906 年）、《论民族自决权》（1914 年）、《社会主义革命和民族自决权》（1916 年）、《国家与革命》（1917 年）等。其中，《国家与革命》标志着列宁共产主义道德教育思想在探索中初步形成。

在分析俄国资本主义的发展中论证共产主义道德产生的物质基础。在迄今发现的列宁最早的文章——《农民生活中新的经济变动》中，列宁对波斯特尼柯夫的《南俄农民经济》一书进行了分析批判。这篇文章通过对俄国农民类别的分析，指出俄国农民的经济关系已经发生变动，资本主义已经产生并开始得到发展，在农民阶级中已经分化出无产阶级和资产阶级，由此产生了"靠生产农产品取得收入的经济和靠剥削其他缺乏土地的农户而取得收入的经济"①。这两类经济关系的产生导致了"经济利益的斗争"，更确切地说就是剥削的产生，列宁认为这是农民经济由量到质的改变，而"农民中产生经济利益斗争的主要原因就在于存在着一种使市场成为社会生产的调节者的制度"②。在《论所谓市场问题》一文中，列宁指出，俄国人民群众的贫穷恰恰是资本主义发展的表现和条件。资本主义的发展必然导致生产专业化，"生产专业化即社会分工的完成。所有生产部门都各自分开而成为各个生产者的专业"，从而导致"雇佣工人完全失去独立经济而专靠从事雇佣劳动过活"③。同时，列宁也指出，"商品经济和资本主义在改革后时代的迅速发展也引起了'农民'需要水平的提高"④，这些变化主要体现在衣着、住房等方面。虽然这可能仅仅只是对"文明"的外表方面的模仿，但从中已经可以看出无产阶级在道德发展上的进步。列宁指出，正是私有制的产生，"使农民脱离了宗法式的半农奴制家庭，脱离了使人愚钝的农村环境，并以纯粹资本主义的额外价值占有形式代替了半农奴制的额外价值占有形式"⑤，这给俄国带来了"进步"和"文化"。这种"进步"和"文化"在道德方面则表现为法庭上的"平等"、生活中的"自由劳动"、人格和自尊心得到尊重、把劳动卖给资本以及"'谦逊有礼、留着胡须的'俄国土地收集

---

① 《列宁全集》第1卷，人民出版社，1984，第20页。
② 《列宁全集》第1卷，人民出版社，1984，第55页。
③ 《列宁全集》第1卷，人民出版社，1984，第78页。
④ 《列宁全集》第1卷，人民出版社，1984，第85页。
⑤ 《列宁全集》第1卷，人民出版社，1984，第376页。

者再不必'对小警官卑躬屈节'"① 等。列宁看到"资本主义破坏了地方的闭塞性和狭隘性，打破了农民中世纪的狭小划分，而代之以全国性的大规模划分，即把农民划分为在整个资本主义经济体系中占据不同地位的一些阶级"②，"引起人们精神面貌的改变"和"生产者性格的深刻改变"③。这些为列宁共产主义道德教育思想的形成提供了物质基础。

在捍卫和发展马克思恩格斯关于无产阶级道德教育思想的过程中萌芽。这一时期，马克思主义在俄国得到了一定程度的传播，但是各种社会思潮也接连不断地登上历史舞台，以民粹主义、经济主义、"合法马克思主义"、民族主义等为首的文化思想，不仅严重阻碍了马克思主义在俄国的传播和发展，还歪曲了马克思主义。列宁在这一时期的主要任务就是同各种错误思潮进行斗争，捍卫并发展马克思主义。列宁也在这一过程中开始探索如何对无产阶级进行道德教育。列宁在《我们拒绝什么遗产？》以及《左派民粹派论马克思主义者之间的斗争》等中同民粹主义进行论战，并将他的道德教育思想建立在科学的世界观之上。列宁对民粹派的以下观点进行批判：把"人的本性"作为判断社会现象的标准、认为杰出人物可以按照"自由意志"改变历史发展的方向、认为通过建立在村社文化基础上的"现代科学和现代道德观念"可以实现社会的变革、否认资本主义发展带来的革命动力、否认无产阶级在俄国社会革命中的领导作用、否认对无产阶级进行道德教育的重要作用。列宁指出，马克思主义明确将社会经济形态作为社会发展的基础，"第一次把社会学放在科学的基础之上"④，强调人民群众是历史的创造者，也是道德活动的主体，历史唯物主义确认"人的行为的必然性"，反对荒诞的历史唯心主义，承认人民群众是历史发展的决定力量，但"丝毫不消灭人的理性、

---

① 《列宁全集》第 1 卷，人民出版社，1984，第 394 页。
② 《列宁全集》第 3 卷，人民出版社，1984，第 282 页。
③ 《列宁全集》第 3 卷，人民出版社，1984，第 552 页。
④ 《列宁全集》第 1 卷，人民出版社，1984，第 111 ~ 112 页。

人的良心以及对人的行动的评价"。①《民粹主义的经济内容及其在司徒卢威先生的书中受到的批评》是列宁批判"合法马克思主义"的代表作，以司徒卢威为代表的资产阶级分子声称赞成马克思主义的观点，却又在具体问题上背离马克思主义，支持以富农为代表的资产阶级，抹杀阶级矛盾。列宁指出，道德具有阶级性，国家不"应从道德方面考虑"，而应从"适合高等资产阶级心意的道德方面考虑"②。只有个人的社会活动才能成为判断个人真实的"思想和感情"的依据，经济基础决定上层建筑，道德必然会"建筑在卢布上"③。资产阶级道德是从资本主义制度条件下产生出来的，无产阶级也必然会有自己的道德。在《俄国社会民主党人抗议书》《我们的纲领》《怎么办?》等中，列宁批判经济主义崇尚工人运动的自发性、否认自觉性，指出经济主义企图用经济斗争取代政治斗争是对马克思主义的背离，从而得出没有革命的理论，就没有革命的政党，就不会有革命的运动的结论，提出在工人阶级中开展道德教育，促进工人阶级的觉醒是取得革命胜利的重要条件。列宁还在《论民族自决权》《论大俄罗斯人的民族自豪感》等中批判了社会沙文主义和民族主义，捍卫了无产阶级的国际主义和爱国主义思想。其中提出的"民族自决权"理论，作为列宁民族理论体系的核心组成部分，是广大被压迫民族反对帝国主义殖民化侵略和统治，谋求本民族独立自主的重要武器。总之，列宁在与各类社会思潮的论战中，捍卫和发展了马克思主义，同时也萌生了在无产阶级中进行共产主义道德教育的思想。

在领导无产阶级革命中对共产主义道德教育进行探索。列宁很早就开始投身于俄国无产阶级革命，并成为革命运动的领导者。在探索俄国社会发展方向和无产阶级的自身解放问题时，列宁成为一名坚定的马克思主义者，成功将马克思主义与俄国革命实际相结合，开辟了一条适合

---

① 《列宁全集》第 1 卷，人民出版社，1984，第 129 页。
② 《列宁全集》第 1 卷，人民出版社，1984，第 350 页。
③ 《列宁全集》第 1 卷，人民出版社，1984，第 339 页。

俄国发展的革命道路。从 1895 年组建"工人阶级解放斗争协会"，1897
年提出"要把散布在俄国各个地方的工人小组与社会民主主义团体统一
成为一个社会民主工党"①，到 1898 年 3 月，俄国社会民主工党正式成立
并在明斯克秘密召开第一次代表大会，再到十月革命前夕，列宁逐渐意
识到对无产阶级进行道德教育，是促使越来越多的人从自发性转向自觉
性的重要途径，其共产主义道德教育思想开始形成。他明确指出，"当工
人阶级的先进代表领会了科学社会主义思想，领会了关于俄国工人的历
史使命的思想时，当这些思想得到广泛的传播并在工人中间成立坚固的
组织"② 时，推翻专制制度才会成为可能。这要求工人阶级的先进代表不
仅要学习共产主义道德，还要主动承担起对其他人进行道德教育的任务。
列宁认为，工会和社会民主工党应该成为对工人阶级进行道德教育的主
要组织，"工会对于组织工人阶级进行反对资本的日常斗争和消灭雇佣劳
动"③ 是非常重要的；而社会民主工党就像是一所大学校，在任何时候、
任何条件下都不能忘记对工人阶级进行道德教育。而且，用先进的道德
对工农群众进行教育，必然离不开广泛的宣传工作。因此，他领导创办
了《火星报》等刊物，提出要把报纸等刊物变成"宣传员"、"鼓动员"
以及"组织者"④，党的出版物更应该成为共产主义道德教育事业的"齿
轮和螺丝钉"⑤。列宁还提出了灌输这一道德教育的重要方式，认为只有
把共产主义道德从外面灌输给工人阶级，才能够达到教育的目的。在
《国家与革命》中，列宁系统阐释了马克思和恩格斯的国家学说，并且结
合他在新的历史时期创建无产阶级新型国家的生动经验，将之整合为完
整的、系统的、科学的理论体系，深化并发展了马克思主义国家学说。
在这一经典著作中，列宁指出，无产阶级的先锋队应该在共产主义道德

① 《列宁全集》第 2 卷，人民出版社，1984，第 446 页。
② 《列宁全集》第 1 卷，人民出版社，1984，第 264 页。
③ 《列宁选集》第 1 卷，人民出版社，2012，第 267 页。
④ 《列宁选集》第 1 卷，人民出版社，2012，第 366 页。
⑤ 《列宁选集》第 1 卷，人民出版社，2012，第 663 页。

教育中成为所有被剥削的劳动者的"导师、领导者和领袖",教育工人和农民反对资产阶级的"压迫、摧残和剥削";共产主义道德教育的任务就是为了"彻底发展民主"并找出各种形式,在实践中进行检验,最终培养"有能力把这国家废物全部抛掉"的新的一代。① 列宁还详细地分析了未来共产主义社会的特征以及道德教育发展的阶段性,指出共产主义道德有三种表现形态,即无产阶级的道德、社会主义的道德和共产主义道德。道德教育在不同阶段也会有所区别,但其内容主要是:团结起来反对资产阶级的统治、"对劳动量和消费量实行极严格的监督"、在同一劳动标准下劳动并领取报酬、整个社会会成为一个劳动和报酬都平等的工厂、消除资本主义制度所造成的残暴和野蛮等丑恶现象、习惯于遵守公共生活规则等。②

二 列宁共产主义道德教育思想在实践中形成并发展

随着国际局势的深刻变化和俄国无产阶级革命的紧张推进,列宁以坚定的马克思主义信仰,带领布尔什维克党不断为了俄国无产阶级的解放事业做出努力。他一方面更加深入系统地研究马克思主义,另一方面又将马克思主义与俄国革命实践深入结合,成功带领无产阶级取得了十月革命的伟大胜利,建立了世界上第一个社会主义国家。在这一时期,为了满足革命的需要,列宁对共产主义道德及道德教育问题有了进一步的思考,由最初对无产阶级道德教育的思考转变为对共产主义道德教育的思考。在全面审视俄国社会面临的各类问题以及在建设社会主义中已经取得的道德教育成果之后,列宁于1920年正式提出共产主义道德概念,并提出在全社会开展共产主义道德教育。这一时期列宁对共产主义道德教育的思考和探索主要体现在相关论著、报告、演讲和信函中,如

① 《列宁全集》第31卷,人民出版社,1986,第24页。
② 《列宁选集》第3卷,人民出版社,2012,第132~200页。

《怎样组织竞赛?》（1917 年）、《苏维埃政权的当前任务》（1918 年）、《在全俄社会教育第一次代表大会上的讲话》（1919 年）、《答美国记者问》（1919 年）、《苏维埃政权和妇女的地位》（1919 年）、《从破坏历来的旧制度到创造新制度》（1920 年）、《共产主义运动中的"左派"幼稚病》（1920 年）、《青年团的任务》（1920 年）、《关于无产阶级文化》（1920 年）等。其中，《青年团的任务》则是列宁共产主义道德教育思想的纲领性文件，正是在这次报告中，列宁创造性地提出了"共产主义道德"这一概念。列宁在《青年团的任务》中明确阐释了青年应该学习共产主义的观点，阐明了对广大人民群众，尤其是对广大青年进行共产主义教育的目标、原则、内容和途径。在这一时期，苏俄正处于恢复国民经济、进行建设社会主义的探索的关键时期。为适应战时共产主义政策，列宁在社会主义建设实践中探索出以劳动为主要载体的丰富的共产主义道德教育内容，由此共产主义道德教育思想得以形成并进一步发展。

全面审视共产主义道德教育的必要性。十月革命之后，列宁深刻地认识到，俄国这样一个落后的小农国家，是没有办法直接进入共产主义的，而要想彻底消灭资本主义，必须要极大地提高道德发展水平。因此，他全面分析了本国人民道德状况及开展道德教育的必要性。首先，道德发展水平落后成为开展共产主义道德教育的首要原因。列宁认为，在沙皇统治下和农奴制残余存在的情况下，俄国的文明程度远远落后于先进民族。在《论"左派幼稚性和小资产阶级性"》一文中，列宁清醒地认识到在俄国这样一个经济结构极其复杂的小农国家，"既没有高度的文明，也没有妥协的习惯"[1]，而且工人并没有在人口中占绝对优势，其整体道德素质相对较低。在《俄共（布）第八次代表大会文献》中，列宁指出，这种道德上的落后"限制了苏维埃政权的作用并使官僚制度复

---

① 《列宁全集》第 34 卷，人民出版社，1985，第 284 页。

活"①。其次，旧社会遗留下来的习惯和风气严重阻碍了社会主义建设。十月革命后不久，列宁就发现人民群众并没有因社会主义制度的确立而改变他们在旧社会所形成的"陈规陋习、守旧心理、奴才习气"②。在《论饥荒》一文中，列宁指出，作为贫苦农民的先进领袖的工人阶级，虽然"开创了共产主义革命，并不能一下子就丢掉自己身上的弱点和毛病。这些东西都是从地主资本家社会，从剥削者和土豪的社会，从少数人卑鄙地钻营财富而多数人遭受贫困的社会继承下来的"③。在《全俄工会第二次代表大会上的报告》中，列宁再次强调，"工人和旧社会之间从来没有一道万里长城"④，他们与其他阶层一样，仍旧没能从资本主义社会的污泥中彻底脱离出来。列宁非常清醒地认识到，不仅仅是知识分子、小资产阶级等，俄国的工人和农民也都受到旧社会遗留下来的习惯和风气的影响，整体道德素质还不能适应社会主义建设的要求。最后，建设社会主义所需的人才极其匮乏。列宁在《苏维埃政权的当前任务》中就对当前建设社会主义所面临的人才匮乏问题进行了分析，指出"没有各种学术、技术和实际工作领域的专家的指导，向社会主义过渡是不可能的，因为社会主义要求广大群众自觉地在资本主义已经达到的基础上向高于资本主义的劳动生产率迈进"⑤。《苏维埃政权的当前任务》是社会主义史上无产阶级掌握政权后探索向社会主义社会过渡途径的第一部重要著作，列宁在其中提出的思想具有重要的历史意义和现实指导意义。在《苏维埃政权的成就和困难》中列宁再次强调，除了资产阶级的专家，资产阶级遗留下来的那些材料，再没有别的可用来建设社会主义了；要在此基础上进行社会主义建设，培养建设共产主义的新一代，对他们进行共产主义道德教育。

---

① 《列宁选集》第 3 卷，人民出版社，2012，第 766 页。
② 《列宁全集》第 33 卷，人民出版社，1985，第 205 页。
③ 《列宁全集》第 34 卷，人民出版社，1985，第 341 页。
④ 《列宁全集》第 35 卷，人民出版社，1985，第 438 页。
⑤ 《列宁选集》第 3 卷，人民出版社，2012，第 482 页。

确立共产主义道德教育以捍卫和巩固苏维埃政权。虽然十月革命取得了胜利，但是，国内国际局势不容乐观，社会主义在俄国并没有取得彻底的胜利。列宁在深入思考俄国社会主义建设所面临的问题，尤其是道德状况不相符合的问题之后，正式提出了共产主义道德的概念，并提出要在俄国进行共产主义道德教育。1920 年 10 月 2 日，列宁在俄国共产主义青年团第三次代表大会上首次提出共产主义道德，并对共产主义道德的内涵、与以往剥削阶级道德的区别等作出了详细的阐述。列宁驳斥了资产阶级污蔑无产阶级否定任何道德的言论，指出共产主义道德"是从无产阶级阶级斗争的利益中引申出来的"①，是为"摧毁剥削者的旧社会、把全体劳动者团结到创立共产主义者新社会的无产阶级周围服务的"②。它与以往的剥削阶级道德的根本不同就在于它代表无产阶级的利益，反对一切剥削和小私有制，使全社会的劳动所创造的成果由劳动者共同享有。列宁提出要使"培养、教育和训练现代青年的全部事业，成为培养青年的共产主义道德的事业"③。至此，列宁共产主义道德教育思想正式形成。与此同时，列宁的共产主义道德教育思想为无产阶级革命的合理性以及社会主义建设的各项任务提供了伦理支撑。消灭资产阶级等剥削阶级、由无产阶级夺取政权是共产主义道德的基本要求，共产主义道德还要求"消灭那些富裕的和专靠别人贫困来发财致富的农民的反抗"，"把劳动者团结起来反对一切剥削，反对一切小私有制，因为小私有制把全社会的劳动所创造的成果交给了个人"④，共产主义星期六义务劳动、自觉的革命纪律等才是符合社会主义社会发展要求的。列宁还利用共产主义道德为战时共产主义政策的实施进行了道德论证，使之获得了更大范围的支持。最为关键的是，他提出用共产主义道德培养建设共

① 《列宁选集》第 4 卷，人民出版社，2012，第 289 页。
② 《列宁选集》第 4 卷，人民出版社，2012，第 290 页。
③ 《列宁选集》第 4 卷，人民出版社，2012，第 288 页。
④ 《列宁选集》第 4 卷，人民出版社，2012，第 290～291 页。

产主义的新的一代。列宁深信，生机勃勃的社会主义是由人民群众自己创造的。在 1919 年《俄共（布）纲领草案》中，列宁首次提出学校要成为摧毁资产阶级旧道德的工具，进行共产主义宣传，"传播一般共产主义原则，以培养能够最终实现共产主义的一代人"①。在《青年团的任务》中，列宁指出，建立共产主义社会的任务要由"在人与人之间的剥削关系已不存在的情况下参加工作的一代人去担负"②，要用共产主义道德来培养、训练和教育新一代人。列宁认为，面对文化虚无主义等意识形态领域的危机，必须对青年一代进行道德教育，从而抵制错误思想的侵蚀。

在实践中丰富和探索共产主义道德教育的内容和路径，提出了道德教育的目标和要求。列宁指出，"如果一个共产主义者不下一番极认真、极艰苦而巨大的工夫，不弄清他必须用批判的态度来对待的事实，便想根据自己学到的共产主义的现成结论来炫耀一番，这样的共产主义者是很可悲的"③，所以，列宁认为，脱离社会现实，不认真考察社会现实便开展道德教育是不会取得成功的。十月革命后，通过社会主义建设实践，列宁确立了共产主义道德教育的目标，即培养共产主义一代新人，克服旧社会遗留下来的习惯和风气，并在全社会大力弘扬共产主义道德。列宁还提出，共产主义道德教育要以"大家为一人，一人为大家"为准则，以巩固和完成共产主义事业为基础，并且要与"沸腾的实际生活"相结合，不能仅"限于阅读共产主义书籍和小册子"④。因为"只有在与工农的共同劳动中，才能成为真正的共产主义者"⑤，只有为全社会和广大人民群众的利益而工作，才能真正树立起共产主义道德。关于共产主义道德教育的内容，列宁指出，最重要的是要培养工农群众的共产主义劳动态度，并且在《从破坏历来的旧制度到创造新制度》中具体描述了共产

---

① 《列宁全集》第 36 卷，人民出版社，1985，第 87 页。
② 《列宁选集》第 4 卷，人民出版社，2012，第 281 页。
③ 《列宁选集》第 4 卷，人民出版社，2012，第 286 页。
④ 《列宁选集》第 4 卷，人民出版社，2012，第 295 页。
⑤ 《列宁选集》第 4 卷，人民出版社，2012，第 295 页。

主义劳动的特点和要求；在《怎样组织竞赛？》《向匈牙利工人致敬》《伟大的创举》中强调要锻造自觉的劳动纪律；在《在全俄中央执行委员会会议上关于罢免权的报告》中强调，苏维埃政权是由劳动者用他们的"革命毅力和创造精神建立的，这就是苏维埃能完全为实现群众的利益而工作的保证"①，并且现在的群众已经在革命的锻炼中有了较高的觉悟。共产主义道德教育要培养无产阶级的爱国主义和国际主义精神，列宁首次将爱国主义定义为"由于千百年来各自的祖国彼此隔离而形成的一种极其深厚的感情"②，提出全世界的无产阶级要联合起来实现全人类的解放，尊重民族平等和自由等，要发扬社会主义人道主义精神，向掌握政权的无产阶级展示了《共产党宣言》中的思想，树立了国际无产阶级前赴后继、英勇战斗的旗帜。列宁还批判了资产阶级关于家庭婚姻的道德观念，提出要树立无产阶级的家庭道德观。在共产主义道德教育的具体实践路径方面，列宁更加重视党对道德教育的领导，强调工会在道德教育中的重要作用，将学校作为主要的道德教育基地，高度肯定共青团在道德教育中的重要地位。列宁一边构建共产主义道德教育的文化基础，大力开展扫盲运动，提高人民的科学文化素质；一边通过推进共产主义星期六义务劳动、开展社会主义劳动竞赛、树立劳动榜样、批判错误的道德观念等在全社会开展共产主义道德教育。同时，列宁通过各种宣传渠道加大对共产主义道德的宣传，探索更加适合社会主义制度的道德教育内容和途径，形成了独具特色的共产主义道德教育思想。

三　列宁共产主义道德教育思想的丰富和完善

1921 年年初，列宁开始认真思考战时共产主义政策的得与失，意识到"用无产阶级国家直接下命令的办法在一个小农国家里按共产主义原

---

① 《列宁全集》第 33 卷，人民出版社，1985，第 107 页。
② 《列宁选集》第 3 卷，人民出版社，2012，第 579~580 页。

则来调整国家的产品生产和分配"① 是一个错误的决定，要想走向共产主义，必须要经过一个过渡阶段，而在这一阶段，既要依靠伟大革命所产生的热情，还要重视个人利益和经济核算。于是，俄共（布）在 1921 年 3 月召开第十次代表大会，决定征收粮食税，苏维埃俄国也由此迈入新经济政策时期。伴随着这一重大转变，列宁对共产主义道德教育问题也有了更为深入的理解和思考，认识到道德教育必须与经济、政治、文化的发展相结合。道德教育就是为了促进经济、政治和文化的发展，而经济、政治、文化的发展又能够为道德教育的开展提供物质基础、政治保障和文化支撑。因此，在教育对象方面，列宁更加重视对小农阶层、党员和苏维埃政权工作人员的道德教育；在教育内容上，开始将个人的利益需求与道德教育相结合，更加强调道德教育的阶段性；而在道德教育路径方面，列宁深入思考了道德教育的体制机制问题，更加重视学校和工会在教育中所发挥的重要作用。同时，列宁也高度重视扫除文盲、提高科学文化水平对保障道德教育目标顺利实现的重要作用，他对解决本国文化落后问题已经思虑良久，通过搜集分析新资料、新数据、新国情，形成了一些成熟的思想，提出了一些战略性、全局性、关键性的问题。列宁这一时期的思想主要体现在《俄共（布）第十次代表大会文献》（1921年）、《十月革命四周年》（1921 年）、《政论家札记》（1922 年）、《日记摘录》（1923 年）、《论合作社》（1923 年）、《论我国革命》（1923 年）、《我们怎样改组工农检查院》（1923 年）、《宁肯少些，但要好些》（1923年）等一系列著作和文章中。

共产主义道德教育必须要与经济建设相结合。这一时期，是刚刚结束国内战争，经济遭到深度破坏而需要全面重建的时期。列宁经过苦苦思索，终于找到一条转退为进的新道路使国家从"战时共产主义"时期平稳过渡到新经济政策时期，那就是推行以市场为主的新经济政策，加

---

① 《列宁选集》第 4 卷，人民出版社，2012，第 570 页。

上国家支持下的新型合作制。列宁在《新的时代和新形式的旧错误》中指出，苏维埃政权现在进入缓慢发展的时期，这一时期需要大力恢复经济，而这项工作必定"更加困难、更加缓慢、更要循序渐进"①，这就需要我们发挥"首创精神和自主精神"② 以克服各种困难。在《十月革命四周年》和《新经济政策和政治教育委员会的任务》、《论合作社》等著作和文章中，列宁强调，要想建成共产主义社会，就必须要经过一个过渡阶段，这一阶段要实现经济复苏，就要夯实向共产主义过渡的物质基础。而实现这一目标，不能光凭热情，要依靠伟大革命所产生的共产主义道德。列宁认识到，共产主义道德也具有阶段性，在这一阶段，共产主义道德教育要注重私人利益问题。同时，列宁也提出，对私人利益的关注要有一个"合适程度"③，私人利益要服从共同利益，还要对私人利益进行检查监督。列宁还深刻地意识到，要想全面推行新经济政策，夯实社会主义的物质基础，还需要使全体居民都加入合作社，而落后的文化基础又成为制约合作社发展的关键因素。因此，列宁提出要发动一场"文化革命"，扫除文盲，培养适合社会主义经济发展的共产主义道德。列宁充分认识到道德发展与经济基础之间的辩证关系，指出"要成为有文化的人，就要有相当发达的物质生产资料的生产，要有相当的物质基础"④，而要想实现合作化，发展社会主义经济，没有一场文化革命也是不可能的。

共产主义道德教育要与政治变革相结合。在《新经济政策和政治教育委员会的任务》中，列宁强调要使群众拥有"同拖拉作风和贪污受贿行为作斗争"⑤ 的道德素养，这是政治改革和军事胜利无法实现的，必须要通过共产主义道德教育，通过提高人们的文化水平才能实现。在《论

---

① 《列宁选集》第4卷，人民出版社，2012，第558页。
② 《列宁选集》第4卷，人民出版社，2012，第559页。
③ 《列宁选集》第4卷，人民出版社，2012，第768页。
④ 《列宁选集》第4卷，人民出版社，2012，第774页。
⑤ 《列宁选集》第4卷，人民出版社，2012，第588页。

我国革命》中，列宁指出政治变革为共产主义道德教育提供了前提和条件。但共产主义社会发展具有阶段性，共产主义道德教育同样也因发展阶段不同而有所不同。列宁强调："世界历史发展的一般规律，不仅丝毫不排斥个别发展阶段在发展的形式或顺序上表现出特殊性，反而是以此为前提的。"① 虽然俄国的文明程度还不足以支撑自身国进入社会主义社会，但是可以先驱逐地主和资本家，"先用革命手段取得达到这个一定水平的前提，然后在工农政权和苏维埃制度的基础上赶上别国人民"②。紧接着，列宁又写了《我们怎样改组工农检查院》《宁肯少些，但要好些》，专门论述了政治建设问题，从思想、理论、组织、制度等多方面入手，提出了一系列改革创新的必要举措，为推进党内监督制度的建设做出了努力和尝试。列宁提出，对国家机关进行改革不仅要关注数量和速度，更为重要的是要关注质量，把真正有现代素质、共产主义道德的人吸收进来。③ 这样的人有两类，一是"一心为社会主义奋斗的工人"，二是"有知识的、受过教育和训练的人"。④ 同时，列宁也指出，国内此时非常缺少这样的人，因为从旧社会遗留下来的官僚或农奴制等"糟糕之极的文化"还没有被抛掉和消灭。⑤ 因此，针对政治建设上的问题，列宁提出，"第一是学习，第二是学习，第三还是学习，然后是检查"⑥，要培养出受过教育，使学到的共产主义知识深入骨髓，不说空话、诚实而又不怕困难，不装腔作势、妄自尊大，能够为社会主义而进行任何斗争的具有共产主义道德的先进分子。国家机关应该让这样的人去管理，而同时国家再培养出更多这样的人。总之，列宁认为，政治变革应该成为共产

---

① 《列宁选集》第4卷，人民出版社，2012，第776页。
② 《列宁选集》第4卷，人民出版社，2012，第777页。
③ 《列宁全集》第43卷，人民出版社，1987，第378页。
④ 《列宁选集》第4卷，人民出版社，2012，第785页。
⑤ 《列宁选集》第4卷，人民出版社，2012，第784页。
⑥ 《列宁选集》第4卷，人民出版社，2012，第786页。

主义道德教育的先导，而共产主义道德教育是巩固社会主义政治变革的重要手段和保证。

共产主义道德教育要与文化发展相结合。列宁在这一时期再度审视本国的文化发展状况，在其晚年所著的《日记摘录》中，列宁毫不留情地指出，本国的文化状况甚至比不上西欧一个普通国家，社会主义发展到现在也没能让人们摆脱"半亚洲式的不文明状态"①，"我们现在还要进行多么繁重的工作，才能在我国无产阶级所取得的成就的基础上真正达到稍高的文化水平"②。列宁还指出，国内文盲率极高，科学技术又相对落后，最为严重的是在农村还存在着资本主义制度遗留下来的落后习俗、根深蒂固的偏见和狭隘自私的心理等，这些对本国发展社会主义文化非常不利，在这种情况下进行共产主义道德教育，是"有害的，可以说是致命的"③。要想全面进行共产主义道德教育，必须首先要改变文化落后的现实。列宁认为，人民群众要成为真正的共产主义者，首先要学习、掌握共产主义知识，增强自己为社会、他人服务的本领。④ 他认为文化知识教育是社会与人民发展之智力要求。因此，列宁提出，要做好国民教育工作，加大教育经费投入，提高教师的地位和待遇等，把文化工作放在首要位置。列宁非常重视农村的文化发展，提出要通过"城市包围农村"的方法，在城乡之间建立"友好互助形式"⑤ 以帮助农村发展文化。当文化工作开始自觉地、有计划地、有系统地推进的时候，共产主义道德教育才能开始前进。在《关于工会在新经济政策条件下的作用和任务的提纲》《论合作社》等中，列宁提出，要想在一个农民占多数人口的小农国家实现道德水平的提高，没有一场文化革命是不可能的。不

---

① 《列宁选集》第 4 卷，人民出版社，2012，第 763 页。
② 《列宁选集》第 4 卷，人民出版社，2012，第 763 页。
③ 《列宁选集》第 4 卷，人民出版社，2012，第 765 页。
④ 《列宁全集》第 43 卷，人民出版社，1987，第 356～360 页。
⑤ 《列宁选集》第 4 卷，人民出版社，2012，第 765 页。

仅要扫除文盲，还要教会每个人读和写，培养"人们同拖拉作风和贪污受贿行为作斗争"① 的道德素养，而且列宁也指出，这样的道德素养在短时间内是培养不出来的，必须要经过长时间不屈不挠、始终如一、坚韧不拔的教育工作逐步培养。

---

① 《列宁选集》第 4 卷，人民出版社，2012，第 588 页。

第二章
列宁关于共产主义道德教育目标、内容与要求的论述

受马克思和恩格斯道德教育思想的影响，列宁一直关注并重视无产阶级道德教育问题。早在十月革命前，列宁就对无产阶级的道德教育问题进行了系统的思考。列宁认为，社会民主党人应该充分利用无产阶级与剥削阶级之间自发产生的不可调和的矛盾，用革命精神教育无产阶级，始终保持无产阶级的独立性，激发无产阶级中的先进阶层，把他们吸引到革命队伍当中。要用革命的运动教育、唤醒和团结被剥削群众，发动他们为新生活而斗争，改造这个阶级的精神面貌。十月革命胜利后，列宁及其领导的苏维埃政权一直致力于探索如何在一个经济文化落后的国家建设社会主义的问题。工人阶级想要建立一个没有剥削和压迫的真正自由、真正民主的新社会，"但他还没有变成新人，没有清除掉旧世界的污泥，他还站在这种没膝的污泥里面"①。因此，列宁在《青年团的任务》中首次提出共产主义道德这一概念，并对它的内涵和社会作用做了论述，要求进行共产主义道德教育，号召在全社会大力弘扬共产主义道德，用共产主义道德克服旧社会遗留下来的习惯和风气，培养能够建设共产主义的一代新人。共产主义道德是无产阶级意识形态的重要组成部

① 《列宁全集》第35卷，人民出版社，1985，第438页。

分，它根源于无产阶级的阶级地位和经济条件，反映了无产阶级和劳动人民的根本利益。列宁以及其领导的苏维埃政权一直坚持不懈地开展共产主义道德教育活动，逐渐确立了共产主义道德教育的内容和要求，为渡过战时难关，解决粮食问题，推进社会主义经济建设、文化建设等提供了坚实的道德基础。

第一节　列宁论共产主义道德教育的目标

列宁在社会主义建设初期，面对种种困难和问题，提出要在全社会进行共产主义道德教育的重要任务。他希望能够通过在全社会大力弘扬共产主义道德，提高全体人民群众的道德水平，克服旧社会遗留下来的不良风气和习惯，团结一切可以团结的人民群众，共同为建设社会主义而努力。更重要的是，共产主义道德教育的实施可以为建设社会主义、迈向共产主义培养全新的、具有坚定信念的共产主义一代新人。

一　培养共产主义一代新人

共产主义一代新人是"在新的自由的社会条件下成长起来的"[1]、具有坚定的共产主义信念和共产主义道德的一代。在列宁看来，在推翻资本主义制度、建立社会主义政权之后，"愈向前发展就愈要提出——一个更重要的任务，即从积极方面来说建设共产主义，创造新的经济关系，建立新社会"[2]。而要完成这一任务，只有依靠在新的历史条件下成长起来的新一代人勇担历史使命、积极参加工作、自觉成长为合格接班人。"只有把青年的训练、组织和培养这一事业加以根本改造，我们才能做到：青年一代努力的结果将建立一个与旧社会完全不同的社会，即共产

---

[1]　《列宁选集》第3卷，人民出版社，2012，第185页。
[2]　《列宁专题文集·论社会主义》，人民出版社，2009，第144页。

主义社会。"① 列宁认为，在革命实践中不断成长起来并且接受共产主义道德教育的一代新人，能够在"艰苦的斗争中遵守铁的纪律并具有坚强的意志"②，具有将自己全部的精力和工作贡献给公共事业的高尚情怀，是"能够支援各种工作、处处都表现出主动性和首创精神"③ 的共产主义建设的突击队。他们在社会主义社会中成长，受到教育、培养和训练，有本领战胜谎言和偏见，能够带领广大工农群众改变旧秩序，建设一个真正的共产主义国家。就如同饥荒年代的彼得格勒工人一样，他们"是俄国工人阶级和全体劳动群众中的一支优秀的、先进的、最觉悟、最革命、最坚决、最不容易受空话影响、最少受毫无气节的绝望情绪影响、最不怕资产阶级威吓的队伍"④。共产主义一代新人也是全面发展的一代人，他们用人类所创造的一切财富来丰富自己的头脑，学习全部的科学、技术、知识、艺术等，掌握所有的劳动技能，具有共产主义道德品质，是最终使个人的本质得到真正实现的一代人。只有掌握了一切现代知识，把他们所熟知的现成公式、意见、方案等变成能与直接工作统一起来的活生生的东西，共产主义一代新人才能够完成建设共产主义社会的任务。例如，共产主义建设除了涉及军事任务还涉及经济任务，共产主义一代新人首先面临的任务就是恢复工业和农业，应当利用现代科技技术，包括电气化应用技术等建设共产主义社会。共产主义一代新人不只是建设社会主义和共产主义的主要力量，还是未来社会发展所追求的价值体现。

　　培养共产主义一代新人是建设社会主义和共产主义的必然要求。在十月革命取得胜利后，苏维埃政权面临社会主义建设的重大任务，尤其是面临进行经济建设，提高劳动生产率，不断满足人民群众日益增长的物质和文化生活需要的重大任务。列宁强调，"目前的关键在于人才，在

---

① 《列宁选集》第4卷，人民出版社，2012，第282页。
② 《列宁选集》第4卷，人民出版社，2012，第294页。
③ 《列宁选集》第4卷，人民出版社，2012，第295页。
④ 《列宁全集》第34卷，人民出版社，1985，第338页。

于挑选人才"①，在于培养大批具有共产主义道德、具有坚定的理想信念、能够为建设社会主义和共产主义而不懈奋斗的一代新人。这一代新人必须意识到他们要为巩固和完成社会主义和共产主义事业而斗争，并且能够将自己的工作和精力全部贡献给公共事业。列宁坚持并发展了马克思主义关于人民群众是历史的创造者这一观点，在其共产主义道德教育思想中，坚定地指出人民群众是建设共产主义的根本力量，同时也是共产主义道德教育的主体，是共产主义建设和道德教育的力量源泉，在革命实践和社会建设中起决定性作用。列宁高度赞扬了人民群众在推翻旧制度的革命中所表现出来的共产主义道德精神。他明确指出："没有千百万觉悟群众的革命行动，没有群众汹涌澎湃的英勇气概，没有马克思在谈到巴黎工人在公社时期的表现时所说的那种'冲天'的决心和本领，是不可能消灭专制制度的。"② 人民群众在革命时期能够"作出从市侩的渐进主义的狭小尺度看来是不可思议的奇迹"③，以新社会创造者的身份表现出巨大的积极性和主动性。就像他在《伊万·瓦西里耶维奇·巴布什金》一文中赞扬巴布什金时所说，巴布什金把自己十年的时光完全献给了工人阶级的解放斗争，坚韧不拔、始终不懈地帮助无产阶级群众提高觉悟、发展组织、发扬革命主动性。列宁认为只有这样的人，才能在革命爆发的时候成为领导者，"有了这样的人，俄国人民就能摆脱一切剥削而得到彻底的解放"④。他充分肯定了人民群众在共产主义道德教育中所表现出来的历史主动性和首创精神，认为把人民群众训练成为建设共产主义的一代新人，是道德教育的根本任务和直接目的。人民群众不仅是推翻旧制度的革命力量，还是建设新制度的主体力量。但是，资本主义社会培养出来的一代工作者最多只能消灭以资本主义剥削为基础的旧生

---

① 《列宁全集》第43卷，人民出版社，1987，第108页。
② 《列宁全集》第17卷，人民出版社，1988，第151页。
③ 《列宁选集》第1卷，人民出版社，2012，第616页。
④ 《列宁全集》第20卷，人民出版社，1989，第82页。

活方式，他们至多只能建立起以无产阶级和劳动阶级为基础的社会制度，要想在这个基础上进行进一步的建设，那么就必须依靠"在新条件下，在人与人之间的剥削关系已不存在的情况下参加工作的一代人去担负"①。这一代人必须具备共产主义道德，特别是在十月革命胜利后建设新社会的过程中更加需要对他们进行共产主义道德教育。"群众生气勃勃的创造力正是新的社会生活的基本因素。"② 没有群众的支持和参与，不可能取得社会主义革命的胜利，更不可能成功建设共产主义社会。像共产主义星期六义务劳动这样的"共产主义的幼芽"，正是建设新社会的深刻且具有决定意义的开端。因此，列宁认为，共产主义道德教育的全部任务就是要训练、培养和教育能够建设共产主义社会的一代新人。"在我们看来，一个国家的力量在于群众的觉悟。只有当群众知道一切，能判断一切，并自觉地从事一切的时候，国家才有力量。"③ 也就是说，共产主义道德教育最根本的着眼点是人民群众，是人民群众的精神需求，是人民群众的全面发展的需求。

共产主义一代新人要在有纪律地同资产阶级作斗争中成为合格的共产主义者。无产阶级取得政权之后，人民群众的社会主义意识开始普遍觉醒，"自从无产阶级取得政权以来，文化革命最重要的条件已经有了，那便是群众的觉醒，群众对文化的企求。为新的社会制度所创造的、同时又创造着这个制度的新人正在成长"④。成长着的一代新人担负着建设社会主义和实现共产主义的责任及使命。因此，如何培养具有共产主义道德品质的一代新人成为社会主义建设和共产主义道德教育的重要任务。列宁认为，首先，培养共产主义一代新人的最终目标，就是让在社会主义条件下成长的一代不仅要学习共产主义，掌握共产主义著作、教科书、

---

① 《列宁选集》第 4 卷，人民出版社，2012，第 281 页。
② 《列宁全集》第 33 卷，人民出版社，1985，第 52 页。
③ 《列宁全集》第 33 卷，人民出版社，1985，第 16 页。
④ 《回忆列宁》第 5 卷，人民出版社，1982，第 66 页。

小册子里所讲的一切知识，还要掌握共产主义借以产生的人类所创造的一切文明成果，在事实的基础上批判地掌握这些知识，并且能够将这些知识融会贯通，理解共产主义的真正要求，然后运用到实际的工作和斗争中。[①] 理论上清醒才能有思想上的坚定。只有使青年对共产主义优越性及其实现的长期性、曲折性和必然性建立全面而正确的认识，感受到共产主义的实践感召力和理论吸引力，并确立自觉为实现共产主义而奋斗的决心，"新人"的培育才能获取坚实的思想前提，而要形成这一前提必然要以青年对共产主义理论知识的深刻把握和坚定认同为基础。当然，不能认为学习共产主义仅仅是领会共产主义著作、书本和小册子里的东西，否则很容易培养出一批共产主义的书呆子。离开真实的生活实践，那些知识将一文不值。所以，只需要对基本的知识进行理解以便增进思考力，重点是要学会用批判的眼光看待知识。新的一代要用前辈的经验丰富了自己，但丝毫不能因为前辈的失败而垂头丧气，要举起前辈们放在他们手中的旗帜，满怀信心地继续前进。其次，培养共产主义一代新人要"同全体劳动者反对剥削者的斗争密切联系起来"[②]。培养共产主义新人不能只在学校里进行，还要与"沸腾的实际生活"相联系。老一代人已经推翻了资产阶级，清扫出了可以建设社会主义的地基，但是，同剥削者的斗争并不会因为资本家、地主、沙皇等被赶走而停止。那些富裕的、掌握着土地和粮食的、专靠别人的贫困来发财致富的农民还依然存在。社会主义社会要解决这些问题，就要重新教育和改造这些利己主义者和小私有者。而共产主义新人就是要在这种同剥削者的斗争中培养，服从于这个斗争，在斗争中做有学识、有教养和守纪律的榜样。最后，共产主义新人要"把自己的工作和精力全部贡献给公共事业"[③]，成为团结一致的自觉劳动者。列宁在《青年团的任务》中以扫除文盲、城郊菜

[①] 《列宁全集》第 39 卷，人民出版社，1986，第 294 页。
[②] 《列宁选集》第 4 卷，人民出版社，2012，第 294 页。
[③] 《列宁选集》第 4 卷，人民出版社，2012，第 294 页。

园工作和街道公共服务为例，提出共产主义新人要把自己的工作和精力贡献给公共事业，既要有知识还要善于劳动，要在自觉的有纪律的劳动中受教育；要更多地去帮助其他人，参与社会主义建设。共产主义新人只有将自己的全部学习任务安排在乡村或城市的共同劳动中，只有用共产主义建设的成绩来检查自己，只有经常思考自己是否为成为团结一致的自觉的劳动者而付出一切，才能激励自己成为合格的共产主义建设者。

二　克服旧社会遗留下来的习惯和风气

旧社会遗留下来的习惯和风气严重阻碍了社会主义建设。在历史发展进程中，一个国家道德的形成与发展是对社会经济、文化、政治等状况的反映和延续。当一种社会制度取代另一种社会制度时，新的道德并不会立即随着制度的更替而形成，旧社会遗留下来的道德习惯是在新的社会体制下，经过与之相适应的道德教育而逐渐被取代的。十月革命胜利后，国内面临建设社会主义的重要任务，但是在刚刚把沙皇、地主和资本家清理出去的国家，"那种勾心斗角、互不信任、互相敌视、各行其是、尔虞我诈等等恶劣风气"①，"那些最根深蒂固的偏见，那种一成不变、世代相传的落后习惯"，犹如"一座其重无比的大山"②，使社会主义建设变得极其困难。这些旧习惯和风气的形成一方面是由于生产资料私有制，另一方面则是受各种机会主义思潮，如社会沙文主义、修正主义、无政府主义、自由主义、狭隘民族主义等影响。1919 年 5 月 6 日，全俄社会教育第一次代表大会召开，列宁在贺词中提到，国内已经摧毁了给人民造成巨大困苦的资产阶级制度，现在面临的十分艰巨的任务是"重新教育群众，组织和训练群众，普及知识，同我们接受下来的愚昧、不文明、粗野等遗产作斗争"③，要利用先进阶层进行长期有效的工作和

---

① 《列宁全集》第 39 卷，人民出版社，1986，第 100 页。
② 《列宁全集》第 39 卷，人民出版社，1986，第 101 页。
③ 《列宁全集》第 36 卷，人民出版社，1985，第 319 页。

潜移默化的影响来同摆在我们面前的障碍作斗争。列宁认为主要障碍有两种，一是资产阶级的知识分子会利用新建立起来的工农教育机关，用纯粹的无产阶级艺术和文化为借口，来掩饰他们臆造的、荒谬的、矫揉造作的来自资产阶级社会的旧东西；二是"人人为自己，上帝为大家"这一可恶的资本主义社会的口号在革命成功之后仍然存在，而且影响着社会各方面的发展。摧毁资本主义制度很容易，但是要想清除社会主义建设道路上的这两种障碍却不是那么容易的。这些旧社会遗留下来的习惯和风气是该阶段的最大敌人。所以，此时国内最主要的任务是"必须同破坏行为的残余、混乱状态、可笑的本位主义的争吵作斗争"①，最好的斗争方式就是用共产主义道德来改造群众、重新教育群众。只有摧毁旧制度、清除了外部的一切障碍，才能够"战胜那些一直使我们身受其苦的不文明、愚昧和粗野的现象"②。

利用资本主义文化来建设社会主义需要克服旧社会遗留下来的习惯和风气。与道德虚无主义者恰恰相反，列宁认为，无产阶级文化是在资本主义文化的基础上产生的，资本主义把文化只给予少数人，我们必须用这个文化来建设社会主义。社会主义必须要胜利，我们要立刻使用资本主义昨天留下来可以供我们今天用的那些材料来建设社会主义，用那些砖头、材料、资产阶级专家等来建成社会主义。我们"必须取得资本主义遗留下来的全部文化"③，取其精华、去其糟粕，对其进行改造并用它来建设工人阶级想要的新社会。1918 年 5 月 26 日，列宁出席全俄国民经济委员会第一次代表大会并发表讲话，他指出，革命胜利初期，我们还需要利用资产阶级专家来建设社会主义。④ 因为全部的资本主义遗留下来的科学、技术、艺术等都存在于这些专家手中，在他们的头脑里。我

---

① 《列宁全集》第 36 卷，人民出版社，1985，第 320～321 页。
② 《列宁全集》第 36 卷，人民出版社，1985，第 321 页。
③ 《列宁全集》第 36 卷，人民出版社，1985，第 48 页。
④ 《列宁全集》第 35 卷，人民出版社，1985，第 438 页。

们可以靠群众的力量去迫使资产阶级专家为我们服务，但是就算这些专家非常忠诚于自己的工作，那些垂死的、腐朽的资产阶级偏见仍会存在于他们的观念当中。尽管只有社会主义才能使劳动者过上最美好、最幸福的生活，但是资本主义不会马上死亡。我们要在建设社会主义的过程中，利用共产主义道德，教育从资本主义社会中脱胎出来的人民群众，让他们能够克服旧社会遗留下来的习惯和风气，用共产主义道德来要求自己。只有具有新的道德标准的人们才能够用自己的力量完成社会主义革命。1919 年 1 月 20 日，列宁在全俄工会第二次代表大会上指出，无产阶级虽然从旧社会中解放出来，但是，他们并不能完全脱离旧社会。① 他们与旧社会之间仍然保留着许多的联系，旧社会的各种传统习惯和心理还在社会主义社会中存在着，无产阶级还没有变成新人，还站在旧世界的泥污里，我们不能幻想立刻彻底清除掉旧世界的泥污。所以，建设社会主义并不能抛弃旧社会的土壤，"我们是站在资本主义社会的土壤上进行建设的，是在同劳动者身上同样存在的、经常拖无产阶级后腿的一切弱点和缺点作斗争中进行建设的。在这场斗争中，常常碰到小私有者那种各人顾各人的旧习惯、旧习气，'人人为自己，上帝为大家'的旧口号仍然在作怪"②，我们要从全局出发，反对任何人在社会主义建设中擅自行动，把自己的注意力全部集中到当前的实际工作上来，不向资本主义的恶习屈服。我们还需要与这些习惯势力作长久的斗争，将共产主义道德渗透到群众的意识中去，渗透到他们的日常生活和习惯中去。

完成社会主义建设的各项任务需要克服旧社会遗留下来的习惯和风气。列宁在 1920 年 11 月 3 日召开的全俄省、县国民教育局政治教育委员会工作会议上指出，要想从资产阶级社会转向无产阶级政治，就要培养一批能够战胜资产阶级的群众，"培养和教育劳动群众，使他们克服旧制

---

① 《列宁全集》第 34 卷，人民出版社，1985，第 357 页。

② 《列宁全集》第 35 卷，人民出版社，1985，第 438 页。

度遗留下来的旧习惯、旧风气，那些在群众中根深蒂固的私有者的习惯和风气"①。这是整个社会主义革命的主要任务，是我们同资产阶级进行斗争的一种重要方法。只有通过发展国民教育，克服旧社会遗留下来的旧习惯、旧风气，才能培养出具有高度觉悟、严格纪律和积极风貌的人民群众，促进社会主义建设。通过用"军事的方法"，"尤其是用思想的方法、教育的方法同资产阶级进行斗争，以便把工人阶级几十年来在争取政治自由的斗争中形成的习惯、风气和信念，用作教育全体劳动者的手段"②。为了建设社会主义，工农群众还必须要在教育中改造自己，战胜知识分子的旧习气，努力摆脱资产阶级的欺骗。列宁认为，要想改变旧的习惯和风气是几年甚至几十年的事情，必然要经历挫折和巨大的困难。因为我们的社会主义建设是在资本主义社会的土壤上进行的，是在与经常拖无产阶级后腿的一切弱点和缺点作斗争的过程中进行的。在这样一场斗争中，我们不可避免地会接触到各种各样的旧习惯、旧习气，我们也不可避免地会听到"人人为自己，上帝为大家"的旧口号。但是，只有战胜万恶的资本家遗留给工农群众的保守、涣散、利己主义等习惯和风气，才能建立起社会主义的纪律，共产主义才真正变得不可战胜。在社会主义建设过程中，虽然无产阶级并不能一下子克服自己的毛病和弱点，但是，只要有一批又一批的具有丰富经验、经受更多锻炼的人去同旧习惯、旧风气作斗争，无产阶级一定能够取得最终的胜利。因此，需要"由觉悟的、无限忠于共产主义的无产阶级所组成的钢铁般的队伍"到群众中去开展共产主义道德教育工作，我们相信"工人阶级能够战胜并且归根到底肯定必然会战胜旧世界"③。列宁一直在呼吁，要为反对旧习惯和旧风气作坚持不懈的斗争，努力清理出一块真正能够建设社会主义的基地，培养出建设共产主义的新一代。

---

① 《列宁全集》第39卷，人民出版社，1986，第401页。
② 《列宁全集》第39卷，人民出版社，1986，第401页。
③ 《列宁全集》第34卷，人民出版社，1985，第341页。

三　在全社会大力弘扬共产主义道德

列宁认为，共产主义道德教育的一个重要目标就是要在全社会大力弘扬共产主义道德。共产主义道德不是共产主义者特有的，而是每一位无产阶级、人民群众都应该具有的道德。共产主义道德不仅源于并服务于无产阶级斗争和利益，也是为巩固和完成共产主义事业而形成的。显然，群众是否具备过硬的共产主义道德修养，直接关系到其能否忠诚并投身于共产主义事业。只有全体社会成员都学习共产主义道德，并在生活中践行共产主义道德，建设社会主义、实现共产主义才是可能的。共产主义道德是科学性、阶级性、革命性和人民性相统一的，它的生命力就蕴含在全体工农群众之中，马克思主义非常坚决地承认群众的"革命毅力、革命创造性、革命首创精神"① 是建设共产主义社会的重要保障。共产主义道德不仅仅要在无产阶级和党内生根发芽，更需要在全社会大力弘扬。列宁强调，"任何场合，在任何情况下，都不应当拒绝利用哪怕是最小的合法机会来组织群众和宣传社会主义"②，要把宣传共产主义道德、鼓动工人阶级和教育全体工农群众当作党和党的一切组织、团体的日常工作。只有不断弘扬共产主义道德，才能促进革命运动的开展。共产主义道德作为科学的世界观，是维护无产阶级利益的根本保障，以实现人的全面而自由的发展为价值追求，它是无产阶级革命取得胜利的重要保障，也是建设社会主义社会的力量源泉，更是迈向共产主义社会的精神支柱。因此，列宁说："历史活动的规模愈大、范围愈广，参加这种活动的人数就愈多，反过来说，我们所要实行的改造愈深刻，就愈要使人们关心这种改造并采取自觉的态度，就愈要使成百万成千万的人都确信这种改造的必要性。"③

---

① 《列宁全集》第 16 卷，人民出版社，1988，第 20 页。
② 《列宁选集》第 2 卷，人民出版社，2012，第 525 页。
③ 《列宁全集》第 40 卷，人民出版社，1986，第 139 页。

弘扬共产主义道德必须在工农群众中大力开展共产主义理想信念教育。在列宁看来，推行共产主义理想信念教育不仅必要，而且重要。有共同的理想，才能有共同的步伐，人们在具有"理想的自觉性和纪律性"①的情况下才能最大限度地形成无产阶级革命或社会主义建设的合力。我们不能依靠狂热取得革命的胜利，但是可以依靠无产阶级。同样，理想信念只有融入工农群众中，它的存在价值和革命力量才能得到彰显。因此，列宁强调，要在全社会大力开展共产主义理想信念教育。首先，要通过宣传共产主义理想信念使无产阶级在革命口号下尽快联合起来。马克思主义一经传入俄国，以列宁为首的无产阶级政党就开始通过马克思主义组织在工人中间宣传共产主义思想。列宁通过演讲、报告、带领无产阶级政党创办报刊、散发小册子等形式，深入工农群众当中不断地宣传共产主义理想。这使无产阶级能够全面了解各个阶级的利益关系、社会制度更替的历史必然性等内容，从而明确无产阶级想要实现自身解放必须要联合起来。列宁希望能够利用每一件小事向大家说明共产主义理想信念和无产阶级革命胜利的重要性，"一分钟也不隐瞒自己的社会主义信念"②。其次，要通过共产主义道德启发一切群众的革命意识。列宁认为，工人阶级单靠自己本身的力量，无法形成共产主义意识，而只能形成一种根本无法触动资产阶级地位的工联主义意识。所以，必须要对群众进行共产主义道德的灌输，启发他们的团结意识、革命意识、为实现共产主义而自我牺牲的意识。群众的革命意识随着他们对无产阶级革命的了解会不断高涨，群众更会随着对共产主义道德的认识不断深入而"每时每刻"都转到无产阶级队伍中来。要通过共产主义道德教育，让群众"体会由新制度得来的新印象，抛掉原先的资本主义和资产阶级民主的成见，把自己锻炼成比他们的前辈更坚定的共产主义者"③。最后，各

---

① 《列宁选集》第3卷，人民出版社，2012，第501页。
② 《列宁选集》第1卷，人民出版社，2012，第367页。
③ 《列宁全集》第37卷，人民出版社，1986，第47页。

劳动阶层的文化水平的提高有助于弘扬共产主义道德。列宁认为，必须使工农群体懂得苏维埃共和国不属于剥削阶级，而是属于他们。只有工农群众才能够以自己的勤劳和努力改变旧社会的不良习惯，以自己严格的劳动纪律改造旧的经济基础。因此，"劳动人民不但要识字，还要有文化，有觉悟，有学识；必须使大多数农民都能明确地了解摆在我们面前的任务"①，促使他们不断地去学习、学习、再学习。列宁希望通过道德教育和文化水平的提高，让全体工农群众都能够参与国家管理，杜绝官僚主义，促进社会主义建设。

弘扬共产主义道德必须使所有想走向共产主义的青少年都学习共产主义道德。青少年是工人阶级和人类未来的希望，"未来是属于青年的"②，真正建设共产主义的任务也要由青年来承担。高度的觉悟和高尚的品格，来源于共产主义道德教育，共产主义道德教育是社会与青年发展之品德要求。列宁非常重视对青年的教育和培养问题。在全社会大力弘扬共产主义道德，青年不仅是主要宣传对象，还是主力军；既是主体，又是客体。青年的共产主义道德教育关系着共产主义伟大事业的实现进程。列宁希望青年能够在学习、组织、团结和斗争的过程中，成为具有共产主义道德的共产主义一代新人。列宁在共产主义青年团第三次全国代表大会上强调："应该使培养、教育和训练现代青年的全部事业，成为培养青年的共产主义道德的事业。"③ 为了在全体青少年中弘扬共产主义道德，坚定共产主义信念，列宁及其领导的布尔什维克党提出并采取了许多非常积极有效的措施。第一，为青少年提供义务教育，在义务教育阶段开始培养共产主义道德。早在十月革命前，列宁就在拟定的《俄国社会民主工党纲领草案》中，将"对未满16岁的儿童一律实行免费的义务教

---

① 《列宁全集》第40卷，人民出版社，1986，第158页。
② 《列宁全集》第14卷，人民出版社，1988，第161页。
③ 《列宁选集》第4卷，人民出版社，2012，第288页。

育"① 定为未来国家以宪法保证的政治纲领，提出由国家提供学习所需要的教材、教具等。列宁认为，对于全体人民尤其是贫苦农民来说，社会主义社会应该做的最重要的一件事就是改善他们的教育，使人民尤其是青少年能够全部或部分地摆脱愚昧落后，用共产主义来武装教育他们。② 十月革命后，列宁及其领导的苏维埃政权实施了一系列的措施，兴建学校、提供助学金等，大大提高了青少年的入学率，也使共产主义道德在青少年中得到广泛的传播。第二，要求青少年努力学习，把自己锻炼成为坚定的共产主义者。列宁认为，全体青年的任务就是学习，学习共产主义，学习人类所创造的一切财富！③ "体会由新制度得来的新印象，抛掉原先的资本主义和资产阶级民主的成见，把自己锻炼成比他们的前辈更坚定的共产主义者。"④ 青年全部努力的结果就是建设一个与旧社会完全不同的共产主义社会。第三，青年要在共青团的带领下，投身社会实践，在实践中培养、弘扬共产主义道德。空谈理想信念不能建邦兴邦，只有把掌握的共产主义知识和直接的工作联系起来，变成实际工作的指针，才能完成建设共产主义社会的任务。共产主义青年团是弘扬共产主义道德的重要组织，同时也是"一支能够支援各种工作、处处都表现出主动性和首创精神的突击队"⑤，承担着培养、教育、训练青年的重要任务。列宁提出，青年要在共产主义青年团的带领下，把自己学习到的"全部科学、技术、知识和艺术"⑥ 等共产主义建设所需要的公式、方法、纲领等转变成实际工作的指针，投身于建设共产主义社会的实践中。青年不能仅仅局限于共产主义的教科书、小册子和马克思主义著作，还要通过劳动、开展竞赛、扫除文盲等活动在实践中培养自己的共产主义道

---

① 《列宁全集》第6卷，人民出版社，1986，第195页。
② 《列宁全集》第39卷，人民出版社，1986，第310~312页。
③ 《列宁全集》第39卷，人民出版社，1986，第293页。
④ 《列宁全集》第37卷，人民出版社，1986，第47页。
⑤ 《列宁选集》第4卷，人民出版社，2012，第295页。
⑥ 《列宁全集》第36卷，人民出版社，1985，第48页。

德，同时也在实践中将共产主义道德更大范围地宣传出去。

弘扬共产主义道德必须要让党员干部接受并模范地践行共产主义道德。党员、干部作为党组织的代表，是共产主义道德教育的主要领导者，更是建设共产主义社会的主要领导者。党员干部的道德水平，直接决定着共产主义道德教育成功与否。早在社会民主工党成立之初，列宁就提出，"社会民主运动的阶级性质不应当反映在把我们的任务局限于'纯粹工人'运动的直接和最近的需要上，而应当反映在对无产阶级这个现代社会唯一的真正革命阶级的伟大解放斗争的一切方面和一切表现的领导上"①。党要随时进行宣传鼓动工作，以保证科学社会主义理论能够广泛地传播且不被歪曲，还要时刻与资产阶级和封建势力的残余进行斗争，以阻止其对无产阶级和广大劳动人民的腐蚀。十月革命胜利后，列宁指出，党虽然在反对资本主义和封建残余势力的斗争中将无产阶级和农民团结起来了，但是党"面临着全世界共产党人所没有遇到过的一个任务，就是你们必须以共产主义的一般理论和实践为依据，适应欧洲各国所没有的特殊条件，善于把这种理论和实践运用于主要群众是农民、需要解决的斗争任务不是反对资本而是反对中世纪残余这样的条件"②。在这样的基础上建设社会主义，对党和党员干部提出了更高的要求。而且，在俄共执政后，部分党员、干部的管理水平不够、思想觉悟不高等问题日益暴露，列宁在党的会议上多次强调，要提高党员、干部的道德觉悟、理论水平等，加强共产主义道德教育，并且把这些当作党执政初期的头等重要任务。列宁在《俄共（布）中央委员会政治报告》中指出，"为了革新我们的国家机关，我们一定要给自己提出这样的任务：第一是学习，第二是学习，第三还是学习，然后是检查，使我们学到的东西真正深入血肉，真正地完全地成为生活的组成部分。"③ 为了使全体党员、干

---

① 《列宁全集》第6卷，人民出版社，1986，第251页。
② 《列宁专题文集·论无产阶级政党》，人民出版社，2009，第232页。
③ 《列宁专题文集·论社会主义》，人民出版社，2009，第368页。

部都能更好地接受共产主义道德教育，列宁领导成立了由中央委员会直接领导的高级党校，还下设了各级地方党校，安排统一的教学大纲和教学计划，指定专门用于共产主义道德教育的书籍作为党校的教材。《共产主义ABC》就是其中一部必修教材。在列宁的领导下，党员、干部们的理论水平和道德水平都有了很大的提高，为苏维埃能够度过各种困难时期打下了坚实的基础。

第二节　列宁论共产主义道德教育的内容

列宁不仅提出了共产主义道德教育，还在不同的时间分别就共产主义道德教育的内容进行了论述。列宁指出，在共产主义社会就要有共产主义的劳动态度，这是区别于其他社会的重要方面，因此要对无产阶级进行共产主义劳动态度教育。为了反抗资产阶级的剥削，建立无产阶级的共产主义社会，还要对无产阶级进行自觉的革命纪律教育。列宁还强调无产阶级的家庭婚姻道德观应该与其他阶级和社会的区别开来，尊重妇女，建立以爱情为基础的平等的婚姻家庭关系。同时，列宁还强调社会主义的人道主义精神和无产阶级的国际主义精神，这些都成为共产主义道德教育思想的重要内容。

一　共产主义劳动态度教育

共产主义劳动态度是以共产主义劳动为基础而产生的。马克思主义认为，劳动是道德起源的前提条件，是人类社会生活的基础，它改变人与自然的关系的同时，使人们形成了道德关系。因而，劳动态度也具有了道德意义。不同的社会条件，会形成不同的劳动态度，而不同的劳动态度具有不同的道德价值。共产主义道德是建立在生产资料公有制的基础之上的，是为无产阶级的利益服务的，是为团结一切劳动者共同摧毁剥削者的旧社会、建立共产主义者的新社会服务的。这就决定了，共产主义道德呼吁一种与其相适应的劳动态度——共产主义劳动态度。共产主义劳动态度就是完全为社会利益而劳动，不计报酬。列宁在为《共产主义星期六义务劳动报》所撰写的《从破坏历来的旧制度到创造新制度》（1920 年 4 月 8 日）一文中指出，共产主义劳动，是一种与权利和义务无关的，无报酬、无定额的自愿为社会服务的劳动，"是按照为公共利益劳动的习惯、按照必须为公共利益劳动的自觉要求（这已成为习惯）来进行的劳动，这种劳动是健康的身体的需要"①。列宁认为，这种劳动是共产主义道德对在新的生产资料所有制基础上建立新社会的要求，但是这种劳动在社会主义初期还不能普遍地开展，我们只能依靠无产阶级的先进分子在党的号召下支持并推广，逐步扩大和增加共产主义劳动的范围和参加的人数。社会主义社会虽然一直向着共产主义高级阶段不断前进，但这个进程既需要物质财富的支撑又需要人民群众不断提高共产主义思想觉悟。要普遍形成严格意义上的共产主义劳动态度，不能一蹴而就，必须从一点一滴做起。为推广共产主义劳动，列宁专门号召无产阶级的优秀分子，特别是各企业、机关或事业单位的领导干部，让他们在生产劳动中起模范带头作用，从而形成榜样力量，给群众以鼓舞。列宁指出，我们要通过共产主义道德教育，"努力消灭'人人为自己，上帝为大家'这个可诅咒的准则，克服那种认为劳动只是一种差事，凡是劳动都理应按一定标准付给报酬的习惯看法。我们要努力把'大家为一人，一人为大家'和'各尽所能，按需分配'的准则渗透到群众的意识中去，渗透到他们的习惯中去，渗透到他们的生活常规中去，要逐步地却又坚持不懈地推行"② 共产主义劳动。因此，共产主义劳动大军的增加，劳动形式的增多，群众以社会主人翁的态度为社会作贡献，从事社会主义建设，坚决反对不劳而获的共产主义者的增加，都体现了群众对共产主义劳动

---

① 《列宁选集》第 4 卷，人民出版社，2012，第 130 页。
② 《列宁全集》第 39 卷，人民出版社，1986，第 100 页。

态度教育的认同和践行。

培养共产主义劳动态度是巩固和完成共产主义事业的基本条件。列宁认为，共产主义劳动的巨大历史意义就在于，它向我们表明了"工人自觉自愿提高劳动生产率、过渡到新的劳动纪律、创造社会主义的经济条件和生活条件的首创精神"①。培养共产主义劳动态度就是为了提高劳动生产率，为实现共产主义打下坚实的基础。提高劳动生产率能够使新社会制度取得胜利并得到巩固，资本主义制度战胜农奴制度就是以提高劳动生产率为条件的，而社会主义社会，也一定会创造出比资本主义社会更高的劳动生产率，最终战胜资本主义制度，进入共产主义社会。"共产主义就是利用先进技术的、自愿自觉的、联合起来的工人所创造的较资本主义更高的劳动生产率。"② 列宁认为，共产主义的开始就体现在普通工人能够毫不退缩地承担艰苦的劳动上，他们在明知劳动产品要归全社会而不是仅仅归他自己和其近亲所有的情况下，还能够保护每一普特的粮食、每一普特的煤，为提高劳动生产率而奋不顾身、想方设法。这就是共产主义的劳动态度，培养共产主义劳动态度是共产主义道德教育的重要内容。列宁认为，培养共产主义劳动态度，首先，要使群众自觉遵守劳动纪律。在人类发展的历史长河中，劳动纪律的发展经历了一个由低级向高级演进的历程。不同社会的劳动组织维持劳动纪律的方式各异，例如，农奴制社会依靠棍棒，资本主义社会依靠饥饿。虽然无产阶级废除了旧社会的棍棒纪律和饥饿纪律，但是社会主义也有其严格的劳动纪律。苏维埃政权建立以后，由于国家经济水平低，工人和农民几乎没有什么积蓄，这也决定了他们必须进行劳动，为了避免在劳动中产生松懈散漫、缺乏秩序的情况，社会主义实行严格的劳动纪律。社会主义的劳动纪律是人们为了自身利益和社会共同利益而自觉遵守并相互监督

---

① 《列宁选集》第 4 卷，人民出版社，2012，第 13 页。
② 《列宁选集》第 4 卷，人民出版社，2012，第 17 页。

的同志纪律，是人们能够自觉诚实地劳动并谴责各种投机取巧、偷懒耍滑的劳动态度。其次，要使群众在劳动中发挥积极性和创造性。列宁认为凡是有劳动能力的人，都应该积极、主动地参加劳动，都应该具有为共产主义事业而献身的精神。每个人都应该把为社会主义社会而劳动当作神圣的事情，各尽所能，以革命精神参加劳动工作。除此之外，劳动者还要积极发挥创造性，发挥星期六义务劳动这样的首创精神。他还鼓励人民群众要掌握最新的科学技术和最先进的生产方法，在资本主义所创造的条件下努力学习，善于创作，努力提高劳动生产率。最后，要使群众积极参加社会主义劳动竞赛。社会主义通过消灭阶级，消灭对劳动者的奴役，开辟了大规模竞赛的途径。通过竞赛，"他们能够大显身手，施展自己的本领，发现有才能的人"①。劳动竞赛这种方式能够吸引更多的人参加劳动，发挥自己的创新精神，造就大批的劳动模范，提高劳动生产率，提高人民群众的共产主义道德水平。列宁认为，劳动竞赛不仅可以激发工人和农民参与劳动产品生产与分配的积极性，还能够教育和引导他们积极参与全国的管理工作，让他们在劳动实践中发扬独创精神、发挥组织才能。②

　　共产主义劳动态度是共产主义社会最基本的道德要求。在不同的社会制度下，人们对待劳动的态度是不同的。在共产主义社会，劳动者成为社会的主人，人们是为自己、为社会而劳动。劳动不再是奴役人的手段；劳动不再是可耻的或者被厌恶的事情，而是光荣的事业；劳动将会是所有人自觉自愿的行为方式，是人的本质得以实现的基本途径，同时也是人的积极主动的心理需求。通过劳动，广大劳动群众的才能、智慧和首创精神得到充分的发挥。推行普遍的无报酬的义务劳动，是共产主义社会的基本特征。列宁认为，在共产主义制度下，"人们习惯于履行社

---

① 《列宁选集》第3卷，人民出版社，2012，第375页。
② 《列宁全集》第39卷，人民出版社，1986，第376～378页。

会义务而不需要特殊的强制机构，不拿报酬地为公共利益工作成为普遍现象"①。共产主义道德将劳动视为生活的第一需要，认为劳动是光荣、英勇的无产阶级事业。共产主义道德教育只有在劳动中才能更好地完成自己的任务。星期六义务劳动、劳动义务制、劳动军等都是共产主义的幼芽，这些幼芽就是我们建设社会主义和共产主义的希望。这是伟大的无产阶级首次打破了千百年来只能为封建主、地主、资本家等剥削者而劳动，为了满足自己最起码的生活需求而劳动的状态，在社会主义社会，我们将为自己而劳动，将利用一切最新的科学成果来建设美好的生活。"我是自由劳动大军的一分子，不需要地主和资本家，我自己就会建设自己的生活，建立共产主义的秩序。"② 共产主义劳动是共产主义的萌芽和实际开端，要保护好这一幼芽，使其成长。这是比推翻资产阶级更困难、更重大、更深刻、更有决定意义的开端，是使无产阶级和劳动人民摆脱资本桎梏，摆脱资产阶级压迫和剥削，战胜小资产者的利己主义，建设新社会的希望。只有把共产主义劳动作为最主要的道德内容灌输给广大人民群众，群众在现实生活中将之付诸实践并巩固起来形成习惯，退回到资本主义才是不可能的事情，共产主义才能够真正得到巩固且不可战胜。所以，列宁提出要在全体工农群众中培养共产主义劳动态度，号召全体工农群众无报酬地、自觉自愿地为实现共同利益而工作，这就是共产主义道德教育的重要内容。

二　自觉的革命纪律教育

自觉的革命纪律教育是共产主义道德教育的重要组成部分。无产阶级承担着实现自身和全人类解放的重要使命，要完成这一任务，必须要有自觉的革命纪律。自觉的革命纪律是无产阶级为反抗资产阶级的剥削，

---

① 《列宁全集》第 38 卷，人民出版社，1986，第 36～37 页。
② 《列宁选集》第 4 卷，人民出版社，2012，第 296 页。

在从自发走向自觉的革命过程中，在社会主义建设过程中，逐渐形成的为实现全人类的解放、建立共产主义社会而勇于自我牺牲的革命热情和优良传统，是以无产阶级的"铁的纪律"为基础的革命道德，是共产主义道德的重要组成部分。无产阶级的革命纪律从形成时起，就对无产阶级革命以及社会主义建设事业发挥着极其重要的作用。列宁在俄共（布）第九次代表大会上总结说，这样"一个弄得精疲力竭的又弱又落后的国家竟战胜了世界上几个最强大的国家"，根本原因就在于"集中、纪律和空前的自我牺牲精神"。① 在资本主义社会中形成的无产阶级所特有的自觉的革命纪律，体现了无产阶级斗争的决心和意志，是无产阶级能够取得革命胜利的取之不尽、用之不竭的力量源泉。这种自觉的革命纪律不仅应该用到与协约国和本国反动势力的战争中，还应该把它用到劳动战线上去，这种纪律是无产阶级所形成的自觉的革命纪律，是共产主义道德的萌芽，也是共产主义道德得以形成的重要源泉。列宁指出，无产阶级自觉的革命纪律是在异常艰难的条件下，在十多年建设社会主义的实践过程中所积累的丰富的历史经验和"最新成就"。② 这种自觉的革命纪律要靠什么来维持、检验和加强呢？第一，"是靠无产阶级先锋队的觉悟和它对革命的忠诚，是靠它的坚韧不拔、自我牺牲和英雄气概"③。第二，是靠无产阶级先锋队善于同最广大的劳动群众联系、接近并且打成一片。第三，是靠无产阶级先锋队所实行的正确的政治领导、战略和策略，并且让最广大的人民群众相信其正确性。只有在这些条件的共同作用下，才可能形成无产阶级的自觉的纪律。这也是共产主义道德教育团结全体劳动人民，实现和捍卫无产阶级斗争利益的目标指向。

自觉的革命纪律教育是在革命实践中形成的高尚的道德教育内容。列宁认为，无产阶级自觉的革命纪律并不只是作为教条而存在，它的形

---

① 《列宁选集》第4卷，人民出版社，2012，第113页。
② 《列宁全集》第39卷，人民出版社，1986，第6页。
③ 《列宁选集》第4卷，人民出版社，2012，第136页。

成必须要同"真正群众性的和真正革命的运动的实践密切地联系起来"①，而且要放在实践中来维持和检验。首先，自觉的革命纪律来源于革命实践。在革命年代，在革命形势严峻以及在武装夺取政权的关键时刻，无产阶级需要保持整齐的队伍和统一的步伐，最大限度地增强力量，向敌对势力发动猛烈攻击，在此过程中，必须要有自觉的革命纪律。列宁认为，从1903年到1917年，历时15年的革命斗争给了无产阶级丰富的经验，使其形成了自觉的革命纪律。1903年到1905年，无产阶级在饱经苦难中以"空前未有的革命英雄气概，以难以置信的毅力和舍身忘我的精神"②，探索、学习、试验后选择了马克思主义革命理论；1905年到十月革命前，俄国参与了第一次世界大战和经历了第二次资产阶级革命等，在这些革命实践中，无产阶级自觉的革命意识开始苏醒，争取斗争的形式变得丰富多样，斗争的坚定性日益增强，在成功与失败之间反复磨砺，自觉的革命纪律逐渐形成。其次，革命者要培养实践共产主义道德的自觉性。十月革命胜利后，列宁指出，破坏资产阶级的纪律，建立社会主义的纪律，也不是一件容易的事情。③ 在十月革命胜利初期，社会状态非正常化，旧的法律和制度被废除，新的法律和制度还没有建立起来或者没有及时建立起来，维持社会秩序的只能是纪律。"我们是第一次接近这样一个历史的起点，即真正由千百万被剥削劳动者来制定新的纪律，劳动的纪律，同志关系的纪律，苏维埃的纪律"④，这种纪律就是共产主义道德的体现，也是共产主义道德教育的内容。加强纪律建设是振奋人民的精神和整顿、恢复国民经济的需要。一切有觉悟的工人和全体劳动人民都应该自觉地、主动地用联合起来的劳动者的新纪律，去代替那建立在剥削和奴役劳动者基础上的资产阶级纪律。虽然已经有很多人都在这

---

① 《列宁选集》第4卷，人民出版社，2012，第136页。
② 《列宁选集》第4卷，人民出版社，2012，第136页。
③ 《列宁选集》第3卷，人民出版社，2012，第549页。
④ 《列宁选集》第3卷，人民出版社，2012，第549页。

么做，但我们还是要号召大家都能够自觉锻造这种革命纪律。无产阶级作为革命与社会主义建设的先锋队，要具有践行这种纪律的自觉性。列宁认为，如果没有建立起自觉的纪律和严格的纪律，就说明工人和农民还没有学会斗争，没有也不可能建立起有战斗力的军队，以后不可避免还会遭受失败和痛苦。最后，要在锻造自觉的革命纪律中抛掉一切腐朽陈旧的道德观念。无产阶级还要在群众中开展共产主义道德教育工作，确立纪律，即同志纪律、自觉的革命纪律，要扩大无产阶级对广大人民群众的影响，在共产主义道德的影响下形成新的群众环境。只有使工农的自觉纪律取代资产阶级范围内违反大多数人意志的强迫纪律，使工人和农民有毅力、有本领、有决心团结和组织起来同旧社会斗争，共产主义事业才会有希望。这要求我们必须首先"组织起来，整顿自己队伍的纪律，清除自己行列中一切'保存资本主义遗产'、'拘守资本主义传统'的人，即清除一切懒汉、寄生虫、公产盗窃者"①，用坚定的精神和统一的意志将原来留下的那些旧习惯和偏见清除干净。要让所有人看到，回到旧社会已无可能，而在社会主义社会，在共产主义道德的影响下，几千年来的文明发展成果会"为全体劳动者所普遍享有"②。真正革命的运动，不仅可以通过每一次冲突来教育工人阶级，还可以用教育、唤醒和团结所有被剥削阶级的方法来形成强大的革命自觉性，形成无产阶级的、为革命利益而斗争的共产主义道德。

自觉的革命纪律教育是取得革命胜利和巩固社会主义政权的基本条件之一。列宁在《共产主义运动中的"左派"幼稚病》中指出："俄国无产阶级专政取得胜利的经验向那些不善于思索或不曾思索过这一问题的人清楚地表明，无产阶级实现无条件的集中和极严格的纪律，是战胜资产阶级的基本条件之一。"③ 这里所说的"极严格的纪律"就是指无产

---

① 《列宁选集》第3卷，人民出版社，2012，第484页。
② 《列宁全集》第36卷，人民出版社，1985，第50页。
③ 《列宁选集》第4卷，人民出版社，2012，第135页。

阶级在革命过程中形成的革命纪律。尤其是在布尔什维克党成立之后，以马克思主义指导无产阶级革命，用共产主义思想教育无产阶级，使无产阶级在革命过程中形成了正直以及有自我牺牲精神、革命英雄气概、坚韧不拔毅力等优秀品质，这些优秀品质是共产主义道德的萌芽，是革命取得成功的基本条件之一。在社会主义建设初期，自觉的革命纪律成为建设社会主义、巩固新生政权的重要力量。在俄共（布）第七次（紧急）代表大会上，列宁作了《关于战争与和平的报告》，大会通过了《关于战争与和平的决议》，该决议提出，"我们的党、整个觉悟的无产阶级这一先锋队和苏维埃政权的首要的和基本的任务，是采取最有力、最果断和最严厉的措施来加强俄国工人和农民的自觉纪律"①，要用"钢铁般的统一意志"团结一切可以团结的群众，培养他们的共产主义道德，以应对即将到来的国内外的战争威胁，捍卫苏维埃政权。列宁认为，在社会主义社会，我们废除了各种违反大数人的意志的强迫纪律，建立起了工农的自觉纪律，这种纪律让工人和农民有毅力、有本领、有决心团结和组织力量去推翻资产阶级的旧社会，建设工人阶级的新社会。这种纪律可以"把散居在辽阔国土上的分散而互不联系的千百万人的意志统一为一个意志"②，"在参加共同工作的人们具有理想的自觉性和纪律性的情况下，这种服从就很像听从乐团指挥者的柔和的指挥"③。共产主义道德教育的目标，就在于指引为寻找出路而精疲力竭的群众，引导他们走上遵守劳动纪律这一正确的道路上来，有了"无产阶级铁军的匀整的步伐"④，我们才可能战胜全世界的资本家和地主，并在这个基础上建成共产主义社会。

---

① 《列宁全集》第 34 卷，人民出版社，1985，第 32 页。
② 《列宁选集》第 4 卷，人民出版社，2012，第 286 页。
③ 《列宁选集》第 3 卷，人民出版社，2012，第 501 页。
④ 《列宁选集》第 3 卷，人民出版社，2012，第 508 页。

三　无产阶级家庭婚姻道德观教育

家庭是社会不可分割的组成部分，人们的婚姻和家庭生活，是社会生活的一种最普遍的重要形式。列宁把无产阶级家庭婚姻道德的发展与社会的进步紧密地联系在一起，他提倡在男女平等的基础上，以经久可靠的爱情和夫妻相互尊重为基础，以能够共同抚养和教育子女为前提来缔结婚姻和组建家庭。同时，列宁从维护妇女的平等权益的角度提出要支持离婚自由。除此以外，列宁还为确立和巩固男女平等关系提出了一系列的举措。这种把爱情、婚姻、家庭三者紧密结合在一起的思想，是符合无产阶级道德原则的。列宁非常赞同"妇女的法律地位最能说明文明程度"[①] 的观点。他认为，以此为基础的道德教育只有在无产阶级取得国家政权，建立社会主义社会，彻底消灭资本主义大生产所造成的财产关系时才能实现。在社会主义社会，家庭担负着各种重要的职能。列宁的家庭婚姻道德观对建设社会主义、发展社会生产力以及提高人们的无产阶级道德觉悟有着十分重要的影响。

爱情是婚姻道德的基础。马克思主义认为，无产阶级的合乎道德的婚姻是以双方稳固的爱情为基础的。无产阶级家庭婚姻道德观念应该以爱情为基础，摆脱资产阶级庸俗的"恋爱自由观念"，摆脱宗教偏见、社会的偏见以及物质上的限制等。爱情的本质是社会性的，但是也有其自然的基础，有着感性的特点。列宁还就这一观点与伊·费·阿尔曼德多次通信进行论战，批评他出版的小册子中关于"（妇女）要求恋爱自由"[②] 的观点是资产阶级的要求，与无产阶级无关。列宁指出，"恋爱牵涉到两个人的生活，并且会产生第三个生命。这一情况使恋爱具有社会关系，并且产生对社会的责任"[③]，如抚养和教育子女的责任，遵守家庭

---

① 《列宁全集》第 38 卷，人民出版社，1986，第 203 页。

② 《列宁全集》第 47 卷，人民出版社，1990，第 69 页。

③ 〔德〕蔡特金：《列宁印象记》，马清槐译，生活·读书·新知三联书店，1979，第 69~70 页。

生活和社会生活所要求的共同生活规则的责任等。父母必须在教育子女的过程中发挥榜样作用，因为父母的道德水平、夫妻关系等都会潜移默化地对孩子造成影响。家长必须能够履行自己的社会责任，提高自己的道德觉悟，遵守社会规则，不能将爱情简单地等同于本能的性欲和纯粹的生理上的诱惑，无产阶级应当用自己高尚的道德观和理性的意志来支配性的诱惑和冲动。

离婚自由是共产主义道德关于婚姻的正确观念。不承认离婚自由的人，就不能说自己是一个民主主义者和社会主义者，离婚自由本身就是一项民主的权利。列宁认为当夫妻双方没有爱情或感情无可挽回时，离婚并不违反道德的要求。"离婚自由愈充分，妇女就愈明白，使他们作'家庭奴隶'的根源是资本主义。"[1] 如果没有离婚自由这项权利和认知，惨遭蹂躏的被压迫女性就永远无法获得解放。列宁认为，离婚自由能够使家庭关系"在文明社会中唯一可能的和稳固的民主基础上巩固起来"[2]。共产主义道德教育应该支持离婚自由，这是对女性权利的支持，是全民平等的真正体现。当然，承认离婚自由，承认妻子有离开丈夫的权利，并不等于号召所有的人都离开自己的丈夫。无产阶级捍卫的是在爱情的基础上建立起的和谐家庭，而不是夫妻之间的利己主义和任性作为。拥护离婚自由的人并没有破坏家庭关系，而反对、指责离婚自由的人是愚蠢且虚伪的，他们是在"维护警察和官僚的无限权力，维护男性的特权以及对女性最沉重的压迫；实际上离婚自由并不意味着家庭关系'瓦解'，反而会使这种关系在文明社会中唯一可能的和稳固的民主基础上巩固起来"[3]。当然，那种任意破坏家庭和对子女造成有害影响的没有正当理由的离婚是必须被谴责和制止的。妇女有离婚的自由，但这并不是鼓励号召所有的妻子都来闹离婚。虽然无产阶级主张允许解除痛苦的

---

① 《列宁全集》第 28 卷，人民出版社，1990，第 166 页。
② 《列宁选集》第 2 卷，人民出版社，2012，第 396 页。
③ 《列宁选集》第 2 卷，人民出版社，2012，第 396 页。

婚姻关系，但这并不意味着男女双方可以轻率地、随心所欲地决定自己的婚姻关系。

妇女解放是人类解放程度的天然尺度，是无产阶级家庭婚姻道德教育的基本原则。苏维埃政权在诞生后的几个月内，就从法律层面在妇女解放的问题上实行了最彻底的变革。废除了"那些剥夺妇女平等权利、限制离婚、规定可恶的离婚手续、不承认私生子、追究私生子的父亲等等卑鄙的法律"①，这是世界上任何一个最先进的资产阶级国家的任何政党都没能做到的。其通过废除这些不平等的限制妇女权利与自由的旧法律，不断完成对过去的那种传统观念的清理。只有把这些废物清理干净了，无产阶级才能够树立起共产主义的婚姻道德观念。与此同时，苏维埃政权还颁布了一系列关于解放妇女的法律，但是这些并不能真正实现妇女的解放。法律上的平等只是形式上的平等，无产阶级的家庭婚姻道德观教育要求的是妇女的经济平等和社会地位平等。列宁认为，要想实现妇女和男子之间的真正平等，确立以夫妇相互尊重、爱慕，共同关心子女为前提的婚姻和家庭的崇高的道德基础，还需要做一系列的工作。列宁在十月革命胜利后的一次非党女工代表大会上的演说中说到女工运动的任务时指出，妇女们普遍还在因为琐碎的家务而喘不过气，还在因为不得不被禁锢在做饭、管孩子等这些非生产性的、劳神的、折磨人的事情上而变得愚钝卑微，她们的地位不免会受到限制。列宁认为，只有在无产阶级的领导下，在开始大规模地为消除这些琐碎的家务而斗争，"大规模地开始把琐碎家务改造为社会主义大经济的地方和时候，才会开始有真正的妇女解放，真正的共产主义"②。无产阶级除了要通过不断地革命来实现妇女解放之外，最重要的是要在实践中给予足够的重视，要多多创办像公共食堂、托儿所和幼儿园等能够帮助妇女摆脱奴役状态的

---

① 《列宁选集》第4卷，人民出版社，2012，第18页。
② 《列宁选集》第4卷，人民出版社，2012，第19页。

机构，鼓励、支持妇女到这些机构中工作。除此之外，妇女还需要参加大型的经济工作和支援军队、分配粮食等。为了进一步确立和巩固男女之间的真正平等关系，列宁鼓励让有兴趣的妇女参与社会的政治活动。列宁指出，在资本主义社会，妇女极少参与政治，因为她们没有权利，但是在苏维埃共和国里，为了共同的任务即反对地主、资本家，消灭剥削而奋斗，应使妇女和男人有同样的权利参与政治活动。[①] 列宁主张要最大规模地吸收妇女去参加国家管理工作，要让公共食堂、幼儿园等这些平凡的、普通的，不华丽、不夸张、不显眼的设施在社会主义土地上生根发芽，充分利用这些设施来"减少和消除她们在社会生产和社会生活中的作用方面同男子的不平等"[②]，让妇女不再忙于家务，让她们能够参加公共劳动、参与企业的管理和国家的管理，在经济地位上和社会地位上与男子平等，彻底摆脱那种"琐碎的、使人愚钝的非生产性工作"[③]。列宁把这些设施称为共产主义的幼芽，提出只有呵护好这些幼芽，才能在实际上实现妇女解放，实现妇女与男子的完全平等。列宁认为这是社会主义的理想，是一项"要求根本改造公共设施和社会风气的长期斗争"[④]，这项工作有着广阔的空间，需要做好多多年，但最终的结果一定是共产主义取得完全胜利。

四 社会主义人道主义教育

社会主义人道主义是共产主义道德教育中关于人权的基本要求，是在批判、否定资产阶级人道主义的历史局限性的过程中形成的，既是对资本主义人道主义的继承和发展，又体现了社会主义人道主义的独特立场，同时也是共产主义道德教育的一项最基本的内容。人道主义一词源

---

① 《列宁选集》第 4 卷，人民出版社，2012，第 49 页。
② 《列宁选集》第 4 卷，人民出版社，2012，第 19 页。
③ 《列宁选集》第 4 卷，人民出版社，2012，第 48 页。
④ 《列宁全集》第 38 卷，人民出版社，1986，第 204 页。

于拉丁文，出现于欧洲文艺复兴时期，是新兴资产阶级用于反对封建制度和宗教神学的精神武器。资产阶级以追求人的自由、实现人的价值、尊重人的尊严、发展人的个性等为口号，形成了一个以"人"为中心的道德体系。这一道德体系给资本主义的发展带来巨大的精神力量，促进了资产阶级革命的完成和资本主义制度的巩固。社会主义人道主义是由马克思和恩格斯提出的，建立在历史唯物主义基础之上，在无产阶级革命中不断实践和发展。社会主义人道主义与资本主义人道主义有着本质的不同，是两种根本对立的道德体系。这种对立是唯物主义与唯心主义的对立，也是集体主义与个人主义的对立。资本主义的人道主义从唯心主义出发，强调把人当作抽象的、永恒的"类"，强调从人的自然本性来看待人的自由、平等、博爱等，否定暴力手段、否认阶级的存在，保护生产资料私有制，其实质只是资产阶级利益的代表，反映资产阶级的要求，为资产阶级利益服务。"社会主义学说正是在它抛弃了关于合乎人的本性的社会条件的议论，而着手唯物主义地分析现代社会关系并说明现在剥削制度的必然性的时候取得成就的。"[①] 社会主义人道主义正是从历史唯物主义出发，"唯物主义的社会学者把人与人间一定的社会关系当作自己研究的对象，从而也就是研究真实的个人，因为这些关系是由个人的活动组成的"[②]。它强调从社会的人、阶级的人出发，来实现人的全面自由发展，是建立在生产资料公有制基础之上的。它主张废除人剥削人、人压迫人的私有制，通过暴力革命消灭生产资料私有制，使人类彻底摆脱资本的剥削和压榨，解放全人类，建立没有剥削和压迫的共产主义社会。社会主义人道主义教育强调要尊重每一个人的尊严、充分实现和发挥每一个人的价值和才能，鼓励每一个人为社会主义而进行创造性的劳动，不断提高人的道德水平。

---

① 《列宁全集》第 1 卷，人民出版社，1984，第 155 页。
② 《列宁全集》第 1 卷，人民出版社，1984，第 368 页。

　　坚持人民的利益至上是社会主义人道主义教育的核心。社会主义人道主义体现了社会主义国家、社会主义社会的宗旨即为人民谋利益。列宁认为，社会主义人道主义教育强调一切以人民的利益为中心，无产阶级革命的最终目的就是建立一个"一切被压迫民族享有完全自由、农民和工人享有完全自由的共和国。那时我们将利用无产阶级的全部革命力量来为社会主义、为使一切劳动者彻底摆脱任何剥削而进行最广泛最勇敢的斗争"①，直到我们能够消灭阶级，消灭阶级之间的差别，建立共产主义社会。因此，在政治上，社会主义人道主义教育提倡革命暴力。列宁认为，与提出"一般暴力"的抽象人道主义概念的资本主义不同，社会主义反对对人、对各民族使用暴力。但是，社会主义并不反对革命暴力。社会主义的革命暴力是无产阶级为了推翻剥削阶级而不得不采用的革命手段，这是历史发展的必然，是无产阶级为了实现把全人类从剥削和压迫下解放出来的崇高目的而采用的手段，是完全符合人道主义的。"笼统地谈论'暴力'，而不分析那些区别反动暴力和革命暴力的条件，那就成了背弃革命的市侩，或者简直是用诡辩来自欺欺人。"② 无产阶级取得政权后，要组建新的属于无产阶级和全体人民群众的政府，通过无产阶级专政，以法律、道德等形式实现人民的真正民主和平等，保证每一个人都能够平等地参与国家管理和监督，使国家权力属于人民，为人民所用，为人民谋取利益。但是对待人民的敌人，比如苏维埃政权内部的官僚主义者，则势必要将之清除出去，"我们要借助所有觉悟的工人农民收拾这种敌人。所有非党的工农群众都会跟着共产党的先进队伍去反对这种敌人，反对这种紊乱现象和奥勃洛摩夫习气。在这方面不能有任何动摇"③。对于资产阶级、地主和小资产阶级等，我们也要彻底摧毁他们、赶走他们，因为剥削者和被剥削者之间不可能平等，这同样是为无

---

① 《列宁全集》第 11 卷，人民出版社，1987，第 150 页。
② 《列宁全集》第 35 卷，人民出版社，1985，第 287 页。
③ 《列宁全集》第 43 卷，人民出版社，1987，第 14 页。

产阶级专政、为无产阶级利益服务的，是符合人道主义的。在经济上，社会主义人道主义教育是以生产资料公有制为基础的。而妨碍人民享有平等的，正是生产资料私有制。在《国家与革命》中，列宁提出，在无产阶级将要建立的社会，"生产资料已经不是个人的私有财产。它们已归全社会所有。社会的每个成员完成一定份额的社会必要劳动，就从社会领得一张凭证，证明他完成了多少劳动量"①，然后按照这个劳动量获得报酬。这是共产主义的第一阶段，在这一阶段实行按劳分配，"整个社会将成为一个管理处，成为一个劳动平等和报酬平等的工厂"②。十月革命后，苏维埃政权对地主和资本家进行"清算"，相继实施土地法令、普遍劳动义务制、"计算和监督"、聘请资产阶级专家、向国外发达资本主义国家学习等政策，发展社会主义经济，"消灭生产资料私有制，把它们变为公有制，组织由整个社会承担的社会主义的产品生产代替资本主义商品生产，以保证社会全体成员的充分福利和自由的全面发展"③。列宁提出，社会主义经济建设的一切成就都会改善工人和农民的生活状况，并要求中央和地方的机关密切注意在改善工人和农民生活状况上取得的成绩。在社会主义经济建设过程中，列宁大力倡导有关改善劳动者社会保险、社会保障、住宅建设、修养设施等政策的实施。在文化上，列宁非常注意发展文化教育。他提出要在社会主义革命和建设实践过程中，同万恶的资本主义留给工农的习惯作斗争，要树立对待劳动和公共财产的共产主义态度，为共同事业而牺牲个人和少数人的利益，要进行集体主义和爱国主义的教育，要掌握过去人类所积累的文化知识，从而造就全面发展的、受到全面训练的人。社会主义人道主义教育提倡吸取"城市的、工业的、大资本主义的全部文化"，不仅要捍卫、保存这种文化，还

---

① 《列宁选集》第 3 卷，人民出版社，2012，第 194 页。
② 《列宁选集》第 3 卷，人民出版社，2012，第 202~203 页。
③ 《列宁全集》第 6 卷，人民出版社，1986，第 413 页。

要促进文化成果的继续发展，"使之为全体人民、全体劳动者所享用"。①
而针对本国文化极其落后的情况，列宁领导开展国民识字运动，全力扫
除文盲；大力兴建学校，改善学校教育，在农村兴建图书馆，培养共产
主义新人；加强教师队伍建设，增加教育经费投入；保护民族文化；发
展科学技术，提高人民的科学文化水平等。这些措施保障了人民的权益，
巩固了人民政权，是社会主义人道主义教育的真正体现。

　　社会主义人道主义教育尊重人民的价值、权利和尊严。列宁把阶级
的价值、集体的价值、劳动者的价值放在首位。在奴隶社会，奴隶只是
"会说话的工具"，丝毫没有作为"人"而存在的权利；封建社会按照严
格的等级制度来决定人的价值；资本主义社会看似能解放人性，推崇人
的价值、权利，但实质上却是以金钱的数量来衡量人的价值。与资产阶
级抽象地谈人的价值、人的尊严不同，社会主义人道主义则谈阶级的价
值、谈人民群众的价值。在列宁看来，资本主义的人道主义所提出的
"自由、平等、博爱"等，不过是欺骗人的口号而已，在资本的支配下，
只会"使劳动者受压迫、死亡、粗野，使妇女儿童身心受到摧残等等"②。
只有在社会主义社会，只有全部的生产资料都属于人民，才会有人民的
价值、权利和尊严。列宁认为，在共产主义道德标准下的社会主义社会，
一切的权利都属于人民，国家的存在就是为了维护人民的权利和尊严，
使每个人都能够在平等的前提下，为国家、社会和集体作出贡献，同时，
国家、社会和集体也把每一个人都当作平等的对象来服务。社会主义的
人道主义实现了作为手段价值的人和作为目的价值的人的统一。列宁认
为，在对待劳动问题上，社会主义社会与以往的剥削社会有着本质的区
别，在剥削社会中，劳动和劳动者都是社会最底层的人，得不到社会的
认可和尊重，更没有任何的权利和尊严。而社会主义人道主义提倡，在

---

① 《列宁选集》第 3 卷，人民出版社，2012，第 837 页。
② 《列宁全集》第 1 卷，人民出版社，1984，第 202 页。

社会主义条件下，劳动是最光荣的事业，劳动者最应该得到尊重，劳动人民的价值应该受到高度的重视。劳动是实现人的全部价值的最直接方式，全体社会成员都应该积极、自觉、主动地参与劳动，在社会主义社会，人们之间除了社会分工便没有任何其他的不同。与剥削社会恰恰相反，在社会主义社会中，所有逃避劳动和在劳动过程中偷懒、懈怠的人，都将受到最严厉的惩罚。

五 无产阶级国际主义精神教育

列宁所阐述的共产主义道德教育强调要进行无产阶级国际主义精神教育，即教育无产阶级要把爱国主义和国际主义相结合。全世界的任何民族都应该是平等的，人民是平等的，语言是平等的。无产阶级应该爱自己的祖国，爱自己的语言，能够在平等的基础上联合起来，为实现共产主义而共同努力奋斗。列宁强烈谴责资产阶级的狭隘的民族主义和民族文化，支持民族自决权。他先后在《关于民族问题的批评意见》《论民族自决权》《论大俄罗斯人的民族自豪感》《在全俄哥萨克劳动者第一次代表大会上的报告》《关于民族政策问题》《为共产国际第二次代表大会准备的文件》《在全俄运输工人代表大会上的讲话》《关于民族或"自治化"问题》等中论述了这一观点。

爱国主义是无产阶级国际主义精神教育的重要组成部分，也是共产主义道德教育的重要内容。培养工农群众的爱国主义精神是共产主义道德教育的必然要求。共产主义道德教育强调爱国主义，号召无产阶级保卫自己的革命成果，保卫获得了解放的俄国，保卫"为苏维埃革命历尽艰辛的俄国，直到流尽最后一滴血"[①]。列宁号召人民保卫新生的社会主义祖国，面对国内存在一批还沉浸在帝国主义战争、批判"保卫祖国"的"爱国人士"这一现实，列宁明确地指出保卫社会主义祖国和在帝国

[①] 《列宁全集》第38卷，人民出版社，1986，第193页。

主义战争中"保卫祖国"的区别，认为保卫社会主义祖国，是保卫劳动群众的祖国。在列宁看来，真正的爱国主义者一定是同劳动人民群众一起，选择一条正确的国家道路，并沿着这条道路坚定地走下去。爱国主义只有在无产阶级为了自身的解放而进行革命反对资产阶级的时候，只有在资本家已经被镇压，而且他们本身不可能再指望恢复旧制度的时候，才能够与共产主义道德相联系。列宁认为，俄国无产阶级革命能够在空前的饥饿的折磨下取得胜利，能够在"反对世界上一切最富有的强国所竭力支持的尤登尼奇、高尔察克和邓尼金的斗争中竟取得了胜利，虽然世界上没有哪一种军事力量可以和这些强国相匹敌，就连大致与它们势均力敌的力量也没有"①，正是由于强烈的爱国主义和国际主义，让整个无产阶级能够在敌人的阵营中争取到同盟者，让整个无产阶级团结起来，这也是整个国际革命的基本动力。这种胜利不只是俄国一个国家的胜利，它还是全世界、全人类的胜利。

共产主义道德教育倡导的国际主义精神要求"以国际主义代替一切民族主义"②。共产主义道德是从无产阶级斗争的利益中引申出来的，无产阶级想要获得自身的解放，就必须要与各民族的工人建立紧密的联系，团结起来，反击那代表资产阶级利益的民族主义政策。资本主义仍然在向前发展，而且还会继续向前发展，在这种条件下，不管是在统一的多民族国家，还是在单一民族的国家中，雇佣工人仍是剥削的对象。面对共同的敌人，无产阶级的革命斗争同民族的解放和独立紧密地联系在一起了，如果民族问题不能解决，那么无产阶级革命的胜利就无法实现。因此，要实现社会主义的胜利，就必须首先通过民族民主革命争得民主，进而促进民族融合，进行无产阶级与被压迫民族的联合。无产阶级必须要在"各民族资产阶级争霸的斗争中保持所谓完全中立"③，并且不依赖

---

① 《列宁全集》第 38 卷，人民出版社，1986，第 180 页。
② 《列宁选集》第 2 卷，人民出版社，2012，第 346～347 页。
③ 《列宁选集》第 2 卷，人民出版社，2012，第 398 页。

民族主义，这样，各民族的无产阶级才能团结在一起，反对剥削的斗争才能取得成效。马克思主义者完全承认民族运动的历史合理性，承认民族原则在资本主义社会中有其历史必然性。但是，不能让这种承认模糊了无产阶级意识。列宁认为，"工人民主派"①应该致力于构建全世界无产阶级的、各民族共同的民主主义的文化。他们关于民族的纲领就是：禁止任何一个民族和任何一种语言享有特权，禁止任何破坏民族平等、侵犯少数民族权利和赋予某个民族特权的行为，针对各民族的政治自决问题要采取完全自由和民主的办法解决。马克思主义者倡导国际主义原则，即使是面对最精致的民族主义时，也要毫不妥协地坚决反对。列宁赞成"各民族通过高度统一而达到融合"②，但这种融合不能是强制性的或依靠特权进行的。

列宁倡导无产阶级国际主义精神教育，还体现在其支持民族自决上。各民族无产阶级利益高于统治阶级利益，社会主义利益高于民族自决利益，要实现各民族无产阶级的自决、融合与团结。"政治自决"是每一个民族、每一个国家的权利。"维护、宣传、承认这种权利，就是维护民族平等"，"就是反对任何民族的任何国家特权，就是培养各民族工人的充分的阶级团结精神"。③任何民族都应该是平等的，一切民族的工人也应该在平等的基础上团结起来，打成一片。各民族只有团结一致，才能够保证民族平等和人民自由不是一句口号，只有这样，才能够实现社会主义。以工人阶级为首的真正的民主派，应该在爱国主义和国际主义的基础上建立各民族工人最亲密的联盟，反对各种各样的沙文主义、民族特权。"一个民主国家不容许在公共事务的任何一个方面、任何一个部门中，有任何一个民族压迫其他民族，即以多压少的现象。"④只有如此，

---

① 《列宁选集》第2卷，人民出版社，2012，第334页。
② 《列宁选集》第2卷，人民出版社，2012，第347页。
③ 《列宁全集》第25卷，人民出版社，1988，第72页。
④ 《列宁全集》第25卷，人民出版社，1988，第73页。

无产阶级的阶级斗争才能取得不同民族人民的最大信任，才能实现最大限度的团结。在《论大俄罗斯人的民族自豪感》中，列宁认为道德教育要从无产阶级的利益出发，首先要消除国内所谓的"大俄罗斯人"对其他民族的压迫，其次要"长期教育群众，使他们以最坚决、最彻底、最勇敢、最革命的态度去捍卫一切受大俄罗斯人压迫的民族的完全平等和自决的权利"[①]。真正的民族自豪感应该源于同所有民族团结一致、共同维护无产阶级的利益，建设社会主义。列宁强调，政治上的自由分离和成立独立的民族国家是民族自决权的本质。他认为"所谓民族自决，就是民族脱离异族集合体的国家分离，就是成立独立的民族国家"[②]，"民族自决权只是一种政治意义上的独立权，即在政治上从压迫民族自由分离的权利"[③]。各民族的平等如果脱离了民族的解放和独立就无法实现，建设民族国家也就成了一句空话。强调民族自决权、坚决捍卫民族独立体现了列宁国际主义思想的底线坚守。当然，承认一切民族具有自决权，是要着眼于无产阶级争取社会主义斗争的整体利益，而不是一定要支持个别民族的自决要求。虽然各民族有民族自决的权利、分离的自由，但倡导民族自决权并不是要割裂其经济，建立民族小国，而是要在各民族独立的基础上，自愿使其接近乃至融合，建立真正意义上的民族平等、民族团结的大国。

列宁还高度评价了"大俄罗斯的觉悟的"无产者们。他们爱自己的语言，爱自己的祖国，而且"竭尽全力把祖国的劳动群众（即祖国十分之九的居民）的觉悟提高到民主主义者和社会主义者的程度"[④]。他们正在努力反抗沙皇刽子手、贵族和资本家们对美好祖国的蹂躏、压迫和侮辱，而且他们之中还产生了许多革命家、民主主义者。他们在强烈的爱

① 《列宁选集》第 2 卷，人民出版社，2012，第 453 页。
② 《列宁选集》第 2 卷，人民出版社，2012，第 371 页。
③ 《列宁选集》第 2 卷，人民出版社，2012，第 564 页。
④ 《列宁选集》第 2 卷，人民出版社，2012，第 450 页。

国主义精神的影响下献身革命事业，他们用自身的努力想要唤醒更多人的革命意识，想要证明"大俄罗斯"也能够"给人类提供为自由和为社会主义而斗争的伟大榜样，而不只是大暴行，大批的绞架和刑讯室，普遍的饥荒，以及对神父、沙皇、地主和资本家十足的奴颜婢膝"①。在强烈的民族自豪感的影响下，他们特别痛恨自己奴隶般的过去和奴隶般的现在。在他们看来，过去充满了大暴行、饥荒、绞架和刑讯室，还有对神父、沙皇、地主和资本家的奴颜婢膝，而现在又不得不在地主和资本家的驱使下去扼杀别国的民主运动。满怀民族自豪感、爱国主义和国际主义精神的"大俄罗斯"工人，希望能够按照平等这一人道主义的原则，建立一个自由的、独立自主的、民主的、共和的、足以让整个工人阶级自豪的国家。

列宁认为，爱国主义与国际主义精神是让俄国无产阶级革命取得胜利的"精神力量"。正是爱国主义与国际主义的统一，才使那些分散的、涣散的劳动群众团结在一起，团结成为一个具有统一的钢铁般的意志的整体，这一整体在物质极端贫困的基础上坚决地反对资本家并且努力战胜资本家。这种精神只有在劳动群众中，在工人无产阶级中，在觉悟的工人中才能产生。同时，若没有全世界"各国和各民族的无产阶级以至全体劳动群众自愿要求结盟和统一的愿望，战胜资本主义这事业是不能顺利完成的"②。

第三节 列宁论共产主义道德教育的要求

共产主义道德教育的要求就是指在道德教育过程中所要遵循的条件，它贯穿于道德教育的全过程，是衡量道德教育是否偏离方向以及成功与

---

① 《列宁选集》第 2 卷，人民出版社，2012，第 450 页。
② 《列宁选集》第 4 卷，人民出版社，2012，第 222 页。

否的标准。根据列宁的论述，共产主义道德教育的基本要求有三个：以"大家为一人，一人为大家"为准则，以巩固和完成共产主义事业为基础，与沸腾的实际生活相结合。这三个要求缺一不可，共同体现了共产主义道德教育的本质和核心。

一 以"大家为一人，一人为大家"为准则

以"大家为一人，一人为大家"为准则，是共产主义道德在无产阶级集体主义价值观中的集中体现。列宁提出"大家为一人，一人为大家"，并把它作为共产主义道德教育的重要要求，是为了彻底摆脱资本主义道德带给工农群众的不良影响。虽然十月革命推翻了资本主义私有制，但是每个人身上或多或少沾染上资产阶级个人主义习惯的遗毒。列宁认为，"大家为一人，一人为大家"是一种建立在生产资料公有制基础上的、新型的、共产主义道德的原则。这种"人人为我，我为人人"的集体主义精神与以生产资料私有制为基础的资本主义社会形成的"我赚我的钱，其他一切都与我无关"的利己主义道德原则有着本质的区别。1920年5月2日，列宁在为《五一节星期六义务劳动特刊》所撰写的文章中指出，利用五一节大范围地推行共产主义星期六义务劳动来建立新的劳动纪律和新的社会联系，就是为了摆脱以生产资料私有制为基础而形成的恶劣风气。即使艰难且耗时，我们也会"努力消灭'人人为自己，上帝为大家'这个可诅咒的准则，克服那种认为劳动只是一种差事，凡是劳动都理应按一定标准付给报酬的习惯看法"，"要努力把'大家为一人，一人为大家'和'各尽所能，按需分配'的准则渗透到群众的意识中去，渗透到他们的习惯中去，渗透到他们的生活常规中去"。①不管这个任务多么的艰巨，只要大家经过长期的艰苦努力和踏实工作，是终究能够完成的。只有如此，广大群众才能克服旧社会遗留下来的恶劣的习

---

① 《列宁全集》第39卷，人民出版社，1986，第100页。

惯和传统，才能团结在无产阶级周围，为无产阶级和全人类的解放事业而奋斗。列宁认为，"大家为一人，一人为大家""人人为我，我为人人""各尽所能，按需分配"等，是建立在生产资料公有制基础上的、新型的、共产主义道德的要求，需要通过共产主义道德教育将这种要求灌输给广大工农群众，使之渗透到人们的意识和习惯中去，从而转变成人们的生活常规，并最终使人们形成良好的共产主义道德品质。以"大家为一人，一人为大家"为准则进行共产主义道德教育，一方面，要求人们把"自己的工作和精力全部贡献给公共事业"①，要为"大家"服务，要为共产主义事业奋斗终身；另一方面，强调每一个人都是受益者，体现了整体利益与个体利益的一致性。社会主义社会消灭了人剥削人的现象，使工人和其他劳动人民当家做了主人。社会主义生产关系表现了人们之间的互助和同志合作关系，人们的劳动不再是为少数有钱人的利益服务，而是为包括自己在内的全体人民的利益服务。因此，社会主义国家的建设需要广大劳动群众的共同努力，同时社会主义的成果也惠及每一个人。这种"大家为一人，一人为大家"的集体主义精神与以生产资料私有制为基础的资本主义社会形成的"我赚我的钱，其他一切都与我无关"的利己主义道德观有着本质的区别，它是无产阶级专政后处理个人、社会和国家关系的重要依据，是调节和调解无产阶级内部、无产阶级与其他各阶级、无产阶级与各民族和国家之间相互关系和矛盾的基本准则，能够为建设社会主义和共产主义提供正确的价值导向和精神力量。

以"大家为一人，一人为大家"为准则，体现了无产阶级和劳动人民的根本利益和要求。无产阶级是人类历史上最先进、最革命的阶级，是在资本主义制度下的生产资料私有制的基础上，伴随着资产阶级的产生而产生的。无产阶级受资本家的剥削和压迫，只能靠出卖自己的劳动力来勉强维持生存，只有彻底消灭私有制，消灭阶级和阶级差别，建设

① 《列宁选集》第4卷，人民出版社，2012，第294页。

无产阶级自己的国家，实现共产主义，无产阶级才能获得自身的解放和全人类的解放。这是无产阶级和劳动人民的根本利益所在，也是无产阶级的阶级利益和全人类利益相一致的具体体现。共产主义道德就是从无产阶级斗争的利益中引申出来的，它要求所有无产阶级团结起来，坚持"大家为一人，一人为大家"，最终消除资产阶级只为利益和资本服务的丑恶现象。列宁认为，无产阶级是为了全人类的解放而斗争，打碎资产阶级的国家机器，建立无产阶级的国家是"工人和农民双方的利益所要求的，这个要求使他们联合起来"①，"大家为一人，一人为大家"。共产主义建设事业离不开无产阶级和广大人民群众的集体力量。共产主义建立在公有制基础之上，在共产主义社会里，土地、工厂等都是公共的。无产阶级只有遵循"大家为一人，一人为大家"的准则，才能为实现共产主义伟大目标提供条件。"大家"既是手段，同时也是目的，通过"为"这一价值取向，在相互服务和互惠互利的基础上，最终实现无产阶级和劳动人民的根本利益。以"大家为一人，一人为大家"为准则，共产主义真正将无产阶级和劳动人民当作权利的主体，同时也使其成为最终服务的对象、共同利益的受益者。坚持这一准则，是社会主义和共产主义建设的需要。全体人民只有在这一准则指导下才能建设社会主义。如果说农奴制时代的建设者是几百人，资本主义时代的国家的建设者是几千人，那么现在的社会主义建设就要全体人民朝着共同的目标积极地、直接地、实际地参与。在"大家为一人，一人为大家"这种道德要求下，工人阶级和劳动人民将彻底摆脱被掠夺的状态，重新建立起共产主义劳动态度和劳动习惯，真正为自己而劳动，为实现全人类的解放而劳动。

以"大家为一人，一人为大家"为准则，要坚持个人利益与集体利益的辩证统一。首先，无产阶级的集体利益高于一切。从国家层面来说，列宁认为："社会发展的利益高于无产阶级的利益；整个工人运动的利益

---

① 《列宁选集》第 3 卷，人民出版社，2012，第 145 页。

高于工人个别阶层或运动个别阶段的利益。"① 我们革命的任务是建立以公有制为基础的社会主义国家，消灭一切剥削和压迫。而只有社会主义国家才能坚持工人阶级的立场，实现工人阶级和广大人民群众的根本利益。因此，捍卫国家政权就是捍卫集体利益。当集体利益受到威胁时，要采取一切可能的措施来巩固无产阶级的政权。战时共产主义政策的实施正是以牺牲个人利益促进集体利益的实现为基础。从各民族发展的层面来说，列宁虽然承认民族自决权，倡导民族平等，但是，他指出，"一个国家的民主运动的利益必须服从几个和一切国家的民主运动的利益"②，当民族的利益与无产阶级的利益相悖时，民族的利益必须服从于无产阶级的利益。列宁在载于 1911 年 12 月 3 日《明星报》上的《自由派工党的宣言》一文中批判尼·罗—柯夫时指出，工人革命事业的集体利益"应当高于任何私人关系或者派别关系，高于任何'美好的'回忆"③。列宁认为，共产主义道德观在国家问题上倡导爱国主义与国际主义的统一，"要作一个社会民主党人国际主义者，就不应当只为本民族着想，而应当把一切民族的利益、一切民族的普遍自由和平等置于本民族之上"④，"在任何场合都应当反对小民族的狭隘性、封闭性和隔绝状态，而主张顾全整体和大局，主张局部利益服从整体利益"⑤。只有所有民族的工人都能够在无产阶级的组织中联合起来，他们才能取得社会主义革命的胜利并捍卫自己的经济利益。从个人层面来说，只有实现整个无产阶级的解放，全人类的解放才有可能实现。因此，个人要把自己的工作和精力都贡献给共产主义事业，这样才能成为一名合格的共产主义者，要时刻认识到自己不仅是工厂的一员、工厂的主人，还是国家的代表。十月革命后，列宁看到广大劳动者把全社会的利益放在个人利益之上而奋不顾身

---

① 《列宁全集》第 4 卷，人民出版社，1984，第 192 页。
② 《列宁全集》第 28 卷，人民出版社，1990，第 42 页。
③ 《列宁全集》第 20 卷，人民出版社，1989，第 395 页。
④ 《列宁全集》第 28 卷，人民出版社，1990，第 43 页。
⑤ 《列宁全集》第 28 卷，人民出版社，1990，第 43 页。

地工作时，曾经给予高度评价，把它称为"共产主义的开始"。他说："普通工人起来承担艰苦的劳动，奋不顾身地设法提高劳动生产率，保护每一普特粮食、煤、铁及其他产品，这些产品不归劳动者本人及其'近亲'所有，而归他们的'远亲'即归全社会所有，归起初联合为一个社会主义国家然后联合为苏维埃共和国联盟的亿万人所有，——这也就是共产主义的开始。"① 其次，个人的正当利益也应该得到重视。列宁清楚地懂得，在共产主义第一阶段即社会主义的经济条件下，必须充分重视个人利益。列宁在十月革命四周年之际作出总结，即革命实践证实，在一个小农国家只讲集体利益而忽视个人利益是错误的。要想建设社会主义，做好向共产主义过渡的准备，必须要处理好集体利益与个人利益之间的关系，要重视人民群众的个人利益。"靠个人利益，靠同个人利益的结合，靠经济核算，在这个小农国家里先建立起牢固的桥梁，通过国家资本主义走向社会主义；否则你们就不能到达共产主义，否则你们就不能把千百万人引导到共产主义。"② 列宁认为："几何公理要是触犯了人们的利益，那也一定会遭到反驳的。"③ 在《新经济政策和政治教育委员会的任务》这一报告中，列宁反复强调，建设社会主义"必须以同农民个人利益的结合为基础"④，要让工人阶级与广大人民群众都能够为自己而工作，要把社会主义经济的发展建立在同个人利益相结合基础上。只有这样，我们才能够充分调动他们的积极性和主动性，发挥他们的首创精神，让越来越多的人自愿加入巩固苏维埃政权、建设社会主义的队伍中来。最后，无产阶级的集体利益与个人利益是辩证统一的。列宁共产主义道德教育思想既强调集体利益，又强调保障个人利益在真实的集体中得以实现，重视个人利益。只有推翻资本主义国家、建立无产阶级的

① 《列宁选集》第 4 卷，人民出版社，2012，第 17 页。
② 《列宁选集》第 4 卷，人民出版社，2012，第 570 页。
③ 《列宁选集》第 2 卷，人民出版社，2012，第 1 页。
④ 《列宁选集》第 4 卷，人民出版社，2012，第 581 页。

国家，才能实现无产阶级的整体利益，才能够让无产阶级和劳动人民免于受剥削和压迫，个人才能获得全面发展其才能的可能，才能实现自由的发展；同样，集体是由单个人所组成的，每个人的自由发展是一切人自由发展的条件，无产阶级的集体利益就是要最终保证每一个个体利益的实现。而当集体利益与个人利益发生矛盾时，个人利益应该服从集体利益，最终通过集体利益的实现来实现个人利益。

二　以巩固和完成共产主义事业为基础

为"巩固和完成共产主义事业而斗争"[①] 是共产主义道德的基础，也是共产主义道德教育的基础，是道德教育的前提条件。马克思主义根据人类社会发展的客观规律，向人们指明了共产主义的伟大目标，从而给正在斗争中的无产阶级提供了形成共产主义道德的坚实基础。建成共产主义社会是整个无产阶级的理想信念，是整个无产阶级和人民群众奋斗的目标，而在社会主义社会培育共产主义道德是实现这一理想的重要前提之一。因此，为实现共产主义而努力的全部过程必然包含着共产主义道德教育。作为意识形态而存在的共产主义道德，是上层建筑的一部分，在实现共产主义的过程中，共产主义道德教育有着崇高的目标和神圣的任务，那就是不断培养能够建设共产主义的新人，调动人们的积极性和主动性，带给人们精神上的动力，同时也调节人们之间的关系。"无产阶级如果没有培养出高度的觉悟、严格的纪律以及在对资产阶级作斗争时的无限忠诚，就是说，如果不能完成无产阶级为完全战胜其宿敌所必须提出的一切任务，那就谈不到实现无产阶级专政"[②]，更谈不到建成共产主义社会。共产主义事业每前进一步，都会遇到来自资产阶级的各种阻碍、抵制或镇压，还会遇到生产力与生产关系之间的相互矛盾而带

---

① 《列宁选集》第4卷，人民出版社，2012，第292页。
② 《列宁全集》第39卷，人民出版社，1986，第400页。

来的各种困难。经济上的物质储备、技术发展、贸易水平等问题，政治上的党的领导、意识形态等问题，文化上的人们的文化水平、文学艺术作品创作等问题，都是实现共产主义事业的艰巨挑战。若是没有用共产主义道德来约束和指导人们的行为，调整人们之间的关系，以及没有教导人们用共产主义道德标准来判断善恶、荣辱、是非等，就无法确保共产主义事业的顺利完成。以巩固和完成共产主义事业为基础，也说明道德教育要在此基础之上，教育一切可以教育的人，"使工人群众把共产主义理解为自己的事业"①，使工人群众成为建设共产主义的磅礴力量；使用一切可以使用的方法，与政治、经济、文化的发展紧密结合，让道德教育的成果为建设共产主义所用，并且在实践中得到检验和完善。

以巩固和完成共产主义事业为基础进行道德教育，要注重教育对象的广泛性。共产主义事业需要全社会各阶层人民的共同努力。共产主义道德就是为"摧毁剥削者的旧社会、把全体劳动者团结到创立共产主义者新社会的无产阶级周围服务的"②。只要能够为共产主义事业而斗争，不管是农民、工人还是资产阶级社会教育出来的知识分子，我们都要通过共产主义道德教育，将他们团结在无产阶级周围，使其为建设社会主义、实现共产主义而共同奋斗。首先，要注重道德教育主体的自我教育。教育主体是共产主义道德教育的实施者，教育主体的道德状况直接决定了道德教育能否顺利开展和教育成效如何。因此，道德教育主体的自我教育是非常重要的。列宁认为，道德教育主体以党的组织为首，以党员居多，而"共产党员的狂妄自大""文盲""贪污受贿"③是制约道德教育顺利开展的"三大敌人"，要通过"清党""学习"等提高党员的道德素质。列宁首创了清党活动，为了使真正忠于共产主义的人留在党内，确保党员队伍质量，列宁通过重新登记党员的方式驱逐"混进党里来的

① 《列宁全集》第 39 卷，人民出版社，1986，第 407 页。
② 《列宁选集》第 4 卷，人民出版社，2012，第 290 页。
③ 《列宁选集》第 4 卷，人民出版社，2012，第 590~591 页。

人"。列宁曾对党员提出学习、学习、再学习的要求，要求党员干部认真努力地学习，掌握必要的知识、必要的经验，进而提升自身的管理和领导能力。同时，列宁提出，也要注意对道德教育的其他主体进行培训，如青年团组织成员、教师队伍等，要通过马克思主义理论、共产主义教育提高他们的思想觉悟，使其坚定共产主义理想信念。其次，努力改变并利用资产阶级的知识分子为共产主义道德教育服务。列宁认为，无产阶级文化是在资本主义文化的基础上产生的，资本主义把文化只给予少数人，而我们必须用这个文化来建设社会主义。社会主义必须要胜利，我们要立刻使用资本主义昨天留下来可以供我们今天用的那些材料来建设社会主义，用那些砖头、材料、资产阶级专家等来建成社会主义。那些受资产阶级教育，有资产阶级习惯和偏见的知识分子，就像那"几十万教师——这是一批应该推动工作、启发人们思想、同目前群众中还存在的偏见作斗争的工作人员"①，我们应该吸引他们，努力改变他们，用共产主义思想教育他们，将他们团结到无产阶级周围，使其为共产主义道德教育服务。列宁认为，共产主义道德不仅不排斥资本主义社会所创造的文明机构，相反，还要用资本主义创造的材料来建设共产主义，"用千百年来被奴隶制、农奴制、资本主义和细小分散的经营所败坏的，为争夺市场上的一块地盘、为了自己的产品或劳动能卖个好价钱而进行的混战所败坏的大批人才来建设共产主义"②。要利用和重视资本主义的一切成就并用它来建设社会主义和共产主义。最后，要团结一切可以团结的力量为巩固和完成共产主义事业而斗争。列宁指出，要想巩固和完成共产主义，"就要有能力把工人阶级、大多数农民、一切被剥削劳动阶级团结成一支彼此密切联系的反对地主和资产阶级的力量"③。要积极对共产主义事业的主力军即工人阶级进行道德教育，唤醒工人阶级的自觉意

① 《列宁全集》第39卷，人民出版社，1986，第405页。
② 《列宁选集》第3卷，人民出版社，2012，第690页。
③ 《列宁选集》第3卷，人民出版社，2012，第401页。

识，在革命和建设中培养共产主义觉悟和纪律；在全国农民人数占 80%
的小农国家，要促进共产主义思想在农村的传播和影响，"只有非常巧妙
地、谨慎地和逐渐地同绝大多数农民结成联盟"①，才能实现巩固和完成
共产主义这一任务；青年是巩固和建设共产主义事业的主力军，要注重
对青年的共产主义道德教育；要最大限度地争取和团结妇女，对她们进
行共产主义道德教育，"彻底消灭过去的不平等现象或成见的一切痕迹"②，
启发她们的觉悟；等等。总之，以巩固和完成共产主义事业为基础这一
原则，要求道德教育不能忽视任何群体或个人。

以巩固和完成共产主义事业为基础进行道德教育，要注重教育方法
的多样性。道德教育是整个社会教育工作的一部分，关系着共产主义事
业能否实现。因此，道德教育的实效性至关重要，这就要求我们采取一
切可以采取的方法进行道德教育。首先，道德教育工作必须联系政治。
无产阶级的政治就是要团结一切可以团结的力量推翻资产阶级的统治，
实现自身的解放。因此，道德教育要联系政治，要让共产主义道德教育
在党的领导下进行。坚持和完善"党的政治领导"是共产主义道德教育
的根本遵循。列宁认为在共产主义道德建设过程中，要明确共产主义道
德教育内容与无产阶级政党之间的关联，认清坚持和完善党对共产主义
道德教育的领导，是始终坚持社会主义方向和彰显马克思主义鲜亮底色
的根本保证。党要帮助无产阶级树立共产主义道德观念，摆脱资产阶级
的欺骗，引导无产阶级成为共产主义道德教育的组织者、领导者、实施
者。党还应该培养出一支能够与党和党的思想保持密切联系的共产主义
道德教育大军，使其能够贯彻党的教育精神，把工人群众团结在党的周
围，用共产主义道德教育他们。"政治文化、政治教育的目的是培养真正
的共产主义者，使他们有本领战胜谎言和偏见，能够帮助劳动群众战胜

---

① 《列宁专题文集·论社会主义》，人民出版社，2009，第 302 页。
② 《列宁全集》第 36 卷，人民出版社，1985，第 407 页。

旧秩序，建设一个没有资本家、没有剥削者、没有地主的国家。"① 道德教育工作"应该建立在经济建设的政治经验之上"，建立在满足人民的需要之上，这样才能巩固和完成共产主义事业。其次，道德教育要与国家经济生活联系起来。发展生产力，提高劳动生产率，满足人民的物质生活需求是最终过渡到共产主义社会的必要条件。提高劳动生产率才能战胜部分工人的散漫性和分散性，战胜行会的狭隘性、局限性，消除利己主义和城乡对立等不良风气和传统。为此，在一定时间内，仍然要给资本主义的专家们较高的报酬，要实施奖励制度，要让资产阶级专家同觉悟的共产党员所领导的工人们一起劳动，在这一劳动过程中耐心地启发、教育他们，"使他们意识到把科学用于个人发财和人剥削人是极其卑鄙的，意识到使科学为全体劳动群众所了解则是更为崇高的任务"②。道德教育也要和生产劳动相结合，脱离了生产劳动，就不可能达到共产主义道德教育的目标。"要建设共产主义，就必须掌握技术，掌握科学"③，恢复工业和农业，实现全国电气化。列宁指出，在青年接受学校教育方面，资本主义旧社会与社会主义新社会的最大区别在于，前者认为"书本与生活实践完全脱节"，后者强调"教育与生产相结合"。共产主义知识是人类知识的总和，是最确切、最缜密、最深刻的特殊知识。青年应到劳动人民群众生产实践中去，利用空闲时间"改善菜园工作"或"在某个工厂里组织青年学习"，"必须使大家都看到，入团的青年个个都是有文化的，同时又都善于劳动"④。最后，共产主义道德教育要与文化生活相结合。列宁非常重视本国的文化发展状况，多次强调要提高广大人民群众的文化水平。他指出，"在一个文盲的国家里是不能建成共产主义社会

---

① 《列宁全集》第 39 卷，人民出版社，1986，第 404 页。
② 《列宁选集》第 3 卷，人民出版社，2012，第 728 页。
③ 《列宁选集》第 38 卷，人民出版社，1986，第 283 页。
④ 《列宁专题文集·论无产阶级政党》，人民出版社，2009，第 292 页。

的"①，"劳动人民不但要识字，还要有文化，有觉悟，有学识"②，一些资产阶级的不良作风，如贪污受贿、工作拖拉等必须用"提高文化的办法才能治好"③。他认为文盲是处于政治之外的，只要文盲现象在国内存在，就很难谈得上政治教育，共产主义也就无从谈起。共产主义教育的任务就在于提升党员群众的思想觉悟，而拖拉作风和贪污行为作为一种任何军事上的胜利和政治上的改造都治不好的"毒疮"，只能通过提高文化觉悟医治。同时，文学艺术也具有非常大的改造世界的力量。要用一些好的作品来影响群众、教育群众，要把共产主义道德的原则、规范等融入艺术作品之中，潜移默化地对人民群众进行共产主义道德教育。

三 与沸腾的实际生活相结合

人民群众要"从实际经验中而不是从书本中受到教育"④。列宁认为，要想让共产主义道德内化于心并外化为实际行动，单靠到人民群众中进行宣传和鼓动是远远不够的，必须让人们在"沸腾的实际生活"⑤中亲身体验到共产主义道德的正确性。列宁仔细分析了资本主义旧社会时人们受资产阶级所提出的"自由、平等、民主"等道德标准蒙蔽的原因，指出"资本主义旧社会留给我们的最大祸害之一，就是书本与生活实践完全脱节，因为那些书本把什么都描写得好得了不得，其实大半都是最令人厌恶的谎言，虚伪地向我们描绘了资本主义社会的情景"⑥。资产阶级以虚伪的谎言培养了一代又一代为他们服务的奴仆。无产阶级取得政权，建立社会主义，就要彻底消除这些现象。我们要在马克思主义理论的指导下，将"沸腾的实际生活"与发展和改造自身相结合。共产

---

① 《列宁选集》第 4 卷，人民出版社，2012，第 294 页。
② 《列宁全集》第 40 卷，人民出版社，1986，第 158 页。
③ 《列宁全集》第 42 卷，人民出版社，1987，第 198 页。
④ 《列宁全集》第 15 卷，人民出版社，1988，第 194 页。
⑤ 《列宁选集》第 4 卷，人民出版社，2012，第 292 页。
⑥ 《列宁选集》第 4 卷，人民出版社，2012，第 282～283 页。

主义道德教育要从人们的实际经验和觉悟水平出发，不能"只限于领会共产主义著作、书本和小册子里的东西"①，要同无产阶级革命、与资产阶级的实际斗争、社会主义建设相结合。如果只阅读、领会共产主义著作、书本和小册子里的东西，却不善于把这些知识与实际生活相结合，我们就无法说服广大人民群众，把他们引向革命，引向社会主义建设，使其按共产主义的真正要求去行动。只有引导人民群众同资产阶级作殊死斗争，引导他们发现地主和资本家对自己及亲人的疯狂压迫和剥削，才能通过共产主义道德教育，使他们团结在无产阶级周围，为争取创立共产主义新社会而奋斗。"离开工作，离开斗争，那么从共产主义小册子和著作中得来的关于共产主义的书本知识，可以说是一文不值，因为这样的书本知识仍然会保持旧时的理论与实践的脱节，而这正是资产阶级旧社会的一个最令人厌恶的特征。"② 年轻一代的共产主义者只有把书本与生活实践结合起来才能完成建设共产主义社会的任务。理论是行动的先导，虽然书本中的理论是把共产主义社会理想变成现实的指导方针，但是只有当人们把理论运用到生活实践中去，理论才能真正发挥指导作用。所以说，道德教育要与"沸腾的实际生活"相联系，我们不能"单从书本上来领会关于共产主义的论述"，更不能"只求领会共产主义的口号"。③ 理论要转化为实践，更需要在实践中赋予理论以活力。"无论是脱离生产劳动的教学和教育，或是没有同时进行教学和教育的生产劳动"④，都不能达到共产主义道德所要求的高度，毕竟，"一步实际运动比一打纲领更重要"⑤。

共产主义道德教育需要通过"沸腾的实际生活"来检验其合理性。马克思曾说过，思维是否具有真理性需要在实践中检验，"社会生活在本

① 《列宁选集》第 4 卷，人民出版社，2012，第 282 页。
② 《列宁选集》第 4 卷，人民出版社，2012，第 283 页。
③ 《列宁选集》第 4 卷，人民出版社，2012，第 283 页。
④ 《列宁全集》第 2 卷，人民出版社，1984，第 461 页
⑤ 《列宁全集》第 33 卷，人民出版社，1985，第 208 页。

质上是实践的。凡是把理论诱入神秘主义的神秘东西，都能在人的实践中以及对这种实践的理解中得到合理的解决"①。俄国无产阶级革命以及社会主义建设，都没有任何历史经验可借鉴，只有建立在历史唯物主义和辩证唯物主义基础上的科学社会主义理论可用于指导。而共产主义道德的提出更是对马克思主义理论的创造性发展。共产主义道德教育能否被无产阶级和广大劳动群众所接受，能否达到预期的效果，都是无法估计和预测的。共产主义道德教育的方式方法是否合理，也需要在实际工作中才能得到检验，应当根据实践中遇到的问题而不断调整道德及道德教育的理论的发展方向。1918 年 4 月，在总结当前的任务时，列宁提出："我们应该立刻开始实行劳动义务制，但在实行时应当十分慎重，逐步进行，用实际经验检验每一步骤，而且，第一步当然是对富人实行劳动义务制。"② 而从战时共产主义政策到新经济政策的调整，就是通过实践来检验理论的合理性的显著体现。战时共产主义政策实施期间，列宁提出，要在全社会立即实行共产主义道德，使每个人都遵守共产主义道德，希望"用无产阶级国家直接下命令的办法在一个小农国家里按共产主义原则来调整国家的产品生产和分配"③ 等。而实践证明，在这一时期提出这样的要求并不合理，因为人民群众的文化水平等发展状况还未能达到共产主义道德的要求，而实施共产主义道德也缺乏一定的物质基础进行支撑，单靠热情而忽视对人民群众利益的关心是无法取得成功的。"我们需要在实践中说明应该如何建设社会主义。"④ 因此，列宁勇于接受实践的裁决，于 1921 年开始实施新经济政策。列宁及其领导的苏维埃政权"用行动向农民证明：我们是从农民所理解、所熟悉、目前在他们极其贫困的境况下办得到的事情做起，而不是从在农民看来是遥远的、空想的事

---

① 《马克思恩格斯选集》第 1 卷，人民出版社，2012，第 139～140 页。
② 《列宁选集》第 3 卷，人民出版社，2012，第 486 页。
③ 《列宁选集》第 4 卷，人民出版社，2012，第 570 页。
④ 《列宁全集》第 39 卷，人民出版社，1986，第 407 页。

情做起"①。列宁要求共产党人从人民群众的实际情况出发，在实际生活中进行共产主义道德教育。

共产主义道德在劳动中成为"把一切劳动者团结起来的力量"②。"沸腾的实际生活"来源于人们的劳动实践。列宁认为，在"沸腾的实际生活"中进行劳动教育，才能形成和谐的劳动关系，使人们养成自觉的劳动纪律、提高劳动觉悟。人心团结、纪律严明对于建设共产主义社会具有重要作用。工人阶级正是在劳动中认识到资产阶级剥削和压迫他们的事实，认识到只有团结起来进行无产阶级革命，才能获得自身的解放，才能使被迫劳动变成自愿劳动，才能从为资本家劳动转变成为自己而劳动。在觉醒的无产阶级团结起来消灭资产阶级政权后，阶级斗争并没有因此而消失。资产阶级还在不断反抗，小资产阶级还在犹豫动摇，农民还愚昧落后等，要求无产阶级进行艰难、长期的斗争。无产阶级要想捍卫、巩固自己的政权，必须要用一种全新的纪律，即无产阶级的劳动纪律，来代替资本主义的饥饿纪律和农奴制纪律，把劳动者紧紧团结在无产阶级周围，团结一切可以团结的力量，共同进行阶级斗争、建设社会主义。而且，只有"经过了劳动学校的锻炼"的无产阶级才"善于使一切劳动者和诚实的人尊重自己的劳动能力"。③ 共产主义道德在劳动中能够鼓舞众多的工人和农民，把他们的意志凝聚起来，使他们同共产主义者团结在一起，形成强大的联盟，进而有组织、有纪律地执行建设共产主义社会的计划。如此一来，共产主义者的力量得以增长，战胜资本家和地主的信心得以提升，建设共产主义社会的任务就能获得源源不断的人力支持。此外，劳动实践还赋予共产主义道德教育团结和改变资产阶级知识分子的能力。列宁指出，我们必须在资本主义所创造的全部财富的基础上建设社会主义，不能做历史虚无主义者。1919年2月，在《俄

---

① 《列宁全集》第43卷，人民出版社，1987，第76页。

② 《列宁全集》第38卷，人民出版社，1986，第194页。

③ 《列宁专题文集·论社会主义》，人民出版社，2009，第141页。

共（布）纲领草案》中，列宁指出要努力营造一种环境，"使资产阶级专家同觉悟的共产党员所领导的普通工人群众手携手地同志般地共同劳动"①，在劳动中进行共产主义道德教育，使他们逐渐放弃把科学当作个人发财的工具和人剥削人的手段，认识到只有使科学成为全体劳动群众的科学，才是符合道德要求的、更为崇高的。

---

① 《列宁选集》第 3 卷，人民出版社，2012，第 728 页。

第三章
列宁关于共产主义道德教育路径的探索

　　"理论是灰色的，而生活之树是常青的。"① 列宁一生从未停止过探索共产主义道德教育的实践路径。早在革命初期，列宁为激发无产阶级革命的自觉性，就通过各种途径对无产阶级进行道德教育；无产阶级取得政权后，为了巩固政权，建设社会主义，摒弃旧社会的不良道德习俗，培养建设共产主义的一代新人，列宁开始在全社会弘扬共产主义道德，掀起共产主义道德教育的高潮。列宁认为，不管是工人阶级、穷苦农民、资产阶级知识分子，还是旧社会的官僚们，他们都是从旧社会的污泥中成长起来的，要想团结他们共同建设社会主义，就要改造他们，直到他们与过去的剥削阶级的旧道德相脱离，养成共产主义道德的高尚品质。列宁认为，要实现这一目标，摆在我们面前的首先是"组织任务、文化任务和教育任务"②。必须做大量的组织工作、教育工作和文化工作。因此，列宁在批判资产阶级和腐朽道德观念的基础上，领导构建了共产主义道德教育的组织机构、机制，在全国推行共产主义星期六义务劳动，开展教育体制改革以提高人民群众的文化水平。

---

① 《列宁选集》第 3 卷，人民出版社，2012，第 381 页。
② 《列宁全集》第 36 卷，人民出版社，1985，第 154 页。

第一节　注重共产主义道德教育的制度建设

有效的制度是实施共产主义道德教育的重要保障。为了更好地对无产阶级进行共产主义道德教育，列宁强调，必须要坚持党对共产主义道德教育的领导，全面贯彻落实党的道德教育方针，在党的坚强领导下，全面铸牢共产主义道德教育的制度保障，同时还要加强对学校、工会、共青团等重点组织机构的道德教育引导。

一　坚持党对共产主义道德教育的领导

坚持党对共产主义道德教育的领导，对内可以增强苏维埃政权的向心力，对外可以引领社会主义建设的价值导向。坚持党对共产主义道德教育的领导这一思想始终贯穿于列宁的著作中，他认为党的领导是共产主义道德教育的核心力量。党以马克思主义作为自己的指导思想，由工人阶级中有觉悟的、先进的阶层组成，是无产阶级的先锋队，代表着人民群众的利益，是联结优秀的工人阶级代表和人民群众的天然枢纽，必须时刻发挥团结、组织和教育广大人民群众的领导作用。只有党的领导能够保证人民群众在共产主义道德教育下，紧密团结在无产阶级周围，共同建设社会主义，为实现共产主义而不懈奋斗。坚持党对共产主义道德教育的领导，就是要提出一套有利于社会主义发展建设、代表无产阶级利益的道德标准，把不符合这一道德标准的内容清除出去。在对广大人民群众进行共产主义道德教育的过程中，要让他们能够识别并抵制资产阶级道德的侵蚀和影响。

十月革命前，列宁就非常注重党对道德教育的领导问题。列宁在《怎么办？》中就指出，无产阶级政党要具备能够吸引广大工人群众的道德品质，能够代表他们的根本利益，坚定他们的理想信念，以自己的感召力和凝聚力吸引更多的人加入革命中来。1904 年，在《进一步，退两步》中列宁指出，由于社会主义意识觉醒程度不同，人们对社会主义革命和谋求自身解放运动的认识程度不同，要想取得革命的成功，我们不但要区别他们同党的密切程度，还要保证党的领导，"正因为人们的觉悟程度和积极程度有差别，所以必须区别他们同党的关系的密切程度。我们是阶级的党，因此，几乎整个阶级（而在战争时期，在国内战争年代，甚至是整个阶级）都应当在我们党的领导下行动，都应当尽量紧密地靠近我们党"①。这也是我们党的优势所在，这是在资本主义制度下所不能达到的。党的责任和义务便是把社会主义意识、共产主义道德要求等运用到自发的工人运动中去，同时，还要利用政党的活动对人民进行道德教育，用无数的剥削现实来揭露、批判伪善的资产阶级道德。1905年11月，列宁在《党的组织和党的出版物》中强调了党对道德教育的重要领导和监督作用。党要拥有自己的出版物，利用出版物宣传无产阶级的事业，"报纸应当成为各个党组织的机关报。写作者一定要参加到各个党组织中去。出版社和发行所、书店和阅览室、图书馆和各种书报营业所，都应当成为党的机构，向党报告工作情况。有组织的社会主义无产阶级，应当注视这一切工作，监督这一切工作，把生气勃勃的无产阶级事业的生气勃勃的精神，带到这一切工作中去，无一例外"②。党必须要把那些与党的道德原则不相符合的人清除出去，以避免其在思想上和物质上影响党的发展。十月革命前夕，列宁在《国家与革命》中又指出，由无产阶级的先锋队所组成的党，要成为所有被剥削劳动者反抗资产阶级，建设新制度，走向社会主义，"建设自己社会生活的事业中的导师、领导者和领袖"③。

十月革命后，列宁对党领导共产主义道德教育这一问题有了更加深刻的认识。他不断强调共产主义道德教育要由党来领导，共产主义道德

① 《列宁全集》第8卷，人民出版社，1986，第255页。
② 《列宁选集》第1卷，人民出版社，2012，第664页。
③ 《列宁选集》第3卷，人民出版社，2012，第132页。

教育的内容要由党来确定，负责共产主义道德教育的人要由党来安排并监督。列宁先后在《俄共（布）纲领草案》《共产主义运动中的"左派"幼稚病》等文中强调要坚持党对共产主义道德教育的领导。列宁指出："我们应当借助于被我们推翻了的那个阶级出身的人来从事管理，自然，这些人满脑子都是他们本阶级的偏见，我们应当重新教育他们。同时，我们应当从本阶级队伍中征集自己的管理人员。我们要运用全部国家机构，使学校、社会教育、实际训练都在共产党员领导之下为无产者、为工人、为劳动农民服务。"① 共产主义的训练不能一直停留在学校里，我们打赢了流血的战争，还要打赢那不流血的战争，这一战争的胜利离不开道德教育，因为要想取得胜利，首先要保证我们有坚定的信念，全力以赴并意志统一，要把原来留下的那些旧偏见、旧习惯等资产阶级道德恶习彻底清除。而这一切都必须在党的领导之下才能达到。只有在无产阶级专政下"重新教育千百万农民和小业主，数十万职员、官吏和资产阶级知识分子，使他们都服从无产阶级的国家和无产阶级的领导，战胜他们中间的资产阶级的习惯和传统"②，党才可能取得社会主义革命的胜利，才能够集中全力为建设社会主义而服务。"无产阶级，通过它的先锋队共产党和所有无产阶级组织，应当作为最积极最主要的力量参与整个国民教育事业"③，使共产主义道德教育不偏离方向。为此，列宁在1921年《中央委员会给教育人民委员部党员工作人员的指示》中再次强调，参与共产主义道德教育的专家必须要具备两个条件，一是要在党的监督下工作，以保证共产主义道德教育的性质和方向；二是共产主义道德教育的内容只能由共产党员来决定。④ 因此，在《论教育人民委员部的工作》一文中，列宁对共产党如何巩固自己的领导权进行了说明，并对什

---

① 《列宁选集》第4卷，人民出版社，2012，第125页。
② 《列宁全集》第39卷，人民出版社，1986，第93页。
③ 《列宁专题文集·论社会主义》，人民出版社，2009，第167页。
④ 《列宁全集》第40卷，人民出版社，1986，第325页。

么样的共产党员才能成为领导者提出了要求。领导共产主义道德教育的必须是能够忠于社会主义建设事业，头脑清醒和具有实际本领，能够埋头苦干，把人民群众坚强地团结起来，时刻以共产主义道德标准要求自己的人。

加强党的自身建设并且时刻与人民群众保持密切联系，是党对共产主义道德教育领导的根本保障。保证党对共产主义道德教育的领导，首先要加强党自身的建设。列宁认为，一方面，党自身的道德素质要经得住检验，还要不断提升。如何检验和提升呢？"第一，是靠无产阶级先锋队的觉悟和它对革命的忠诚，是靠它的坚韧不拔、自我牺牲和英雄气概"；第二，"是靠它善于同最广大的劳动群众，首先是同无产阶级劳动群众，但同样也同非无产阶级劳动群众联系、接近，甚至可以说在某种程度上同他们打成一片"；第三，"是靠这个先锋队所实行的政治领导正确，靠它的政治战略和策略正确，而最广大的群众根据切身经验也确信其正确"。"一个革命政党，要真正能够成为必将推翻资产阶级并改造整个社会的先进阶级的政党，没有上述条件，就不可能建立起纪律。没有这些条件，建立纪律的企图，就必然会成为空谈，成为漂亮话，成为装模作样。"① 另一方面，党还要有科学的领导方法。要坚持历史唯物主义和辩证唯物主义的基本原理，一切从实际出发，从整体上、从联系中去掌握事实，用发展的观点来看待事物从一般到特殊的发展规律，"任何问题都可以说是'在迷宫里兜圈子'，因为全部政治生活就是由一串无穷无尽的环节组成的一条无穷无尽的链条。政治家的全部艺术就在于找到并且牢牢抓住那个最不容易从手中被打掉的环节，那个当前最重要而且最能保障掌握它的人去掌握整个链条的环节"②。其次，列宁认为，党对共产主义道德教育的领导离不开广大群众的拥护、支持和参与。人民群众

---

① 《列宁全集》第39卷，人民出版社，1986，第5页。
② 《列宁全集》第6卷，人民出版社，1986，第156页。

既是历史的创造者又是历史发展的推动者，道德教育只有依靠群众、联系群众、面向群众、深入群众、代表群众的利益，才能实现其真正的价值。党领导共产主义道德教育的前提必须是正确地表达人民群众的想法，"在人民群众中，我们毕竟是沧海一粟，只有我们正确地表达人民的想法，我们才能管理。否则共产党就不能率领无产阶级，而无产阶级就不能率领群众，整个机器就要散架"①。最后，列宁还带领成立了政治教育总委员会。他要求政治教育总委员会要严格服从党的领导，贯彻党的精神。政治教育总委员会的突出任务就是要培养一批教育大军，"教育工作者和教员过去受的是资产阶级的偏见和习惯的教育，是敌视无产阶级的教育，他们同无产阶级没有任何联系。现在我们要培养出一支新的教育大军，它应该同党和党的思想保持紧密联系，贯彻党的精神，它应该把工人群众团结在自己的周围，以共产主义的精神教育他们，使他们关心共产党员所做的事情"②。

二　筑牢共产主义道德教育的制度保障

制定并完善相关法律法规和各种规章政策，推进共产主义道德教育的有效实施。完善的法律法规是保证共产主义道德教育顺利实施的有效途径，是增强共产主义道德教育实效性的必要措施。列宁认为，法令，"是号召群众实际行动的指令"，法令的作用"在于使倾听苏维埃政权意见的那成百、成千、成百万人学会采取实际步骤"。③十月革命前，列宁就指出，现行存在的、由沙皇政府颁布的诸多法律法规，为剥削阶级的道德服务，是沙皇愚民政策的集中体现，要想使广大工农群众团结起来共同革命，走向社会主义，树立共产主义意识，必须废除以往的各种法令，从根本上废除剥削制度，消灭剥削阶级，由无产阶级来制定符合广

---

① 《列宁全集》第43卷，人民出版社，1987，第109页。
② 《列宁全集》第39卷，人民出版社，1986，第403页。
③ 《列宁全集》第36卷，人民出版社，1985，第188页。

大工农群众利益的法令。十月革命后，列宁立刻着手构建并颁布了许多法律制度、公共政策以及社会规范等。"仅从 1717 年 10 月到 1918 年 7 月短短 9 个月的时间，就制定和付诸实施了 600 多项法律文件，其中包括宪法、法律、法令、决议等等。"① 列宁将 1918 年 7 月 10 日通过的人类历史上第一部社会主义宪法——苏维埃宪法（俄罗斯社会主义联邦共和国根本法），称为"第一部宣布国家政权是劳动者的政权、剥夺剥削者——新生活建设者的敌人——的权利的宪法。这就是它和其他国家宪法的主要区别，同时也是战胜资本的保证"②。而且，列宁指出，像"精打细算，节俭办事，不偷懒，不盗窃，遵守最严格的劳动纪律"③ 等这些口号都要以苏维埃法令的形式来切实实现。因此，为了培养共产主义劳动态度，颁布了《劳动纪律条例》《关于消灭拖拉现象》等；为了养成自觉的革命纪律，颁布《关于惩办受贿的法令》等；为了树立无产阶级家庭道德观念，还推行了"离婚完全自由的法律"，规定男女在婚姻、家庭中权利平等；④ 在倡导社会主义人道主义、爱国主义和国际主义等问题上，颁布了《和平法令》《俄国各族人民权利宣言》等。为了保障法律法规的切实执行，还颁布了《关于切实遵守法律的决定提纲草稿》《遵守苏维埃共和国法律》《工人监督条例》等，对各项法律法规进行宣传、落实，强调法律的权威性。总之，列宁一直致力于把共产主义道德写进各项法律法规中，以法律法规的形式推动共产主义道德教育的开展，让共产主义道德成为人们内心的法律，使人们严格遵守，使人们自觉践行。

实行极严格的监督，促进共产主义道德教育的可持续发展。列宁明确指出，在共产主义道德教育的第一阶段和第二阶段，必须要通过"对劳动量和消费量实行极严格的监督，不过这种监督应当从剥夺资本家和

---

① 李爱华：《论列宁的法制教育和法律监督思想》，《山东师大学报》（社会科学版）1995 年第 2 期。

② 《列宁全集》第 34 卷，人民出版社，1985，第 503 页。

③ 《列宁全集》第 34 卷，人民出版社，1985，第 156 页。

④ 《列宁全集》第 35 卷，人民出版社，1985，第 180 页。

由工人监督资本家开始，并且不是由官吏的国家而是由武装工人的国家来实行"①，这样才能保证人民群众能够各尽所能地参加劳动，同时保证分配的公平性，并彻底摆脱斤斤计较的"资产阶级权利的狭隘眼界"②，养成良好的道德品质，使遵守公共生活的基本规则成为人们的习惯。十月革命胜利后，列宁指出，为了巩固苏维埃政权，恢复经济，不得不利用资本家来搞建设，因此，也无法避免"将带来资本主义习气，腐蚀农民。但是应该加以注意，应该处处用自己的共产主义影响加以抵制。这也是一场战争，是共产主义和资本主义这两种方式、两种形态、两种经济的军事较量。我们一定能够证明，我们更有力量"③。同时，为了防止资本主义腐蚀我们的农民和群众，"必须监视敌人的每一个行动。需要用各种办法来进行管理、监督、影响和诱导。这同样是一场战争。我们已经在一场规模比较大的战争中战斗过，而在这场战争中我们要动员比上次更多的人来参加。要动员每一个劳动者参加这场战争"④。列宁在晚年深刻地意识到，培养共产主义道德品质，除了要学习共产主义道德，最重要的就是要通过"检查"的方式将学到的东西深入血肉，使其成为生活的一部分。为此，列宁提出，一是国家权力机关要承担起最主要的监督责任，"保证劳动者的纪律和自觉纪律得到严格的执行。……我们需要国家，我们需要强制。苏维埃法院应当成为无产阶级国家实行这种强制的机关"⑤。"既然在消费品的分配方面存在着资产阶级权利，那当然一定要有资产阶级国家，因为如果没有一个能够强制人们遵守权利准则的机构，权利也就等于零。"⑥ 列宁极其重视工农检查院的改组，提出把工农检查院与中央监察委员会结合起来，更好地与广大群众联系起来，做

---

① 《列宁选集》第 3 卷，人民出版社，2012，第 199 页。
② 《列宁选集》第 3 卷，人民出版社，2012，第 198 页。
③ 《列宁全集》第 40 卷，人民出版社，1986，第 77 页。
④ 《列宁全集》第 40 卷，人民出版社，1986，第 78 页。
⑤ 《列宁全集》第 34 卷，人民出版社，1985，第 149 页。
⑥ 《列宁选集》第 3 卷，人民出版社，2012，第 200 页。

好监督工作。二是要充分发挥工农群众在共产主义道德教育中的监督作用。列宁要求由"工兵农"代表国家最高权力机关，依照指示和委托对人们践行共产主义道德的情况进行监督。这种监督只能通过怀着满腔革命热情的工农群众自愿并诚挚地相互合作、共同执行，才能清除资本主义的残余，培养出共产主义道德。① 列宁还领导制定并颁布了《工人监督条例》，要求在人数不少于5人的企业中实行广泛而又全面的监督，同时还要求各级工人组织制定严格的工人监督细则，"一切企业主和一切由工人和职员选出实行工人监督的代表，均应对国家负责，维持严格的秩序和纪律，并保护财产"②。列宁指出，"当大多数人对资本家（这时已成为职员）和保留着资本主义恶习的知识分子先生们开始独立进行和到处进行这种计算即这种监督的时候，这种监督就会成为真正包罗万象的、普遍的和全民的监督，对它就绝对无法逃避、'无处躲藏了'"③，这样人们才会慢慢养成共产主义道德并在生活中践行共产主义道德。

建立奖惩机制，保障共产主义道德教育的效果和动力。列宁认为，奖励和惩罚都是共产主义道德教育的重要手段，是在社会主义建设时期培养人们共产主义道德的必然要求，是对个人利益进行充分考虑后的结果，是个人利益与国家利益相结合的体现。不管是战争时期还是经济建设时期，"必须把一切力量都用在这上面，并且设法使活跃而巩固的强制机关立足于说服并开展更大规模的说服工作，这样我们就会胜利地结束这一战局。克服农民群众中的守旧、无知和不信任等思想残余"④，开展共产主义道德教育，使他们投入无产阶级革命和社会主义建设中来，不仅要用宣传、鼓动等方法，还要有组织地诱导，才能保障效果和动力，比如实物奖励。列宁领导制定并颁布实物奖励法令，指出"光向农民和

---

① 《列宁选集》第3卷，人民出版社，2012，第379页。
② 《列宁选集》第3卷，人民出版社，2012，第353页。
③ 《列宁选集》第3卷，人民出版社，2012，第202页。
④ 《列宁选集》第4卷，人民出版社，2012，第354页。

工人们说加强劳动纪律吧，这是不够的。除此之外还要帮助他们，要奖励那些历尽千辛万苦之后在劳动战线上仍然英勇奋斗的人"①，奖励所有岗位上才干突出、努力工作和忠心耿耿的优秀工作人员，并且要广泛地传播这种思想，还要在地方落实开展这项工作。列宁要求工会一定要积极配合并做好奖励工作。除此之外，列宁认为，养成共产主义道德，光有奖励是不够的，还要有严厉的惩罚措施。列宁要求成立"纪律审判会"，指出"在组织劳动方面，除了建立一套严整的工资制度，全面修订生产定额之外，工会必须坚决地担负起同各种逃避劳动的行为（旷工、迟到等等）进行斗争的全部工作。直到现在，纪律审判会尚未受到应有的重视，必须使它成为同破坏无产阶级劳动纪律的行为作斗争的有力工具"②。对在各项工作中尤其是在生产劳动中，没有严格遵守劳动纪律、逃避劳动、玩忽职守等人员，通过判处训诫、降低工资、调低岗位、服重劳役等进行惩罚，严重者可逮捕或送集中营监禁。列宁提出"要采用最严厉的惩治手段"③来惩罚那些在工作中有拖拉作风和官僚主义行为的人。针对在新经济政策执行期间出现的一系列违法乱纪行为，列宁认为，不能只靠道德规范去约束，而要用"新办法给予新的严厉的惩罚"④。列宁非常重视共产党员的道德教育问题，提出在贪污受贿、官僚主义等问题上，对共产党员的"惩办应比对非党人员加倍严厉"⑤，凡是想要利用特权试图减轻共产党员罪责的人，都将被开除出党。只有当所有人都意识到，不按照共产主义道德要求去做，就会受到"极迅速极严厉的惩罚"的时候，"一切公共生活的简单的基本规则就会很快从必须遵守变成习惯于遵守了。到那时候，从共产主义社会的第一阶段过渡到它的高级阶段

---

① 《列宁选集》第 4 卷，人民出版社，2012，第 357 页。
② 《列宁选集》第 4 卷，人民出版社，2012，第 389 页。
③ 《列宁全集》第 52 卷，人民出版社，1988，第 267 页。
④ 《列宁全集》第 52 卷，人民出版社，1988，第 267 页。
⑤ 《列宁全集》第 42 卷，人民出版社，1987，第 426 页。

的大门就会敞开，国家也就随之完全消亡"①。

三　加强重点组织机构的道德教育引导

学校是共产主义道德教育的主要阵地。列宁指出，苏俄的学校，要在党的领导下，培养具有共产主义道德、能够实现共产主义的一代新人，不能脱离政治。学校教育是推翻资产阶级斗争的一个重要途径，学校可以用"十分明显的真理来驳斥骗人的谎言。战争清楚地表明资产阶级拿来作幌子的'多数人意志'是怎么回事，战争清楚地表明一小撮财阀为了自己的利益而把各国人民拖入大厮杀。人们原来认为资产阶级民主是为多数人服务的，这个信念现在已经彻底破产了"②。学校不仅要成为共产主义原则的传播者，还要成为无产阶级专政的工具，在思想上、组织上、教育上对劳动群众产生无产阶级的影响，传播共产主义的道德原则。"把学校由资产阶级的阶级统治工具变为摧毁这种统治和完全消灭社会阶级划分的工具。"③ 学校还要"同以往的革命遗留下来的松懈散漫现象的残余进行斗争"④，要善于宣传鼓动，将共产主义理想信念、共产主义道德要求等灌输给正在成长的年青一代。1920 年 10 月 2 日，列宁在俄国共产主义青年团第三次代表大会上发表重要讲话，明确提出了共产主义道德的概念，并且提出社会主义的学校要努力教授青年基本知识，通过教育使他们自己能够形成共产主义的观点，接受共产主义道德并成为有学识的共产主义建设者。"无产阶级如果没有培养出高度的觉悟、严格的纪律以及在对资产阶级作斗争时的无限忠诚，就是说，如果不能完成无产阶级为完全战胜其宿敌所必须提出的一切任务，那就谈不到实现无产阶级专政。"⑤ 列宁指出，要加强教师队伍建设，使教师成为学校共产主义

---

① 《列宁选集》第 3 卷，人民出版社，2012，第 203 页。
② 《列宁全集》第 35 卷，人民出版社，1985，第 77 页。
③ 《列宁专题文集·论无产阶级政党》，人民出版社，2009，第 196 页。
④ 《列宁全集》第 35 卷，人民出版社，1985，第 422 页。
⑤ 《列宁全集》第 39 卷，人民出版社，1986，第 400 页。

道德教育的主力军，成为"启发人们思想、同目前群众中还存在的偏见作斗争的工作人员"①。大多数教师是非常拥护被剥削劳动者的政权的，他们反对资产阶级的旧偏见、旧制度和虚伪立场，深信社会主义革命的必然性，同工人阶级和劳动农民紧紧站在一起。他们清楚，"只有同一切被剥削的劳动者有密切联系、真心实意地拥护苏维埃的社会主义学校"②，才能成为培养共产主义一代新人的工具。我们必须通过教师去争取农民、争取工农联盟，还要依靠教师进行社会主义文化建设。离开教师，共产主义道德教育将无法完成。因此，我们必须将提高教师的地位当作非常重要的工作来做。政治上要信任，生活上要关心，要将既具有理论知识又具有实践知识的教育家，选拔到教育行政管理队伍、地方机关或中央机关工作。列宁领导学校教育改革，希望学校成为共产主义道德教育的有力武器。而且列宁还提出要利用从资本主义社会继承下来的一切知识和人才来为共产主义的学校教育服务。在俄共（布）第八次代表大会上，苏维埃政府在列宁的指示下，决定将全国各类学校都纳入教育人民委员部的领导之下，并决定改组教育人民委员部，以更有效地解决学校在发展过程中所遇到的各类问题，使学校彻底成为无产阶级专政下的共产主义道德教育机构。于是，在1921年，由政治教育总委员会等组成的教育人民委员部改组完成。列宁还提出要加大教育经费投入，为共产主义道德教育的顺利开展提供物质保障。经济基础决定上层建筑，为了使落后的教育尽快改善，列宁采取了多种措施来增加教育经费，改善教育环境，从物质上保障共产主义道德教育的全面开展。首先，缩减其他部门经费，增加教育部门投入。1923年1月，列宁在《日记摘录》中提到，苏俄的教育文化水平极其落后，这是长期处于沙皇政府统治下，不重视教育问题，教育只为有产阶级服务所造成的。应该削减其他部门的经费，用于

---

① 《列宁专题文集·论社会主义》，人民出版社，2009，第175页。
② 《列宁全集》第35卷，人民出版社，1985，第422页。

教育人民委员部，要在粮食和其他生活产品的分配上倾向教师，使"我们的整个国家预算首先去满足初级国民教育的需要，这个工作我们还做得太少，做得还远远不够"①。其次，撤销不必要的机构和人员编制。列宁认为，像教育人民委员部的内部机构如国家出版总局的编制就过于庞大，还有职业教育总局这样并不适合广泛的国民教育需要的机构，其中有很多"臃肿的和形同虚设的"②编制，应予撤销。把节省下来的经费用于国民教育，保证国民教育经费的投入。最后，支持并鼓励社会力量办学。列宁认为，广大人民群众对于在教育系统之外的教育，都十分期盼，受教育的需求迅速增长，单靠国家办学已经不能满足人民群众的需要。因此，要鼓励社会力量办学。总之，列宁通过各种方式，使本国教育系统经费得以逐年增加，即使在最艰难的时期，苏维埃政府也未曾缩减教育开支。

把工会建设为共产主义道德教育的特殊学校。工会组织是伴随着工人运动的兴起而产生的，是无产阶级革命从自发走向自觉的重要标志。大量工会组织的产生意味着无产阶级社会主义意识开始苏醒，它是与社会主义运动相结合的产物。十月革命前，工会通过政治罢工、武装起义等革命运动，教育无产阶级要联合起来，"工人阶级的利益要求俄国各族工人在统一的无产阶级组织，如政治组织、工会组织、合作—教育组织等等中打成一片。只有各族工人在这种统一的组织中打成一片，无产阶级才有可能进行反对国际资本、反对资产阶级民族主义的胜利斗争"③，才有可能取得无产阶级自身的解放，建立社会主义国家。十月革命胜利后，工会通过支援战争和经济建设进行共产主义道德教育。"在我国，与苏维埃并存的有工会组织，我们现在利用它们作为教育落后群众的学

---

① 《列宁选集》第4卷，人民出版社，2012，第763页。
② 《列宁选集》第4卷，人民出版社，2012，第764页。
③ 《列宁全集》第29卷，人民出版社，1985，第432页。

校"①，工会在战争中动员农民以及社会各阶层积极参军，在农民中进行粮食征集，在后方进行义务劳动、铺桥修路等。列宁认为，工人阶级的自我牺牲精神、无私的劳动精神、严格的劳动纪律等是革命能够取得胜利的重要保障。同时，工会在经济建设中，通过组织生产、开展劳动竞赛、提高劳动生产率、建立劳动纪律等教育工人阶级树立共产主义道德，提高共产主义觉悟，学习如何管理、如何主持经济，而这一切的目的就是给国家培养合格的建设者和接班人，为巩固和实现共产主义打好基础。从"工会国家化""一长制"到形成"工会是共产主义的学校"的思想，列宁始终非常重视工会的教育作用。列宁认为，工会应该是一所学校，是一所共产主义的学校，是由从事同一职业、同一工作的人联合组成的；是联系工人阶级、农民以及执政党的桥梁纽带；是"一个形式上非共产党的、灵活而较为广泛的、极为强大的无产阶级机构，党就是通过这个机构同本阶级和群众保持密切联系的；阶级专政就是通过这个机构在党的领导下实现的"②。"现在仍然是、将来在一个长时期内也还会是一所必要的'共产主义学校'和无产者实现其专政的预备学校，是促使国家整个经济的管理职能逐渐转到工人阶级（而不是某个行业的工人）手中，进而转到全体劳动者手中所必要的工人联合组织。"③ "工会运动不能脱离把劳动从资本的压迫下解放出来的基本任务。"④ 我们要努力把工会建成共产主义道德教育的组织，想尽一切办法打入工会、留在工会，在那里进行共产主义道德宣传。列宁的这些思想主要体现在他的一些著作和相关文章中，如《哈尔科夫的五月》《怎么办？》《论工会的任务》《在全俄工会第二次代表大会上的报告》《共产主义运动中的"左派"幼稚病》《在全俄工会第三次代表大会上的讲话》《论工会、目前局势及托洛茨基

---

① 《列宁全集》第36卷，人民出版社，1985，第131页。
② 《列宁选集》第4卷，人民出版社，2012，第158页。
③ 《列宁选集》第4卷，人民出版社，2012，第160页。
④ 《列宁全集》第35卷，人民出版社，1985，第423～424页。

同志的错误》《关于工会在新经济政策条件下的作用和任务的提纲草案》等文献，以及他领导苏维埃政府讨论通过的俄共（布）八大、九大、十大等决议。

发挥共青团共产主义道德教育的重要作用。"我们是未来的党，而未来是属于青年的。我们是革新者的党，而总是青年更乐于跟着革新者走。我们是跟腐朽的旧事物进行忘我斗争的党，而总是青年首先投身到忘我斗争中去。"① 列宁的论述明确了青年在无产阶级革命、社会主义建设以及实现共产主义中所担负的重要角色。在列宁的领导下，布尔什维克党始终关注青年组织的成长壮大，不断在青年组织中进行无产阶级革命意识和社会主义教育，号召青年积极参加革命工作，不断为革命事业培养青年后备力量。在列宁的领导下，俄罗斯共产主义青年团于1918年10月正式成立并召开了第一次代表大会。1920年10月2日，列宁参加了共产主义青年团第三次代表大会，明确指出共产主义青年团是布尔什维克党领导下的青年群众组织，是广大青年在实践中学习共产主义和践行共产主义道德的学校。共产主义青年团的基本任务就是要学习共产主义，要"帮助党建设共产主义"和"整个青年一代建立共产主义社会"②，要通过"学习、组织、团结和斗争"③把他们自己和他们领导的青年都培养成为具有共产主义道德的共产主义者，成为建设共产主义的一代新人。因此，一方面，列宁提出青年要学会学习，树立科学的学习观。学习观涉及以下几个方面：总的指导方针，即"同参加全体劳动者反对剥削者的总斗争联系起来"④；学习方法，即批判、继承和实践；学习内容，即人类创造的一切知识，如马克思主义、共产主义道德、共产主义、现代科学技术知识等；学习目标，即成为具有共产主义道德的共产主义一代新

---

① 《列宁全集》第14卷，人民出版社，1988，第161页。
② 《列宁选集》第4卷，人民出版社，2012，第287页。
③ 《列宁选集》第4卷，人民出版社，2012，第288页。
④ 《列宁选集》第4卷，人民出版社，2012，第293页。

人。另一方面，列宁要求共青团要成为"能够支援各种工作、处处都表现出主动性和首创精神的突击队。青年团应当成为这样的一个团体，使每个工人都感觉到，这个团体中人们所讲的学说也许是他不了解的，也许是他还不能一下子就相信的，但是从这些人的实际工作和活动可以看出，他们真正是能给他指明正确道路的人"①。列宁提出，与资产阶级旧社会令人厌恶的特征不同，共产主义道德教育要与沸腾的实际生活结合起来。与生产劳动相结合，在实践中培养共产主义道德是对青年团道德教育的基本要求。是否具有共产主义道德品质则体现在能否积极参加义务劳动上，"做一个青年团员，就要把自己的工作和精力全部贡献给公共事业。这就是共产主义教育。只有在这样的工作中，青年男女才能培养成真正的共产主义者。只有当他们在这种工作中取得实际的成绩时，他们才会成为共产主义者"②。列宁指出了共产主义青年团当前的任务，一是要联合起来到农村去扫盲，把"40万青年男女"③团结在一起，帮助那些摆脱不了文盲愚昧状况的人；二是所有青年团员都要能够以自觉的纪律去参加星期六义务劳动；三是要积极组织并参加共产主义竞赛，在竞赛中锻炼自己的劳动技能，提高劳动生产率。只要"50万团员联合成一支劳动大军并且赢得普遍的尊敬"④，就一定能够把共产主义社会建设成功。

第二节 道德教育与推行义务劳动相结合

马克思主义认为，劳动创造了人，因而创造了道德主体，人在劳动中形成了各种道德观念。不同的社会，对劳动的要求以及对待劳动的态

---

① 《列宁选集》第4卷，人民出版社，2012，第295页。
② 《列宁选集》第4卷，人民出版社，2012，第294~295页。
③ 《列宁选集》第4卷，人民出版社，2012，第294页。
④ 《列宁选集》第4卷，人民出版社，2012，第297页。

度各有不同。列宁指出，在无产阶级创立的共产主义社会中，倡导义务劳动是建设共产主义社会、培养共产主义道德的重要手段。因而，列宁提出要大力倡导"共产主义星期六义务劳动"，将它当作共产主义的幼芽精心呵护起来；还要开展社会主义劳动竞赛，调动劳动者的生产积极性和首创精神，使它成为人民群众践行共产主义道德的重要路径；与此同时，列宁还号召在全社会树立共产主义劳动的道德榜样。列宁始终坚持要将共产主义道德教育与推行义务劳动结合起来，强调在劳动实践中开展道德教育。

一 大力倡导"共产主义星期六义务劳动"

"共产主义星期六义务劳动"是人民群众的伟大创举，是共产主义道德在人民群众中的实际体现。1919 年 5 月 7 日，列宁在莫斯科—喀山铁路分局共产党员和同情分子大会上提出了一个建议：为保卫革命果实，从休息时间中抽出一小时，集中在星期六这天义务地进行一次六小时的无报酬劳动，"我们认为，共产党员为保卫革命果实，不应吝惜自己的健康和生命，所以这项工作应该是无报酬的。提议在全分局内实行共产主义星期六，一直干到完全战胜高尔察克"①。5 月 10 日星期六晚上六点，205 名共产党员和同情分子来到工作现场，秩序井然地参加了"共产主义星期六义务劳动"。他们修好了 4 台机车、16 辆客货车，装卸了 9300 普特材料。工作效率较普通工人高 270%，工作总值达 500 万卢布。这一活动很快在全国蔓延开来。尼古拉铁路、亚历山大罗夫铁路的共产党员和同情分子也在下班后进行无报酬的工作，特维尔和萨拉托夫也决定每星期都要参加义务劳动，等等。列宁称这是人民群众的"伟大创举"，是共产主义道德在先进分子中的实际体现。为应对苏维埃政权面临的燃料危机，列宁更是在全俄号召"更经常地、更积极地、更有系统地、更有组

---

① 《列宁全集》第 37 卷，人民出版社，1986，第 2 页。

织地进行星期六义务劳动，首先是利用这种劳动来解决燃料问题。党员在遵守劳动纪律和发挥劳动干劲方面应当走在大家的前面"①。但是，要想"把全体被剥削劳动群众以及小资产阶级的所有阶层引上新的经济建设的道路，引上建立新的社会联系、新的劳动纪律、新的劳动组织的道路"②，需要广大人民群众在日常工作中形成持久、顽强、难得的英勇精神。而且，这种英勇精神不能是一时表现出来的热情，要在普遍地参加义务劳动中形成。我们虽然不能在全社会广泛地、普遍地实行义务劳动，但是我们可以从一点一滴做起。提倡参与"共产主义星期六义务劳动""劳动军"，推行"劳动义务制"都是很好的方式。列宁坚定地认为，一定要把对无产阶级的道德教育与义务劳动结合起来，这样才能培养无产阶级的"有韧性，能坚持，有决心，有决断，善于反复试验、反复修正，不达目的决不罢休"③的优秀品质。列宁还提出要让党员带头遵守劳动纪律和发挥劳动干劲，以更高的道德标准来要求自己，为人民群众做好示范。俄共（布）莫斯科市委员会成立了专门负责组织星期六义务劳动的机构，并且制定了星期六义务劳动条例。

"共产主义星期六义务劳动"是"共产主义的实际开端"④，是人民群众愿意努力战胜自身的保守、涣散，小资产阶级利己主义以及资本主义遗留下来的种种恶习的一个良好开端。列宁称赞工人们不领任何报酬，不顾饥饿、疲乏和衰弱，以极高的劳动生产率加班工作的行为是伟大的英雄主义，是具有世界历史意义的转变，是一个极有意义的开端。列宁指出，"共产主义星期六义务劳动"是对"国家真正实际的支援"，"能使苏维埃共和国摆脱经济破坏并开始实现社会主义"。⑤列宁认为，"共产主义星期六义务劳动"能够不断巩固劳动群众对无产阶级国家的尊敬

① 《列宁全集》第37卷，人民出版社，1986，第303页。
② 《列宁选集》第4卷，人民出版社，2012，第13页。
③ 《列宁选集》第4卷，人民出版社，2012，第131页。
④ 《列宁选集》第4卷，人民出版社，2012，第17页。
⑤ 《列宁选集》第4卷，人民出版社，2012，第95页。

和爱戴，虽然现阶段还无法普遍地实行这种劳动，但我们要从一点一滴做起，在全社会大力倡导这种劳动，"发展它，推广它，改进它，使它成为一种风气。我们一定能取得共产主义劳动的胜利！"① 这样，全体人民才能够克服粮食不足带来的困难，克服来自小生产者的消极反抗，战胜与小生产者残余相联系的保守势力和习惯势力，使苏维埃政权得到巩固。"那时，新的社会纪律，社会主义的纪律才会建立起来；……退回到资本主义才不可能，共产主义才真正变得不可战胜。"② 列宁还提出要将"共产主义星期六义务劳动"用于"清党"工作中，在全面提高党员的共产主义道德素质的同时，把一些不具备且不能按照共产主义道德标准来要求自己的党员清除出去。列宁指出，在革命成功后的初期，难以避免有"冒险家和其他危害分子乘机混进执政党里来，这是完全不可避免的。任何革命都有过这种现象，而且不可能没有这种现象"③。而党所要做的就是要善于清洗自己的队伍，要利用"共产主义星期六义务劳动"这个伟大的创举进行清洗。列宁提出要求："非经半年'用革命精神从事工作'的'考验'或'见习期'，不得接收入党。"④ "那些一心想从执政党党员的地位'捞到'好处而不愿肩负为共产主义忘我工作的重担的人"⑤ 不配留在党内。同时，"共产主义星期六义务劳动"还可以用于抑制腐朽的资本主义环境带给党的不良影响。这一举措，使作为工人阶级先锋队的党组织在道德层面也成为全国人民群众的榜样，为领导共产主义道德教育打好了坚实的基础。

共产主义道德在广泛地宣传"共产主义星期六义务劳动"中得到进一步传播。列宁提出，要对"共产主义星期六义务劳动"这样的"模范

---

① 《列宁全集》第 39 卷，人民出版社，1986，第 101 页。
② 《列宁选集》第 4 卷，人民出版社，2012，第 1 页。
③ 《列宁选集》第 4 卷，人民出版社，2012，第 21～22 页。
④ 《列宁选集》第 4 卷，人民出版社，2012，第 22 页。
⑤ 《列宁全集》第 37 卷，人民出版社，1986，第 215 页。

的、共产主义的工作"① 进行宣传、推广，要将其推广到全社会、全体劳动群众中去，要把劳动群众在节约产品、改善卫生条件等工作上认真负责的态度进行详细报道，让每一个人都了解这些伟大的创举。列宁不断地号召全社会以莫斯科—喀山铁路分局为榜样，更广泛地、更积极地参加"共产主义星期六义务劳动"。列宁多次在党的会议上，在出席一些纪念仪式时公开宣扬"共产主义星期六义务劳动"，先后写了《伟大的创举》《在俄共（布）莫斯科市代表会议上关于星期六义务劳动的报告》等，并亲自参加了包括 1920 年 5 月 1 日举行的全俄星期六义务劳动在内的多项义务劳动，以实际行动在全国倡导"共产主义星期六义务劳动"。在列宁的号召下，俄共（布）莫斯科委员会率先提出倡议要出版一份联合特刊，专门用来报道参加"共产主义星期六义务劳动"的各地人民的伟大创举。在 1920 年 4 月 10 日，由莫斯科《真理报》《全俄中央执行委员会消息报》《共产主义劳动报》《经济生活报》《贫苦农民报》和罗斯塔通讯社的编辑部和撰稿人等共同参与，作为星期六义务劳动进行整理编辑并于 4 月 11 日发行的这一份报纸就叫作《共产主义星期六义务劳动报》。列宁还号召组织者、宣传员、鼓动员以及作家等要多注意一些共产主义建设方面的事情，对其给予应有的评价，孜孜不倦地反复宣传。列宁指出，这些都是现阶段社会中所体现出的"共产主义的幼芽"，"照管这些幼芽是我们共同的和首要的义务。……在这样的总的背景下，在无产阶级国家政权的支持下，共产主义的幼芽不会夭折，一定会茁壮地成长起来，发展成为完全的共产主义"②。

二 开展社会主义劳动竞赛

开展社会主义劳动竞赛是列宁为了推动经济发展而提出的，既有助

---

① 《列宁选集》第 4 卷，人民出版社，2012，第 20 页。
② 《列宁选集》第 4 卷，人民出版社，2012，第 20 页。

于社会主义经济建设，提高劳动生产率，调动劳动者的生产积极性和首创精神，又有利于共产主义道德教育工作的开展。社会主义劳动竞赛建立在生产资料公有制的基础之上，是社会主义生产关系的集中体现，是适应社会主义经济发展规律的产物，是对资本主义经济制度下竞争的历史性超越。资产阶级赞扬资产阶级制度下的竞赛促进、增强了私人进取心、私人"绝妙的品质和魅力"①，批评社会主义劳动竞赛完全不顾"人的本性"。列宁认为，在资本主义制度下，只有资本家之间的竞争、社会"阶梯上层的金融诈骗、任人唯亲和阿谀逢迎"②，而不可能有劳动群众之间真正的竞赛。资本家的竞争只能意味着对群众的残暴压迫。但是，社会主义劳动竞赛与资本主义的竞赛有着本质的不同。社会主义劳动竞赛是为了把广大劳动群众吸引到工作的舞台上，发掘他们的才能，培养劳动者的进取心，锻炼他们的毅力，促进首创精神的产生，是属于劳动者的真正的竞赛。在 1918 年 3 月《俄共（布）第七次（紧急）代表大会文献》的《党纲草案草稿》中，列宁提出，为了巩固和发展苏维埃政权，有十项任务需要完成，而在经济方面，需要再实行普遍的劳动义务制，在各个公社之间开展劳动竞赛。列宁详细阐述了开展社会主义劳动竞赛是"为了不断提高组织性、纪律性和劳动生产率，为了过渡到使用更高的技术，为了节约劳动和产品，为了把工作日逐渐缩短到每昼夜 6 小时，为了使一切行业和工种中的一切工资和薪金逐步取平"③。列宁在不同的会议报告、信件、文件、著作等文献中多次提到要开展社会主义劳动竞赛，他还利用在芬兰疗养休假的时间，专门撰写了《怎样组织竞赛?》（1917 年 12 月 24 日至 27 日），之后又在《苏维埃政权的当前任务》（1918 年 4 月）中专门就组织竞赛问题做了详细的论述。列宁认为，社会主义劳动竞赛是"伟大的、在世界历史上真正豪迈的"事业，不仅能提

---

① 《列宁选集》第 3 卷，人民出版社，2012，第 375 页。
② 《列宁选集》第 3 卷，人民出版社，2012，第 375 页。
③ 《列宁全集》第 34 卷，人民出版社，1985，第 70 页。

高人民群众的道德水平，提高和激发劳动者的纪律意识、工作技能、进取心、毅力以及首创精神等，还可以粉碎食客、懒汉、寄生虫、神父等资本的奴仆们的反抗，促进经济发展，巩固新生的苏维埃政权。

　　社会主义使共产主义道德在"真正大规模竞赛的途径"① 中生根发芽。无产阶级革命取得成功后，以生产资料私有制为基础的旧社会也随之被消灭，劳动者彻底摆脱了无休无止、令人厌烦的劳动和半饥半饿、贫苦不堪的日子。在生产资料收归国有，全体劳动人民平等地参加劳动和管理的基础上，社会主义社会"广泛地、真正普遍地开辟了表现进取心、进行竞赛和发挥大胆首创精神的可能性"②。在赶走了资本家的工厂，赶走了地主的农村，人们千百年来第一次实现了为自己而劳动。长期生活在剥削者的压迫下和极端贫困的生活给了广大劳动者踏实而坚毅的品质。社会主义社会让广大人民群众由拥有资本主义形式上的民主转到实际参加管理。在这些条件的共同作用下，社会主义第一次使广泛地开展劳动竞赛成了可能，同时，也使广大劳动人民已经形成的优秀的共产主义道德的种子，在社会主义竞赛中生根发芽。因此，列宁提出，在社会生活的各个领域开展社会主义劳动竞赛。1918 年 3 月 8 日，列宁提出苏维埃政权当前最重要的一项任务就是要在国内所有的消费生产公社之间开展竞赛，以促进经济的发展。1919 年 2 月 2 日，列宁提出要完成"从资产阶级合作社的供应和分配过渡到无产阶级共产主义的供应和分配"这项任务，就要在"所有中央的和地方的苏维埃政权机关（特别是最高国民经济委员会和各级国民经济委员会，粮食人民委员部和各个粮食机关，中央统计局和农业人民委员部）之间开展竞赛"。③ 1919 年 2 月 8 日，列宁又在《致教育人民委员部》中提出，要在农村办好阅览室，在各个地方办好图书馆，促进人民群众文化水平的提高，但是，这一工作

① 《列宁选集》第 3 卷，人民出版社，2012，第 492 页。
② 《列宁选集》第 3 卷，人民出版社，2012，第 376 页。
③ 《列宁全集》第 35 卷，人民出版社，1985，第 461~462 页。

要想开展得好，就要在"各省、各团体、各阅览室等等"① 以及图书馆工作人员之间开展竞赛。1920 年 3 月 3 日，列宁又在《对托洛茨基〈经济建设的当前任务〉提纲草案的意见》中提出，要竭尽全力在各个生产单位举行竞赛，以提高劳动生产率，加强劳动纪律。之后，列宁又在实施全国电气化过程中，提出要在全国发动群众竞赛，激发人民群众的主动参与精神，这样才能更快地促进电气化。总之，列宁认为，社会主义制度使大规模、广泛的劳动竞赛成为现实，同样，也正是在社会主义条件下，开辟了大规模举行竞赛的途径，也拓宽了共产主义道德教育的路径。

社会主义劳动竞赛是对人民群众进行共产主义道德教育的实践途径。社会主义劳动竞赛着重于培养工农群众的共产主义劳动态度，使其形成自觉的劳动纪律意识，克服资产阶级旧思想的残余。"工人和农民还有些'胆怯'，对于自己现在是统治阶级这一点还不习惯，他们还不够坚决。革命不可能立刻在一生困于饥饿贫穷而不得不在棍棒下工作的千百万人身上培养出"② 进取心、毅力和大胆首创精神。十月革命的胜利已经激发了这些品质，十月革命具有顽强的生命力以及不可战胜性，并"破除一切旧的障碍，摧毁腐朽的桎梏，把劳动者引上独立创造新生活的道路"③。但是，旧社会所遗留下来的顽固的寄生虫以及资本家所豢养的奴仆们仍然还在负隅顽抗，他们把社会主义描写成"生活千篇一律的、死气沉沉的、单调无味的军营。富人的奴才，剥削者的仆从——资产阶级知识分子老爷们，总是拿社会主义来'吓唬'人民"④，他们逃避劳动，不停地恐吓、吓唬人民，这种代表了资本家卑鄙私利的"陈规陋见、守旧心理、奴才习气"，还有那种"荒谬的、怪诞的、卑劣的"⑤ 认为劳动人民不可能成功的陈腐偏见，是阻碍社会主义建设的重要因素。因此，列宁提出，

① 《列宁全集》第 35 卷，人民出版社，1985，第 464 页。
② 《列宁选集》第 3 卷，人民出版社，2012，第 378 页。
③ 《列宁选集》第 3 卷，人民出版社，2012，第 378 页。
④ 《列宁选集》第 3 卷，人民出版社，2012，第 375 页。
⑤ 《列宁选集》第 3 卷，人民出版社，2012，第 378 页。

要组织竞赛，"尽量广泛地发扬工人以及一切被剥削劳动者在创造性的组织工作中所表现的这种独创精神"①。社会主义竞赛是一个广泛的群众性运动，是"一切有觉悟的、诚实的、有头脑的"工农群众和被压迫劳动者们的一场战争。这场战争由怀着满腔热情、愿意诚挚合作的工农群众主导，他们共同对抗"富人、骗子、懒汉和流氓"，用计算和监督的方式"清除万恶的资本主义社会的这些残余，清除人类的这些渣滓，清除这些无可救药的、腐烂的、坏死的部分，清除这些由资本主义遗留给社会主义的传染病、瘟疫和溃疡"②。通过竞赛我们还可以做更多提高劳动生产率的事情，为穷人建造和安排新的房屋，减少农村、工厂、城市里挨饿的人、失业的人，给穷人、孩子提供更多的物质保障等；通过竞赛，我们要彻底把懒汉、恶棍和怠工分子清除出去；同样，我们还要通过竞赛，挖掘更多有组织才能的人参与国家管理。列宁作出指示，要求媒体一方面要对社会主义竞赛进行全面广泛的宣传报道，扩大其影响；另一方面，各类报纸、杂志等媒体也要通过报道，开展社会主义劳动竞赛，推动竞赛的开展和共产主义道德的宣传。总之，通过对社会主义劳动竞赛的广泛开展和实践，可以培养工农群众为无产阶级的利益而斗争、为巩固和完成共产主义而奋斗的共产主义道德品质。只有这样，我们才能够最终取得社会主义社会的胜利。

三 树立共产主义道德榜样

共产主义道德榜样，是符合社会主义和无产阶级利益发展的要求，能够反映时代精神和阶级意志，自觉为他人、为社会作出贡献，在社会主义建设过程中认真践行共产主义道德的楷模。共产主义道德楷模是在无产阶级与资产阶级斗争的过程中产生的，其以无产阶级的经济地位为

---

① 《列宁选集》第3卷，人民出版社，2012，第377~378页。
② 《列宁选集》第3卷，人民出版社，2012，第379页。

基础，以马克思主义理论为指导。列宁认为，道德模范促进了广大人民群众道德水平的提高，是建设社会主义社会不可或缺的精神力量。劳动者的道德觉悟水平直接影响着他的劳动态度。树立共产主义道德模范主要是为了利用榜样的影响力和感染力，通过舆论的作用，运用批评与自我批评的方法，来调整人们之间的关系，评判人们的行为方式，激发人们建设社会主义的热情，使人们懂得无产阶级的善恶、是非、荣辱等道德标准，从而按照这一标准约束和规范自己的言行，自觉遵守社会秩序、积极参与义务劳动、维护社会公共利益，保证社会主义建设事业的顺利开展。列宁认为，在社会主义社会，榜样的力量第一次有可能产生极其广泛的影响，共产主义的道德榜样将成为落后群体的"辅导者、教师和促进者"①。进行共产主义道德教育，尤其是在推行义务劳动普及工作中进行道德教育时，必须要树立共产主义道德的榜样。教育广大工农群众投入义务劳动和社会主义竞赛中，不能只用各种美丽的言辞和空洞的口号向他们灌输共产主义道德的准则，而要通过生动的实例进行引导。

列宁十分重视共产主义道德楷模在共产主义道德教育和社会主义建设过程中的重要作用。1918年4月，在《苏维埃政权的当前任务》中，列宁提出要运用生动的实例来促进各公社间劳动竞赛的开展。而这些实例中既要有令人向往的榜样，也要有使人厌弃的例子。在社会主义生产方式下，"榜样的力量第一次有可能表现自己的广大影响。模范公社应该成为而且一定会成为落后公社的辅导者、教师和促进者"②。在工人和不剥削他人的劳动人民中，有大量具有清醒头脑和实际才干的人，他们"既忠实于社会主义，又善于不声不响地（而且能排除各种纷扰和喧嚷）使很多人在苏维埃组织范围内坚定地、同心协力地工作。只有这样的人，经过多次考验，让他们从担负最简单的任务进而担负最困难的任务，然

---

① 《列宁选集》第3卷，人民出版社，2012，第493页。
② 《列宁选集》第3卷，人民出版社，2012，第493页。

后才应提拔到领导国民劳动和领导管理工作的负责岗位上来。我们还没有学会这一点。但是我们一定能学会"①。我们要善于去发现、鼓励、扶持、提拔他们，力求慎重且耐心地去考验和识别真正具备这种品质的人，只有这样的人，才能够成为他人学习的榜样，才能够成为建设社会主义的新一代。1919 年 5 月 6 日，列宁《在全俄社会教育第一次代表大会上的讲话》中的贺词里提到，我们已经摧毁了阻止无产阶级进行共产主义道德教育的外部障碍——资本主义制度，接下来，我们要重新教育、训练群众，以便同"愚昧、不文明、粗野等遗产作斗争"②。而要想对工农群众进行共产主义道德教育，就要"靠先进阶层的长期的有成效的工作和坚持不懈的影响（这种影响是大受群众欢迎的）"③。列宁认为，要充分发挥榜样在共产主义道德培养中的重要作用。1919 年 10 月 21 日，列宁在《莫斯科征收党员周的总结和我们的任务》一文中对无产阶级先锋队给予高度的赞扬，他指出，自苏维埃政府成立以来，无产阶级中的先进阶层以身作则，给劳动群众树立了良好的榜样。"他们对劳动者的利益十分忠诚，他们同劳动者的敌人（剥削者，特别是'私有者'和投机者）斗争时十分坚决，他们在艰苦的时刻十分坚定，他们在反击世界帝国主义强盗时奋不顾身"④，这就是我们要学习的榜样，践行共产主义道德的榜样。只有这样的榜样所产生的力量才能够创造奇迹，这些榜样使被饥饿、寒冷、破坏和破产等折磨得痛苦不堪的工人依然保持着对社会主义的无限忠诚，保持着蓬勃的朝气、高度的自我牺牲精神和英雄主义热情。榜样的力量让广大群众在暴风雨最猛烈的时刻依然能够稳步航行。1920 年 11 月 21 日，在俄共（布）莫斯科省代表会议上，列宁指出："现在用言语既不能说服工人，也不能说服农民，只有用榜样才能说服他们。

---

① 《列宁选集》第 3 卷，人民出版社，2012，第 495 页。
② 《列宁全集》第 36 卷，人民出版社，1985，第 319 页。
③ 《列宁全集》第 36 卷，人民出版社，1985，第 319 页。
④ 《列宁选集》第 4 卷，人民出版社，2012，第 55 页。

必须使他们相信：没有资本家他们也能改善自己的经济；为了消除冲突，他们既不需要警察的棍子，也不需要资本家制造的饥饿，而是需要党员的领导。"① 要想彻底战胜资本主义，就必须要建立新的经济关系，树立能够做好这件事的榜样，通过实例和榜样的力量告诉农民群众，无产阶级政权是农民的保护者，不但能够恢复生产和公共经济，而且一定能够带领农民转到更高的经济制度上。我们还要用事实来证明，无产阶级政府一定能够树立这样的榜样。1921 年 4 月 21 日，在《论粮食税》一文中，列宁建议，为了做好经济工作，中央机关的相关人员可以深入地方，在那里模范地做好整个经济工作。这种模范工作"是培养工作人员的园地，是可供仿效的榜样，有了榜样，仿效就会比较容易了，何况我们还能从中央给以帮助，使各地都来广泛地'仿效'这种榜样"②。总之，列宁非常重视榜样在经济发展中、在道德教育中的重要作用，以身为范亲自参与共产主义星期六义务劳动，并且带领苏维埃政府不断地挖掘各个阶层、各个合作社、各个机关等在工作过程中产生的模范人物和组织，通过对他（它）们的大力宣传促进了共产主义道德建设和社会主义经济建设。

报刊应该成为树立共产主义道德模范的宣传工具。列宁认为，全社会在公开报道道德模范方面做得还远远不够。无产阶级的报刊要能够"无情地压制那些满篇谎言和无耻诽谤的资产阶级报刊"③。列宁批评一部分报纸空泛议论、日常琐事和政治言论太多，缺乏对地方经验和经济问题的深入了解、分析和研究。他要求新闻工作者深入现实生活中去，详细地研究模范公社、模范人物等所取得的成绩以及取得成绩的原因，通过大量生动的报道宣传他（它）们的成绩，让劳动群众通过报刊的宣

---

① 《列宁全集》第 40 卷，人民出版社，1986，第 37 页。
② 《列宁全集》第 41 卷，人民出版社，1986，第 223 页。
③ 《列宁选集》第 3 卷，人民出版社，2012，第 493 页。

传，逐渐懂得"应该如何工作，工作多少，怎样休息，休息多久"①，使对国家的贡献和业务成绩的比较成为大家日常关心和研究的主要问题。尤其是像《真理报》等党的宣传报刊，必须要广泛介绍和大力宣扬好的道德榜样、劳动模范。只有这样，报刊和整个社会主义建设事业才会卓有成效地得到改善。同时，列宁也指出，报刊的胜利就是党性的胜利，就是无产阶级的胜利。

第三节　构筑共产主义道德教育文化基础

道德作为文化发展的一部分，既不可能脱离经济的制约，也不可能脱离文化发展现状。因此，列宁指出，要进行共产主义道德教育，还必须要构筑文化基础。"任何力量都不能阻止工人的觉醒！没有知识，工人就无法自卫；有了知识，他们就有了力量！"② 文盲不仅不懂政治，更不会懂什么是共产主义道德，要想顺利开展共产主义道德教育，还要全力提高国民的文化水平，开展一场文化革命；在全社会大力开展共产主义道德宣传，使共产主义道德的要求为全体人民群众所熟知。列宁还指出，发展科学技术也是提高文化水平的一种必要手段，可以为共产主义道德教育提供有力的物质保障。

一　全力提高国民的文化水平

十月革命后，文化落后成为苏俄最大的国情。生产力水平能否提高，经济、政治能否发展都与文化状况息息相关。而共产主义道德教育本身就是文化发展的一部分。列宁认为，要想彻底摆脱长期以来存在的旧道德的影响，"需要采取千百个措施，需要每个人都识字，每个人都有文

---

① 《列宁选集》第 3 卷，人民出版社，2012，第 494 页。
② 《列宁全集》第 2 卷，人民出版社，1984，第 68 页。

化"①。1921 年 10 月，列宁在全俄政治教育委员会第二次代表大会报告中指出，政治变革完成之后（工人阶级夺取政权），苏维埃政权还要完成文化变革的任务，即提高全体人民群众的文化水平，扫除文盲，这样才能够让人民群众理解并接受政治变革。但是，俄国是一个文盲占多数的国家，文盲是社会主义建设的首要障碍。在《日记摘录》中，列宁将莫斯科中央统计局国民教育统计处于 1920 年统计的俄国居民识字状况中的部分情况与 1897 年的进行了对比，数据如表 3 – 1 所示。

表 3 – 1　1897 年与 1920 年俄国居民识字状况

单位：人，%

年份	每 1000 名男子识字人数		每 1000 名女子识字人数		每 1000 人口识字人数	
	1897	1920	1897	1920	1897	1920
人数	318	409	131	244	223	319
占比	31.8	40.9	13.1	24.4	22.3	31.9

俄国每 1000 人中，1897 年的识字率为 22.3%，1920 年的识字率为 31.9%。女子的识字率比男子更是低了将近 20 个百分点。列宁毫不客气地指出："我们距离普遍识字还远得很，甚至和沙皇时代（1897 年）比，我们的进步也太慢。这是对那些一直沉湎于'无产阶级文化'的幻想之中的人的一个严厉警告和责难。这说明我们还要做多少非做不可的粗活，才能达到西欧一个普通文明国家的水平。这也说明，我们现在还要进行多么繁重的工作，才能在我国无产阶级所取得的成就的基础上真正达到稍高的文化水平。"② 文盲阻碍了新事物在人民群众中的传播，阻碍了人民群众对新事物的理解和接受，阻碍了人们掌握适合当前社会经济运行的知识和本领，阻碍了民主政治的实现。列宁指出，"在一个文盲的国家里是不能建成共产主义社会的"，开展共产主义道德教育也是困难重重。

---

① 《列宁全集》第 40 卷，人民出版社，1986，第 259 页。
② 《列宁全集》第 43 卷，人民出版社，1987，第 356～357 页。

要建成共产主义社会，培养共产主义道德，"我们需要大大提高文化水平。必须使每个人能够实际运用他的读写本领，……用读和写的本领来提高文化水平"①。识字是建设社会主义最基本的也是最低的要求，如果不能做到"人人识字，没有足够的见识，没有充分教会居民读书看报"②，就谈不上建设社会主义，更不可能建成共产主义，也无法将共产主义道德教育顺利开展下去。

　　针对识字率极低的文化落后情况，发动扫盲工作，提高人民群众的识字率，进而提高全体人民群众的文化水平，成为巩固苏维埃政权的迫切任务之一，也是共产主义道德教育的重要前提条件。在列宁的带领下，1918年12月10日苏维埃政府通过了《关于动员识字者和组织宣传苏维埃制度的法令》，这一法令规定对所有识字的人员进行一次调查并登记在册，规定每一个识字的人都有教会几个不识字的人识字的义务，要求他们向不识字的居民宣传党的政策、宣讲报刊等，以提高全体居民的道德水平和政治觉悟。1919年2月发布的《俄共（布）纲领草案》提出要动员识字的人积极参加教育事业，为扫盲工作作出应有的贡献；要发展国民教育委员会，建立图书馆、成人学校、人民大学以及讲习所等帮助更多的工人和劳动农民自学自修。在1919年3月召开的俄共（布）第八次代表大会中，列宁提出要把国民识字和扫除文盲当作党的重要任务，还要以法令的形式固定下来。《在全俄社会教育第一次代表大会上的讲话》中，列宁尖锐地指出，苏维埃政府在扫除文盲方面做得太少，工作不能只停留在纸面上，应当立刻着手利用现有的非常有限的书籍来建立图书馆网，利用每一本书、动员每一个识字的人来做这项工作。③此次大会还决定必须颁布扫除文盲法令并通过了这一决议。经过一段时间的准备，列宁在1919年12月26日签署了《关于扫除俄罗斯苏维埃联邦社会主义

---

① 《列宁选集》第4卷，人民出版社，2012，第294、587页。
② 《列宁全集》第43卷，人民出版社，1987，第364页。
③ 《列宁全集》第36卷，人民出版社，1985，第320～321页。

共和国民间的文盲》的法令，该法令规定："共和国全体居民年龄从八岁到五十岁，凡不能读不能写的，必须学习识字。"[①] 这为全俄开展扫盲工作提供了有力的法律支撑。由此，全俄上下扫盲运动如火如荼地开展起来。共青团、工会、农村工作部门、妇女工作部门等，上至共产党员和红军，下至普通识字居民全都投入扫盲工作中。苏维埃政府还在全国开办了各类识字学校，希望尽可能多地吸收不识字的工农群众加入进来。1920 年 7 月 19 日，苏维埃俄国成立了"扫盲特设委员会"，这一特殊部门直接由中央教育人民委员部负责领导，成为扫盲工作的统一组织者和领导者。列宁还专门指定娜·康·克鲁普斯卡娅来领导校外的成人扫盲工作。1920 年 12 月 22 日，列宁在《关于人民委员会工作的报告》中着重强调了要努力扫除文盲，文盲大量存在的社会是不可能实现电气化的，其他发展计划也不可能实现。除此之外，1923 年苏联还专门成立了开展扫盲工作的志愿组织。列宁对全面开展的识字运动备感欣慰，指出如果利用几年时间提高全体人民群众的识字水平，并且把扫盲委员会撤销，这将会是有史以来俄国创造的最伟大且最振奋人心的奇迹之一。[②]

列宁还指出，在"60 个学生分到一支铅笔，22 个学生合一支钢笔"[③] 的情况下是不可能完成扫盲任务的，提出国家预算首先要满足初级国民教育的需要，要提供有力的财政支持，要把国民识字情况下应当不要且可以长期不要的机构撤销，省下更多的经费用来开展国民识字教育。列宁还指导开办了学前教育机构、义务教育学校、各类大学等，领导了教育机制改革，从 1919 年到 1920 年上半年，苏维埃俄国的学生人数增加了数十倍，学校增加了 45 所。对于一些困难地区，列宁还提出，学校也可以采用商业原则开设或租赁企业，学校所在地的居民也可以适当承担部

---

① 《苏联共产党代表大会、代表会议和中央全会决议汇编》第 2 分册，人民出版社，1964，第101 页。
② 《列宁全集》第 42 卷，人民出版社，1987，第 196 页。
③ 《列宁教育文集》下卷，人民出版社，1988，第 139 页。

分费用。① 此外，列宁认为，识字运动的开展还与教师的地位息息相关。要提高教师的地位，提高他们的物质生活水平，吸引并推动他们不断提出新的教学方法，适应新的教学任务。对于拖欠教师薪水的问题要尽快解决，不断激发教师工作的积极性和主动性。列宁还专门对一些地方、一些部门不尊重教师的行为作出了批示并严厉批评。

到 1925 年，扫盲工作取得了实质性突破，"苏维埃俄国 9 岁以上的居民识字率由 1920 年的 31.9% 增加至 51.1%"②，1939 年达到 89.1%，相比 1920 年增加了近 3 倍。到 20 世纪中期，"执政党内的党员已达到普遍识字，数百万农民已能看书写字，扫盲工作收效显著。据统计，在俄罗斯城市识字率达到 76.3%，农村也达到了 45.2%"③。列宁领导下的识字运动为共产主义道德教育的开展奠定了坚实的文化基础。

二 开展共产主义道德宣传工作

开展共产主义道德宣传是为了更好地进行共产主义道德教育，保证共产主义道德思想传递和深入人民群众当中，同时也满足人民群众对文化生活的需求。俄罗斯虽然拥有悠久的文化发展史，但是，在十月革命前，沙皇统治下的俄国却远远落后于其他国家，不仅社会和经济发展落后，在新闻出版、电影艺术等文化事业以及博物馆、图书馆等文化设施方面的发展也极其落后。这严重影响了新思想、新理论的传播。因此，为了更好地宣传共产主义思想，列宁及其领导的布尔什维克党一方面制定和采取了一系列的政策措施，进行文化设施建设，在带动文化传播与发展的同时宣传共产主义道德。早在 1912 年，列宁就指出，"必须在安排社会民主党在工会、阅览室、图书馆、各种工人文娱团体等合法团体

---

① 《列宁全集》第 51 卷，人民出版社，1988，第 303~304 页。
② 彭东琳：《列宁文化建设思想研究》，中国政法大学出版社，2017，第 149 页。
③ 杨海波：《列宁文化理论研究》，人民出版社，2015，第 240 页。

的工作方面发挥更大的主动性"①，以更好地发挥文化设施对道德教育和道德宣传等的重要作用。另一方面，提出充分利用报刊、传单、小册子、电影等载体，宣传马克思主义革命理论、共产主义思想、共产主义道德等。列宁认为，无产阶级政党应该拥有党的出版物，并通过出版物宣传共产主义道德。宣传共产主义道德应该成为整个无产阶级事业的一部分，"成为由整个工人阶级的整个觉悟的先锋队所开动的一部巨大的社会民主主义机器的'齿轮和螺丝钉'。写作事业应当成为社会民主党有组织的、有计划的、统一的党的工作的一个组成部分"②。"地方刊物要对……做得很好的模范加以报道，发现哪一个地区、部门和机关落后、懈怠或无能就要坚决进行斗争。我们的报刊应当成为鞭策落后者的工具，成为教育人们积极工作、遵守劳动纪律、加强组织的工具。"③"先进工人的任务是，通过自己的宣传教育工作使无产阶级在当前的革命口号下尽快联合起来。"④ 只有这样，先进的工人才能完成自己所肩负的唤醒其他阶层的重要任务，才能让共产主义道德被人民群众所理解、接受。哪里有群众，就到哪里去宣传。"应该善于作出一切牺牲，克服极大的障碍，在一切有无产阶级群众或半无产阶级群众的机关、社团和协会（哪怕这些组织是最反动不过的）里有步骤地、顽强地、坚定地、耐心地进行宣传和鼓动。"⑤

　　列宁在如何做好宣传工作方面有着系统深入的研究和实践。他在1920年11月18日撰写的《关于生产宣传的提纲》中对如何做好宣传工作进行了系统的论述。为了号召全体工农群众加入农业生产当中，促进生产发展和经济建设，全面弘扬劳动精神、集体主义精神等道德品质，列宁提出要从组织上落实生产宣传，而且在提纲中详细列出了具体的宣

---

① 《列宁全集》第21卷，人民出版社，1990，第152页。
② 《列宁选集》第1卷，人民出版社，2012，第663页。
③ 《列宁全集》第37卷，人民出版社，1986，第303页。
④ 《列宁全集》第24卷，人民出版社，1990，第50页。
⑤ 《列宁选集》第4卷，人民出版社，2012，第163页。

传措施：一是以《消息报》和《真理报》等党的报纸作为指导性的宣传报纸，扩大并在全国范围内进行生产宣传，改进宣传措施并检查宣传成果；二是成立一个群众性的宣传领导机关和领导小组；三是从工农群众中选拔能够开展宣传工作的管理者、组织者和发明创造者，"必须按照计划有组织地、经常地吸收工程师、农艺师、教师以及具有某种专长的苏维埃职员参加生产宣传工作（与扫盲工作结合起来）"①；四是宣传报纸既要保证在内容上通俗易懂，还要能够提高部分读者的文化水平，还要"经常地定期地印成小册子和活页文选，义务供应图书馆及有关生产部门的工厂和企业（小册子和活页文选应按生产部门整理材料）。这些材料同课本和外国技术简介一样，都应当为普及职业技术教育和综合技术教育服务"②；五是要经常组织讲演、座谈、报告会等，要同电影局合作，利用电影、苏维埃唱片等进行宣传，还要通过"在俱乐部、农村阅览室、街头等地方展出图表和图片。在大小工厂、技术学校等附近张贴海报和宣传画"③等进行广泛的宣传；六是要对模范企业、个人等进行宣传，以更好地带动其他的企业、个人、集体。在这篇文章中，列宁以生产宣传为例，对如何开展宣传工作进行系统而又全面的论述，为进行共产主义道德宣传奠定了良好的基础。

列宁及其领导的布尔什维克党为宣传共产主义道德做了大量的实践工作。第一，为推动无产阶级革命深入发展，顺应革命发展形势，列宁提出使用传单这种小而方便、通俗易懂、便于散发的宣传载体，充分揭露资本主义制度的腐朽性、资产阶级的丑陋嘴脸，宣传无产阶级革命的必然性、正义性，提高了广大人民群众的思想觉悟和道德水平，激发了其革命斗争的热情。列宁提出"必须广泛使用传单展开宣传"④，从工人

---

① 《列宁全集》第40卷，人民出版社，1986，第18页。
② 《列宁全集》第40卷，人民出版社，1986，第17页。
③ 《列宁全集》第40卷，人民出版社，1986，第18页。
④ 《列宁全集》第19卷，人民出版社，1989，第20页。

到农民，不漏掉任何一个社会阶层。要将共产主义道德通过工人感兴趣的事情进行宣传，扩展他们的视野，促使他们尽快地觉醒。传单还被列宁称为"第一种形式的社会民主主义文献"①。第二，充分利用小册子"来进行必要的宣传、鼓动和组织工作"②。列宁认为，要搜集丰富的资料制作成小册子，在工人中间散发。这些资料可以是工人生平事迹、革命斗争实践、党的政治纲领和策略等。这些小册子"对于青年工人将是最好的读物，他们从这本小册子里可以学到一个有觉悟的工人应当怎样生活，怎样行动"③。第三，把报刊作为共产主义道德宣传的重要武器。列宁认为："报纸不仅是集体的宣传员和集体的鼓动员，而且是集体的组织者。就后一点来说，可以把报纸比做脚手架，它搭在施工的建筑物周围，显示出建筑物的轮廓，便于各个建筑工人之间的来往，有助于他们分配工作和观察有组织的劳动所获得的总成绩。"④ 列宁自革命事业开始便领导和组织创办了各类报纸，在马克思主义的指导下创办了《工人报》《火星报》《无产者报》《前进报》《真理报》《消息报》《社会民主党人报》《贫农报》等。列宁要求报刊要多深入群众的生活，多注意工农群众在实际生活中创造的新事物。这些报纸为十月革命的胜利和建设社会主义以及宣传共产主义道德发挥了重要作用。第四，电影是列宁在十月革命胜利后进行共产主义道德宣传所采用的另一种重要载体。在推动全俄电气化建设的基础上，运用电影进行宣传不仅繁荣了文化艺术，还促进了电影事业的发展。列宁领导成立了教育人民委员部电影局来监督和管理电影放映，成立电影委员会来"摄制关于生产（反映生产的各个不同部门的）、农业、工业、反宗教以及科学等方面的影片"⑤。他要求电影放映的内容要有利于社会主义建设，同时还要深入工农群众当中，使《钢铁是

---

① 《列宁全集》第4卷，人民出版社，1984，第166页。
② 《列宁全集》第39卷，人民出版社，1986，第90页。
③ 《列宁全集》第20卷，人民出版社，1989，第82~83页。
④ 《列宁选集》第1卷，人民出版社，2012，第441~442页。
⑤ 《列宁全集》第38卷，人民出版社，1986，第80页。

怎样炼成的》《幸福的生活》等影片所体现的共产主义道德深入人心。第五，组织建立了全国图书馆网和阅览室网，领导编写并出版了宣传马克思主义和俄国优秀传统文化的系列书目，发动图书馆工作人员就图书馆建设和利用展开竞赛，希望"人人都能利用的图书馆"[①] 能够为建设社会主义、提高人民文化素质、宣传共产主义道德作出贡献。除此之外，列宁还领导建设了博物馆、纪念馆、俱乐部等文化设施和机构，多次强调它们对共产主义道德宣传和群众文化生活的重大意义。

三 提高人民的科学技术水平

科学技术的发展是提高文化水平、培育共产主义道德的物质基础。十月革命胜利后，列宁开始思索在这样一个经济、技术、文化都极其落后的国家如何建设社会主义。布列斯特和约的签订为苏俄换来了短暂的喘息时间，列宁及其领导的布尔什维克党开始把工作的重心转移到社会主义建设上来。结合发展现状，列宁指出："要获得胜利，就必须懂得旧资产阶级世界的全部悠久的历史；要建设共产主义，就必须掌握技术，掌握科学，并为了更广大的群众而运用它们，而这种技术和科学只有从资产阶级那里才能获得。"[②] 科学技术是发展生产力、提高人民生活水平的决定性因素，只有不断发展科学技术，才能够创造出满足人民群众需要的物质基础和文化需要，促进人民群众道德观念的提升，最终实现共产主义。落后国家要想实现共产主义，必须要想尽一切办法提高劳动生产率，提高国民经济各部门的科学技术水平。"只有当建立在现代技术基础上的大工业机器的一切脉络真正布满无产阶级的俄国时"[③]，社会主义才算有了保证。列宁对于发展和运用科学技术，提高人民的科学技术水

① 〔苏〕娜·康·克鲁普斯卡娅：《列宁论图书馆工作》，李哲民译，时代出版社，1957，第33页。
② 《列宁全集》第38卷，人民出版社，1986，第283页。
③ 《列宁全集》第40卷，人民出版社，1986，第31页。

平给予了高度关注。自 1918 年开始，列宁所撰写的著作、文件、书信等中出现了大量关于科学技术问题的论述。曾担任苏联教育人民委员部部长的阿·瓦·卢那察尔斯基说过："弗拉基米尔·伊里奇对科学这一实际力量总是极其重视的。"①

在全国建设各类科学机构，大力实施全国电气化。列宁认为，只有大力支持科学机构建设，才能实施科技兴国战略。同时，电气化将使社会发生根本性变化，能使共产主义在本国取得最终胜利。列宁不仅在《苏维埃政权的当前任务》等文章中，强调并部署了科学文化发展战略，还在 1918 年年初就与科学院商定合作和改善科研环境的工作，至 1922 年，"科学机构就由革命前的 18 个，增至仅教育人民委员部内就有 57 个"②。1918 年 4 月，列宁撰写了《科学技术工作计划草稿》，他提出要让科学院对本国的生产力进行调查和研究，并在此基础上成立由专家组成的专门委员会，负责国内的工业改造和经济发展，尽量保证在原料和工业品方面的自给自足。列宁还首次提到了工业、运输业以及农业方面的电气化思想。在 1918 年 8 月，列宁就签署了关于与科学院进行合作和相关机构设置的法令，成立了由最高国民经济委员会负责的科技研究部，并且吸收了 800 多名教授、工程师等各类专家学者。1920 年 1 月，列宁提出并制定了全俄电气化计划。1920 年 2 月，俄罗斯国家电气化委员会成立，吸收了 200 多名科技专家来负责实施电气化工作，并且还主编了被列宁称为"第二个党纲"的《俄罗斯社会主义联邦苏维埃共和国电气化计划》，该计划于 1920 年 12 月 27 日在全俄苏维埃代表大会上通过。此外，列宁还提出"共产主义就是苏维埃政权加全国电气化"的重要论述。

合理利用国内外先进科学技术和人才，为建设社会主义不拘一格。列宁认为，要想建设社会主义，在经济上超越西方发达国家，必须要合

---

① 转引自〔苏〕瓦·伊·阿斯塔霍娃《列宁论社会主义知识分子的本质和属性》，刘功勋、钱文干译，湖南人民出版社，1983，第 82 页。

② 彭东林：《列宁文化建设思想研究》，中国政法大学出版社，2017，第 181 页。

理利用国内外的先进科学技术和人才。"没有各种学术、技术和实际工作领域的专家的指导，向社会主义过渡是不可能的，因为社会主义要求广大群众自觉地在资本主义已经达到的基础上向高于资本主义的劳动生产率迈进。"① 因此，他提出并实施了一系列的政策和措施。首先，安排科技局和专人负责关注国外科学技术的发展状况，要求外文图书委员会购买国外最新出版的科学技术杂志和书籍，② 并配备到境内的图书馆以方便民众阅读和学习。鼓励、支持并派遣专家出国学习考察，同时，从国外引进大量的机车、机器、电气器材等生产资料，利用这些先进的机器和设备提高劳动生产率、发展国民经济。"无论如何要继续前进并学会欧美科学中一切真正有价值的东西"③，"苏维埃政权＋普鲁士的铁路秩序＋美国的技术和托拉斯组织＋美国的国民教育等等等等＋＋＝总和＝社会主义"④。其次，为了提高劳动生产率、提高工农群众的工作技能，高薪聘请国外优秀的资产阶级专家，同时"吸收大批的资产阶级知识分子，特别是那些曾经从事过资本主义的最大生产的实际组织工作，首先是组织过辛迪加、卡特尔和托拉斯的人"⑤ 来协助苏维埃政权，通过各种途径向资产阶级遗留下来的知识分子、技术专家学习，为向社会主义过渡积蓄力量。最后，通过实施租让制来引进、学习外国的先进技术、管理方法，提高本国人民的科学文化。把部分工矿企业、油田、森林出租给外国资本家经营，以得到"设备精良的现代资本主义技术的帮助"⑥，通过在他们开设的企业工作，学习技术、经济和管理以提升自我修养，为社会主义建设服务。

开设各类学校，专注于科学技术的普及工作。列宁认为，科学技术水

---

① 《列宁全集》第34卷，人民出版社，1985，第160页。
② 《列宁全集》第51卷，人民出版社，1988，第385页。
③ 《列宁全集》第43卷，人民出版社，1987，第209页。
④ 《列宁全集》第34卷，人民出版社，1985，第520页。
⑤ 《列宁全集》第34卷，人民出版社，1985，第128页。
⑥ 《列宁全集》第41卷，人民出版社，1986，第109页。

平的提高要依靠普遍的教育，但是"只懂得什么是电还不够"①，还应该懂得怎样把它应用到工农业各个部门中去。所以，要通过开设各类学校为社会主义建设训练群众。列宁指出："在最短期间从工人农民中培养出各方面的专家，是教育人民委员部在新时期的任务。"② 一方面，列宁提出在全国开展职业技术教育和综合技术教育，成立职业教育总局，为社会主义建设培养一线的技术人员。列宁强调，要把接受普通教育和综合技术教育的年龄从 17 岁降到 15 岁，对年满 15 岁的人进行职业教育时，必须同普通综合技术知识联系起来，要广泛地吸收工农群众参与职业教育。列宁还非常重视开展职业教育的学校对学生综合素质的培养，在《俄共（布）中央全会关于改组教育人民委员部的决定草案》中，列宁指出，"（1）必须在职业技术学校里增加普通教育课程和共产主义教育课程；（2）保证立即在实际上转到综合技术教育，为此，可利用任何电站和任何合适的工厂"③。另一方面，列宁加大力度在全国推广电气化教育。列宁不止一次地提出"共产主义就是苏维埃政权加全国电气化"。1920 年 1 月 23 日，在给格·马·克尔日扎诺夫斯基的信中，列宁提出要尽快制定出一个在 10～20 年内实现全国电气化的计划草案。同年 2 月，通过了制定电气化计划的决议，并在 12 月召开的全俄苏维埃第八次代表大会上通过了全俄电气化计划。该计划要求全国所有学校把电气化作为必修科目研究，把电气化计划作为学校必须讲授的主要课本；要求每个县至少建成一座具有教学、讲座、示范等功能的发电站，"凡是具有足够的科学修养或实际经验的人都应当动员起来，宣传电气化计划和讲授对于了解电气化计划所需要的知识"④。列宁还提出通过图书馆、博物馆、科普小册子等进行广泛而又全面的电气化教育和宣传。这些政策的实施，培养了

---

① 《列宁全集》第 39 卷，人民出版社，1986，第 301 页。
② 《列宁全集》第 42 卷，人民出版社，1987，第 362 页。
③ 《列宁全集》第 40 卷，人民出版社，1986，第 89 页。
④ 《列宁全集》第 40 卷，人民出版社，1986，第 192 页。

一批强大的科学技术人才队伍，提高了广大工农群众的科学技术水平，构筑了共产主义道德教育的文化基础。

第四节　批判资产阶级和腐朽的道德观念

资产阶级为了巩固其统治地位，总是将道德与政治分离对立，甚至荒诞地认为政治的本质即是权力的斗争，只需要理智而不需要良心。因此，他们无视群众疾苦，用腐朽的道德观念强行蒙蔽劳苦大众的思想意识，他们通过政治手段肆意剥夺、侵占无产阶级和劳动人民的基本权益和财产，维护自己的私有财产，实现资产阶级利益的最大化。列宁以马克思主义道德思想为根本依据，研究了资本主义社会的道德价值和社会关系，在历史唯物主义的基础上，对"道德虚无主义"、"道德自发论"、"狭隘民族主义"和"社会沙文主义"等腐朽的思想观念展开了批判性思辨，掷地有声地为无产阶级的共产主义道德进行辩护，有力地捍卫了马克思主义，捍卫了共产主义道德。

一　批判道德虚无主义

道德虚无主义以极端个人主义为核心，否定共产主义道德。道德虚无主义思想主要来源于无产阶级文化协会，该协会成立于十月革命前夕，是一个群众性组织，在十月革命后迅速扩散，会员人数一度有40多万。虽然协会中有不少真心拥护共产主义道德的青年工人，但是协会的主要领导波格丹诺夫等人表面上承认马克思主义，实际上却鼓吹主观唯心主义哲学——马赫主义。他们强调极端个人主义，否定一切历史文化传统，追求个性解放和绝对的意志自由，强烈抨击过去的一切专制的道德标准，试图摆脱一切封建的、专制的、宗教的羁绊。他们甚至还否定无产阶级政党对道德教育的领导权，否认无产阶级存在道德，宣扬超人类、超阶级的道德观，提出了许多与马克思主义文化理论相违背的文化思想、道德观念。

他们的主要观点有以下四个。一是否定历史上的一切道德理论，认为"我们需要的不是由别的阶级为别的目的建造的旧房子，这种房子充满着异己的情绪，我们在胜利后的目前只是暂时寄居在这里。不，我们需要的是真正自己的房子，在这里每一块砖头都是泥瓦工自觉地砌上的"①。道德虚无主义者企图在否定一切历史文化遗产的基础上创造符合自身要求的新的道德标准，而他们认为的这种"纯粹无产阶级的"道德并非源于实践生活，而是通过"实验室"这条道路来确立的。二是否定列宁提出的共产主义道德和党对道德教育的领导。他们认为道德是剥削阶级为了奴役劳动人民而进行的伪善的说教，是与人的本质的实现相对立的。他们提出马克思主义者不需要伦理学，无产阶级不需要受道德的约束等观点，甚至提出"无产阶级要自由，要抛弃一切道德和虚伪的伦理学"②。三是宣扬超人类、超阶级的道德观。如同僧侣、地主和资产阶级一样，道德虚无主义者虽然没有借上帝的名义引申出他们的道德，但是，他们同样都是从唯心主义或半唯心主义的角度出发来谈论道德的。四是宣扬庸俗的道德价值观。道德虚无主义者把道德看作阻碍个人自由和自我实现的精神枷锁，阻碍了人的物质生活的满足和精神生活的实现。"一杯水主义"就是这一观点的突出体现。认同"一杯水主义"的人宣扬在共产主义社会，人的自由全面的发展同样也包括爱情、性欲等的满足，而实现这些就像喝一杯水一样简单。这种反马克思主义的、庸俗的、低级的道德观给社会的发展造成了极大的危害。

列宁以马克思主义唯物史观为基础，深刻揭露了道德虚无主义的真面目。道德虚无主义的产生与存在有其社会根源。十月革命胜利后国内动荡不安、内忧外患，苏维埃政府没有更多的精力去抓文化建设、道德

---

① 郑异凡编译《苏联"无产阶级文化派"论争资料》，人民出版社，1980，第6页。

② 金可溪：《批判道德虚无主义提倡共产主义道德教育——纪念列宁〈青年团的任务〉讲话发表77周年》，《中国青年政治学院学报》1997年第4期。

教育等工作。而随着无产阶级革命的胜利，为无产阶级的解放服务的社会主义制度终于得以建立，资产阶级的道德体系也随之坍塌。长期束缚、控制人们精神生活的经济体制与政治体制都基本不复存在。这极大地激发了人们的创作热情，他们迫切地需要创作出适合无产阶级的、全新的、不同于过去一切剥削阶级的道德体系。而以高文盲率为基础的俄国无阶级文化派并没有真正地理解马克思主义和列宁关于无产阶级道德理论的论述。正是在这样的背景下，一些人打着马克思主义的旗号，站在唯心主义的立场上，宣扬着道德虚无主义。列宁在发现了这一问题之后，开始以唯物史观为基础，从方法论、经济、政治、文化等各个角度对道德虚无主义进行分析，深刻揭露了它的真实面目。首先，列宁从方法论的角度指出，道德虚无主义者不能正确区分传统道德中的先进因素和落后因素，即使是资产阶级道德，也存在着先进的成分。在推翻封建地主阶级的道德时，资产阶级道德也是代表着社会发展方向、先进生产力的。列宁认为，即使是旧的道德，我们也不能否定它的存在，而应该"拿它作为一个榜样，作为一个起点"①。无产阶级文化派否定自己的民族文化、不能正确处理新旧道德之间的关系，这是道德虚无主义的方法论根源。其次，列宁从唯物主义的角度出发，指出共产主义道德作为反映人类文化发展方向的先进阶级的社会意识，是人类根据经济社会发展的规律，批判性地在资产阶级道德的基础上建立起的、与社会发展相适应的、新的道德体系。"是人类在资本主义社会、地主社会和官僚社会压迫下创造出来的全部知识合乎规律的发展。条条大道小路一向通往，而且还会通往无产阶级文化，正如马克思改造过的政治经济学向我们指明人类社会必然走到哪一步，指明必然过渡到阶级斗争，过渡到开始无产阶级革命。"② 道德虚无主义者妄想脱离实践、脱离历史而创造出一种全新的道

---

① 中国社会科学院文学研究所文艺理论研究室编《列宁论文学与艺术》，人民出版社，1983，第434页。

② 《列宁全集》第39卷，人民出版社，1986，第299页。

德，这是绝无可能的。最后，道德虚无主义者在政治方面表现出强烈的无政府主义倾向，缺乏明确的政治斗争目标，拒绝承认党的领导。"党的组织在他们看来是可怕的'工厂'；部分服从整体和少数服从多数在他们看来是'农奴制'（见阿克雪里罗得的小品文），他们一听见在中央领导下实行分工，就发出可悲又可笑的号叫，反对把人们变成'小轮子和小螺丝钉'（在这方面他们认为特别可怕的，就是把编辑变成撰稿人），他们一听见别人提起党的组织章程，就作出一副不屑一顾的样子，轻蔑地说（对'形式主义者'），完全不要章程也可以。"[①] 这些是与马克思主义道德教育思想相违背的。

列宁旗帜鲜明地批判道德虚无主义，捍卫共产主义道德。列宁在分析道德虚无主义产生的各种原因以及它的本质之后，对道德虚无主义进行了严厉的批判，以肃清道德虚无主义对广大工农群众的影响。他在《给无产阶级文化教育组织代表会议主席团的信》《关于无产阶级文化》《俄共（布）中央全会关于无产阶级文化协会的决定草案》《青年团的任务》等中对苏维埃俄国所存在的道德虚无主义思想进行严厉的批判，还专门就"集体主义者"纲领问题给俄共（布）中央政治局委员写了一封信，要求对前进派、波格丹诺夫派和无产阶级文化派等的纲领中存在的道德虚无主义等文化思想进行"极为详尽的批判"[②] 并形成小册子，并且还专门指派布哈林等进行编辑。列宁对道德虚无主义的批判集中体现在三个方面。一是批判道德虚无主义者不能科学、辩证地看待道德形成和发展的历史。他们把自己关在与世隔绝的组织中，臆造自己的道德体系。这样的做法在理论上是错误的，在实践上是有害的。只有确切地了解人类全部发展过程所创造的道德，并对这种道德加以改造，才能建设属于无产阶级的道德体系。二是批判道德虚无主义者否定党对道德教育

---

① 《列宁全集》第 8 卷，人民出版社，1986，第 391～392 页。

② 《列宁全集》第 42 卷，人民出版社，1987，第 299 页。

的领导，肯定共产主义道德。1920 年 12 月 1 日，由列宁亲自领导并参与撰写的《关于无产阶级文化协会》在《真理报》上公开发表。这封公开信严厉地批判了无产阶级文化派想要独立于苏维埃政权而存在，想要脱离党的领导而实现所谓的"完全自治"，"在标榜自己是真正的无产阶级的艺术家和哲学家的同时，不仅不去帮助无产阶级的青年认真学习，树立对所有的生活问题和艺术问题的共产主义态度，反而妨碍工人们……"①。他们严重影响和阻碍了本国社会主义文化建设事业的发展。列宁认为，道德建设必须要坚持马克思主义，坚持党的领导，才不会偏离方向。列宁认为无产阶级有自己的道德，"我们的道德完全服从无产阶级阶级斗争的利益"②，而且是从这一利益中引申出来的。超人类、超阶级的道德只是一种欺骗，而共产主义道德才是合乎人类道德发展规律的，合乎无产阶级利益的道德体系。三是批判道德虚无主义者在文学、艺术等创作中完全背离了共产主义道德要求。他们往往把"按照新方式建立起来的工农教育机关看作自己在哲学方面或文化方面进行个人臆造的最方便的场所，往往把最荒谬的矫揉造作的东西冒充为某种新东西，并且在纯粹的无产阶级艺术和无产阶级文化的幌子下，抬出某种超自然的和荒谬的东西"③。列宁对道德虚无主义者在文学作品中所体现的"一杯水主义"观点进行了严厉的批判，认为这是以"爱情解放"的口号，为资产阶级的放纵和贪欲辩护。共产主义道德强调以爱情为基础的合法的婚姻才是性生活的前提条件。列宁强调，文学、艺术等作品的创作要坚持以马克思主义为指导，要忠于现实、服务于无产阶级，共产主义道德"需要的是清澈明朗、清澈明朗，还是清澈明朗"④。

---

① 《列宁全集》第 50 卷，人民出版社，1988，第 550 页。
② 《列宁选集》第 4 卷，人民出版社，2012，第 289 页。
③ 《列宁全集》第 36 卷，人民出版社，1985，第 319 页。
④ 中国社会科学院文学研究所文艺理论研究室编《列宁论文学与艺术》，人民出版社，1983，第 443 页。

二　批判道德自发论

道德自发论主要源于俄国经济主义者的经济决定论和崇拜自发性的理论。这一理论在十月革命前对俄国工人运动造成了一定的阻碍，受到了列宁及部分社会民主党人的批判。十月革命后，面对列宁所提出的共产主义道德教育思想，经济派的拥护者们又继续以道德可以自发地在工农群众中产生为理由，反对道德教育工作的开展。经济主义者的基本错误就在于"不了解群众的自发性要求我们社会民主党人表现巨大的自觉性。群众的自发高潮愈增长，运动愈扩大，对于社会民主党在理论工作、政治工作和组织工作方面表现巨大的自觉性的要求也就愈无比迅速地增长起来"①。经济主义者崇拜自发性，崇拜不觉悟性，轻视自觉性，他们的观点主要有三个。首先，他们认为经济斗争比政治斗争更加重要。他们认为工人阶级应该"为改善经济状况而斗争"②，只为争取经济利益而斗争就足够了，"每个卢布工资增加一戈比，要比任何社会主义和任何政治都更加实惠和可贵"，他们甚至提出工人进行斗争只是为了"自己本人和自己的儿女，而不是为了什么未来的后代和什么未来的社会主义"③这种极具功利主义色彩的道德观念。他们想赋予经济斗争以政治斗争的性质，用经济斗争来取代政治斗争。其次，他们认为社会主义意识以及共产主义道德等都可以自发地从工人运动中产生并传播，反对给工人阶级灌输社会主义意识，灌输共产主义道德。他们提倡"批评自由"，反对"教条主义""学理主义""思想僵化"，提出了一些体现"折中主义"和"无原则性"的不够完善和周密的观点，认为不应该轻视日常的经济斗争而偏向于宣传"光辉的完备的思想"④。最后，他们贬低党组织在工人运

---

① 《列宁选集》第1卷，人民出版社，2012，第338～399页。
② 《列宁选集》第1卷，人民出版社，2012，第322页。
③ 《列宁选集》第1卷，人民出版社，2012，第323页。
④ 《列宁选集》第1卷，人民出版社，2012，第368页。

动中的领导作用，迷恋组织工作中的"手工业方式"。他们用"司徒卢威主义"或非革命理论来指导自己，认为由于工人阶级自发性运动的产生，成立一个革命家组织来指导、教育工人阶级不再必要。他们企图为这种狭隘的理论进行辩护，想要把这种自发性的理论上升为一种特殊的理论。针对道德自发论的错误观点，列宁在《俄国社会民主党人抗议书》《我们的纲领》《怎么办？》《全俄工兵农代表苏维埃第三次代表大会文献》《青年团的任务》等中对自发性与自觉性的关系，党组织在启发工人阶级自觉性方面的重要作用，从外面对工人阶级进行共产主义道德灌输的必要性以及方法等方面做了重要论述，对经济主义者等持道德自发论思想的人进行了严厉的批判，称他们为"蛊惑家"，是"工人阶级的最坏的敌人"[1]。

列宁批判道德自发论，提出共产主义道德只能从外面灌输给工农群众。列宁认为，自发性本身就是自觉性的萌芽，是自觉性在一定程度上的觉醒。工人不可能自发地产生共产主义道德，这种道德只能从外面灌输进去。共产主义道德不是自发地产生的，而是以马克思主义道德理论为基础，从无产阶级斗争的利益中引申出来的，是为了团结无产阶级、摧毁旧社会、建立新的共产主义社会而服务的。"工人阶级单靠自己本身的力量，只能形成工联主义的意识"[2]，无法形成共产主义道德这种先进的、代表社会发展方向的道德。如果任由工人自发地形成道德，那么，这种道德一定会受资产阶级意识形态的支配。因为资产阶级道德不仅在渊源上比共产主义道德深厚许多，而且经过了更加全面、更加长期的加工，还拥有更加广泛的传播工具。"工联主义正是意味着工人受资产阶级的思想奴役。因此，我们社会民主党的任务就是要反对自发性，就是要使工人运动脱离这种投到资产阶级羽翼下去的工联主义的自发趋势，而把它吸引到革命的社会民主党的羽翼下来。"[3] 共产主义道德相较于资产

---

① 《列宁选集》第1卷，人民出版社，2012，第403页。
② 《列宁选集》第1卷，人民出版社，2012，第317页。
③ 《列宁选集》第1卷，人民出版社，2012，第327页。

阶级道德来说是新事物，新事物要想战胜旧事物，必须经过长期的艰苦斗争，而不可能坐等它自发地形成。对自发性因素的不正确定位，本身就是对自觉性因素的过于轻视造成的。资产阶级不断通过各种渠道（学校、教会、报纸、文学作品等）对无产阶级进行思想上的奴役，要想无产阶级获得自身的解放，共产主义者只能通过不断地启发，通过各种方式，以理论家、宣传员、鼓动员、组织者的身份到有可能到的一切阶级中去，向无产阶级灌输社会主义思想和共产主义道德观，提高他们的道德觉悟，启发他们的革命自觉意识，使无产阶级逐渐成为一支优秀、伟大的革命队伍。列宁认为："问题只能是这样：或者是资产阶级的意识形态，或者是社会主义的意识形态。这里中间的东西是没有的（因为人类没有创造过任何'第三种'意识形态，而且在为阶级矛盾所分裂的社会中，任何时候也不可能有非阶级的或超阶级的意识形态）。因此，对社会主义意识形态的任何轻视和任何脱离，都意味着资产阶级意识形态的加强。"[1] 要想把共产主义道德从外面灌输给工农群众，就必然要同资产阶级的道德体系，同过去一切的旧思想、旧传统、旧观念进行不可调和的斗争。因此，列宁强调："应该使培养、教育和训练现代青年的全部事业，成为培养青年的共产主义道德的事业。"[2]

列宁批判道德自发论，强调共产主义道德教育要坚持党的领导。在革命初期，列宁就强调，无产阶级革命要想取得胜利，就必须要有一个由具有"充分修养的、开展的、有经验的领导者"[3] 组成的，"能使政治斗争具有力量、具有稳定性和继承性的革命家组织"[4]。而崇拜自发性的"经济派"则恰恰相反，他们总是从工联主义的角度来谈论组织问题，就如同他们看待政治斗争一样，他们想要拒绝任何领导者而直接去群众中

---

① 《列宁选集》第 1 卷，人民出版社，2012，第 326~327 页。
② 《列宁选集》第 4 卷，人民出版社，2012，第 288 页。
③ 《列宁选集》第 1 卷，人民出版社，2012，第 402 页。
④ 《列宁选集》第 1 卷，人民出版社，2012，第 386 页。

寻找斗争胜利的可能性。任何革命运动，如果没有稳定的、能够保持继承性的领导者组织进行领导，就绝对不可能成功。在《同经济主义的拥护者商榷》（1901 年）一文中，列宁批判经济主义及其拥护者们根本没有正确认识自发性因素与自觉性因素之间的关系，"无产阶级的自发斗争如果没有坚强的革命家组织的领导，就不能成为无产阶级的真正的'阶级斗争'"①。无产阶级的领导者必须能够走在自发性因素的前面，并且为它指路，无产阶级的先进分子要善于比其他人更早地发现并解决在革命运动中所遇到的一切理论的、政治的、策略的和组织的问题。党的任务就是要反对自发性，认清共产主义道德教育的重要地位、重要作用以及重要任务，并把这种意识灌输给无产阶级。列宁认为，人们的觉悟程度和道德水平是有差别的，所以必须要对他们进行共产主义道德教育。而我们党是无产阶级的党，整个阶级都应该在党的领导下行动，党应该利用一切党的组织和活动对人民进行道德教育，用共产主义道德来揭露资产阶级和以往一切剥削阶级道德的虚伪性。"必须重新教育千百万农民和小业主，数十万职员、官吏和资产阶级知识分子，使他们都服从无产阶级的国家和无产阶级的领导，战胜他们中间的资产阶级的习惯和传统。"② 党要牢牢掌握道德教育的领导权，把握好道德教育的方向。

三　批判狭隘民族主义和社会沙文主义

狭隘民族主义和社会沙文主义是民族主义的两种主要表现形式。俄罗斯是一个以大俄罗斯民族为核心的多民族的国家，而大俄罗斯民族在历史上长期享有特权，统治并且压迫着其他民族。民族主义思潮也是在此基础上产生的。狭隘民族主义主要是指一些落后、保守的民族因受到过其他民族或国家的侵略或压迫，而产生的排斥和敌视心理。这种民族主义是沙皇

---

① 《列宁选集》第 1 卷，人民出版社，2012，第 414 页。
② 《列宁全集》第 39 卷，人民出版社，1986，第 93 页。

和资产阶级统治下的大俄罗斯帝国主义时代所遗留下来的对政府和其他大民族的不信任，是长久以来受民族不平等政策压迫和奴役的历史产物，同时体现了弱小民族对大民族主义的抗争。这种大民族主义严重影响了无产阶级革命，影响了各民族之间的团结和共产主义道德的践行。而社会沙文主义恰恰就是这种大民族主义，它主张将资产阶级统治下的本国的或本民族的利益放在至高无上的位置，主张用暴力统治和奴役其他民族，严重背离了共产主义；认为社会主义需要在资本主义迅速、高度发展的基础上产生，现在不应该也不适合进入社会主义。社会沙文主义和机会主义在政治诉求和策略上表现出高度一致，都主张"阶级合作，放弃无产阶级专政，拒绝革命行动，崇拜资产阶级所容许的合法性，不相信无产阶级而相信资产阶级"[1]。列宁认为社会沙文主义是伯恩斯坦主义、米勒兰主义以及英国自由派工人政策的结合体。在推行共产主义道德时，国内的社会沙文主义残余仍旧以各种理由反对各民族的正当需要，在对待工作时采用冷酷无情且傲慢无理的官僚主义态度。列宁非常反对狭隘民族主义的自我保护、封闭以及排外态度，反对社会沙文主义在对待民族问题上的资产阶级观念和对待无产阶级革命的消极反对态度。他在十月革命前和社会主义建设时期都非常重视这些问题，先后写了《巴尔干战争与资产阶级沙文主义》（1913 年）、《关于民族问题的批评意见》（1913 年）、《工人阶级和民族问题》（1913 年）、《死去的沙文主义和活着的社会主义》（1914年）、《以后怎么办？（论工人政党反对机会主义和社会沙文主义的任务）》（1914 年）、《关于民族政策问题》（1914 年）、《论反对社会沙文主义》（1915 年）、《社会主义与战争》（1915 年）、《民族和殖民地问题提纲初稿》（1920 年）、《关于民族或"自治化"问题》（1922 年）等论述民族平等问题，驳斥一切形式的民族主义，同各种各样的民族主义作斗争。列宁提倡以民族平等为基础的无产阶级的国际主义民族观。

---

① 《列宁全集》第 27 卷，人民出版社，1990，第 106 页。

列宁批判狭隘民族主义的"民族文化"和"民族文化自治"口号是资产阶级骗局，提倡以民族平等为基础的无产阶级的国际主义文化。一是批判所谓的"民族文化"是对民族问题在资产阶级局限性下的理解，是属于地主、神父、资产阶级的文化。每个民族都有资产阶级文化，也都有因受资产阶级压迫而产生的民主主义和社会主义意识形态。而国际主义文化就是对各民族文化的高度融合，是吸取了各民族文化中的民主主义和社会主义因素而产生的适合无产阶级团结各民族、具有共产主义道德因素的文化。二是批判"民族文化自治"就是地主、资产阶级、小资产阶级为了欺骗工人阶级，维护自己的文化而制造的文化统一的幻觉，是为了"把同一民族的无产阶级和资产阶级联合起来而把不同民族的无产阶级分裂开来"①。他们一面高喊反对特权，一面又极力要求特权。他们不顾各民族在经济、政治、法律和生活习惯上的千丝万缕的联系，想要"在'文化'问题特别是在学校教育问题方面把这些民族一劳永逸地分开"②，但是这样只会让落后的民族更落后。列宁指出，社会主义者"决不容许对任何民族实行任何哪怕是极轻微的压迫，决不容许任何一个民族享有任何特权"③。社会主义国家从政治上给予所有民族分离的自由，根据民族特征来划分自治区域并实行区域自治，按照共产主义道德标准，要求国内各民族绝对平等，无条件地保护一切少数民族的权利。此外，列宁在《关于民族或"自治化"问题》等中还特别强调，要注意在历史上曾不同程度地受到大俄罗斯沙文主义压迫和剥削的少数民族。他提出，社会主义国家不仅要在形式上坚持民族平等，还要特别谨慎地对待少数民族的民族感情，大民族要适当地处于不平等地位，"以抵偿在生活中事实上形成的不平等"④和曾经带给少数民族的那种不信任、猜疑和侮辱

---

① 《列宁全集》第 23 卷，人民出版社，1990，第 215 页。
② 《列宁全集》第 24 卷，人民出版社，1990，第 181 页。
③ 《列宁全集》第 23 卷，人民出版社，1990，第 214~215 页。
④ 《列宁选集》第 4 卷，人民出版社，2012，第 758 页。

等。共产主义道德主张在一切教育组织、工会组织、政治组织或其他工人组织内，各民族都完全平等。

列宁批判社会沙文主义者只是捍卫"自己的"祖国占有殖民地和压迫弱小民族的特权，提出每一个社会主义者都应该把沙文主义当作自己的敌人。列宁提出"要同社会沙文主义永远决裂"和"同大俄罗斯沙文主义决一死战"。在批判社会沙文主义时，列宁的观点集中体现在三个方面。一是批判社会沙文主义者以极其虚伪的"爱国主义"为资产阶级政府发动的侵略战争辩护，维护大国掠夺殖民地和压迫其他民族的权利，指出布尔什维克才是真正的爱国主义者。在第一次世界大战期间，德、英、法等国的资产阶级统治者们以"保卫祖国、自由和文化"为借口，以无比野蛮和残暴的方式在战争中进行掠夺。而为了防止无产阶级进行真正的解放战争，"各国资产阶级都在用爱国主义的虚伪言词极力地宣扬为'自己'国家进行战争的意义，硬说他们竭力战胜对方，并不是为了掠夺和侵占领土，而是为了'解放'除自己本国人民以外的所有其他各国人民"[①]。但是，觉悟的工人阶级应该团结起来，用坚定的社会主义信念，捍卫自己的国际主义，反对一切"'爱国主义的'资产阶级集团的猖獗的沙文主义。如果觉悟的工人放弃这项任务，那就是放弃自己对自由和民主的一切追求，更不要说对社会主义的追求了"[②]。要用一切革命手段反对自己祖国的君主制度、地主和资本家，反对祖国的这些最可恶的敌人。列宁指出，只有布尔什维克才能够将爱国主义和国际主义结合起来。二是批判社会沙文主义者强制推行国语是对语言平等的侵犯。列宁称，在沙皇统治的 300 多年间，俄罗斯就是一个民族大监狱。沙皇政府为了维护自己的统治而不断推行"俄罗斯化"政策，强制推行"国语"，"强迫俄国其他各族居民使用仅占俄国居民少数的大俄罗斯人的语言。每

---

① 《列宁全集》第 26 卷，人民出版社，1988，第 13 页。
② 《列宁全集》第 26 卷，人民出版社，1988，第 14 页。

个学校都必须教国语课。一切正式公文都必须使用国语，而不是使用当地居民的语言"①。列宁指出，俄罗斯语言虽然"伟大而有力"，值得学习，但是不能强制推行。② 在民族成分复杂而又极端落后的国家强制推行一种语言，只会妨碍社会的发展，不能"用棍棒把人赶进天堂，因为无论你们说了多少关于'文化'的漂亮话，强制性国语总还是少不了强制和灌输"③。列宁认为，一方面，每个民族都有保护自己语言的权利，都十分珍爱自己的语言，强制推行国语只会加深敌对情绪，为其他民族所不容；另一方面，"经济流转的需要本身自然会确定一个国家的哪种语言使用起来对多数人的贸易往来有好处。由于这种确定是各民族的居民自愿接受的，因而它会更加巩固，而且民主制实行得愈彻底，资本主义因此发展得愈迅速，这种确定也就会愈加迅速、愈加广泛"④。共产主义道德"绝不允许任何一个民族，任何一种语言享有任何特权"⑤。三是批判仍旧存在于苏维埃政权中的、对待民族问题时的官僚主义态度。列宁指出，社会主义制度确立后，沙文主义的残余在党员中还未清理干净，甚至有共产党员也在建议，建立统一的学校，统一用俄语讲课。列宁指出，共产主义道德提倡马克思主义的国际主义精神，这就要求我们将同大俄罗斯沙文主义及其残余作斗争当作党的第一要务，要"特别坚决地反对'俄罗斯'共产党人的大俄罗斯帝国主义和沙文主义的（有时是不自觉的）残余"⑥。列宁认为这种民族主义严重背离了共产主义，要求布尔什维克党要极其严格地对待沙文主义现象，希望不管是大民族还是小民族，都能够在推翻资产阶级的革命斗争中团结一致、打成一片，共同为无产阶级的解放而不懈奋斗。

---

① 《列宁全集》第 24 卷，人民出版社，1990，第 309 页。
② 《列宁全集》第 24 卷，人民出版社，1990，第 310 页。
③ 《列宁全集》第 24 卷，人民出版社，1990，第 311 页。
④ 《列宁全集》第 23 卷，人民出版社，1990，第 448 页。
⑤ 《列宁全集》第 23 卷，人民出版社，1990，第 449 页。
⑥ 《列宁全集》第 38 卷，人民出版社，1986，第 20 页。

第四章
列宁共产主义道德教育思想的
突出特点和历史地位

　　列宁领导布尔什维克党建立了世界上第一个社会主义国家，在领导无产阶级革命和社会主义建设过程中，第一次提出了对无产阶级和广大人民群众进行共产主义道德教育的思想，第一次开创了人类历史上由处于被压迫地位的无产阶级的阶级自觉所形成的共产主义道德教育的实践。正如列宁所阐述的那样，"判断历史的功绩，不是根据历史活动家没有提供现代所要求的东西，而是根据他们比他们的前辈提供了新的东西"①。列宁共产主义道德教育思想是对马克思主义道德教育思想的继承和发展，是对广大人民群众进行共产主义道德教育的成果，也是对俄国无产阶级革命和社会主义建设实践的经验总结，其内涵十分丰富，特征极其鲜明。列宁的共产主义道德教育思想在马克思主义道德教育发展史上具有非常重要的地位。列宁坚持马克思主义与时俱进的理论品格，开启了马克思主义道德教育思想创新的实践维度，用新的革命经验和社会主义建设实践丰富和发展了马克思主义道德教育思想，为马克思主义道德教育思想的发展作出了重大贡献。共产主义道德教育促进了人民的共产主义道德水平的普遍提高，在一定时期内起到了巩固和发展社会主义的作用。同

---

　　① 《列宁全集》第2卷，人民出版社，1984，第154页。

时，列宁领导的共产主义道德教育实践，也为世界上其他社会主义国家和非社会主义国家提供了可借鉴的经验，丰富了伦理学理论。

第一节　列宁共产主义道德教育思想的突出特点

列宁共产主义道德教育思想的核心内容是倡导共产主义新道德，本质是坚定共产主义理想，基础是巩固和完成共产主义事业。建立在马克思主义无产阶级道德教育思想基础上，形成于领导无产阶级革命和社会主义建设过程中的列宁共产主义道德教育思想，具有以下突出特点。一是批判性。列宁对民粹主义、道德虚无主义、无政府主义、"合法马克思主义"等各种错误思潮的批判为其共产主义道德教育思想的形成奠定了坚实的理论基础，列宁共产主义道德教育思想是对马克思主义道德理论的继承和发展，推动了马克思主义道德理论在俄国无产阶级中传播。二是创新性。列宁共产主义道德教育思想从无产阶级的利益出发，以巩固和完成共产主义为基础，将道德教育与劳动实践相结合等，充分彰显了其显著的创新性特征。三是实践性。列宁共产主义道德教育思想不是教条，而是科学的行动指南，是来源于实践而又为实践所验证了的理论思想，具有突出的实践性特征。四是历史性。共产主义道德和共产主义道德教育思想是在一定时代背景下提出的，是列宁结合俄国国内生产力发展水平和生产关系，结合无产阶级革命在俄国和整个世界范围内的发展情况以及建设社会主义和完成共产主义的需要而提出的。

一　共产主义道德教育思想的批判性

批判性是列宁共产主义道德教育思想的主要特征，贯穿了列宁共产主义道德教育思想形成与发展的全过程。列宁的共产主义道德教育思想是建立在马克思主义道德教育思想基础之上的，是对人类文明史上所产生的一切道德教育理论的批判性继承。批判并不是为了抛弃，而是为了扬弃，是为了重新构想和塑造。列宁批判了国内各种机会主义思潮以及伪马克思主义者，批判了沙皇政府、地主以及资产阶级等剥削阶级的道德教育思想，但是，列宁并不只是对它们进行简单的理性批判，他在批判的同时还继承了历史发展过程中所产生的优秀道德传统，为马克思主义道德教育思想的发展和实践指明了方向。批判错误思潮是传播正确的道德思想，进行道德教育的一种重要途径。列宁认为，只有用批判的态度才能掌握共产主义道德的知识，只有用对一切事实的了解才能丰富共产主义道德理论，否则共产主义道德教育就无法有效开展。从批判民粹主义的《什么是"人民之友"以及他们如何攻击社会民主党人?》《我们拒绝什么遗产》，到对经济主义等机会主义思潮道德自发论批判的代表作《怎么办?》《进一步，退两步》，再到对伪马克思主义者的批判性著作《无产阶级革命和叛徒考茨基》《共产主义运动中的"左派"幼稚病》，以及明确捍卫马克思主义理论的文章《论战斗唯物主义的意义》等，列宁从未停止过对各种错误思潮以及道德理论的批判和清算。这也为形成科学的共产主义道德教育思想打下了坚实的基础。

第一，列宁批判各种错误的道德思潮和伪马克思主义道德思想，坚决捍卫马克思主义道德思想。从无产阶级革命爆发，马克思主义传入俄国开始，俄国就出现了各种机会主义思潮。这些思潮之所以产生与形成，一方面是由于受当时的社会发展环境与资产阶级思想的影响较深，另一方面就是由于马克思主义在俄国的传播受限。一些资产阶级的知识分子、革命思想不坚定者以及不能彻底领悟马克思主义理论的人，对马克思主义的道德理论等进行了错误的理解和传播，严重影响了俄国革命队伍共产主义道德的培养。列宁时刻关注在俄国得到传播或有影响的各种道德思潮，及时进行批判和纠正，维护了马克思主义道德理论的科学性，同时，也提出了符合无产阶级利益，有利于无产阶级革命和社会主义建设的共产主义道德教育理论。列宁对各种错误道德思潮的批判集中体现在三个方面。首先，批判了道德虚无主义否定道德具有历史继承性和无产阶级拥有自己的独特道德的观点。针对"无产阶级文化派"想要通过否定一切剥削阶级的历史，凭空杜撰出无产阶级文化的思想，列宁指出，无产阶级文化不可能凭空产生，若不能在人类所创造的全部知识的基础上批判地探讨无产阶级文化发展，就不可能建成共产主义社会。而针对他们所提出的无产阶级否认一切道德的问题，列宁则指出，无产阶级否认从唯心主义或半唯心主义出发，从上帝的意旨中引申出来的代表剥削阶级利益的、欺骗工农群众的道德，无产阶级拥有自己的道德，这种道德是建立在唯物主义基础之上的，是从无产阶级斗争的利益中引申出来的，是为巩固和完成共产主义服务的。其次，批判了道德虚无主义者将"一杯水主义"等低劣的资产阶级道德观念强加在无产阶级身上。"一杯水主义"是道德虚无主义的典型，"一杯水主义"观点的持有者认为满足性欲和恋爱是无产阶级道德的要求，然而实现这一要求就像喝一杯水一样容易。列宁针对外界将"一杯水主义"强硬地归结为马克思主义的思想作出了批驳，他认为这不仅不属于马克思主义，甚至它有可能是反社会的。列宁运用马克思主义的唯物辩证法对"一杯水主义"进行了有力的批判。列宁认为，无产阶级的家庭婚姻观念是建立在爱情基础之上的，恋爱自由并不是低俗的性自由；提倡男女平等，以爱情为基础组建家庭，提倡以维护妇女权益为主的离婚自由。最后，批判了非常具有代表性的狭隘民族主义和社会沙文主义。列宁认为，不管是狭隘民族主义者对自己民族利益的维护和对其他民族的排斥，还是社会沙文主义者对弱小民族的侵略和统治，都是不符合马克思主义道德要求的。共产主义道德提倡爱国主义和国际主义的统一，提倡全世界无产阶级为了自身的解放而团结起来，共同对抗资产阶级的统治。

第二，列宁批判了代表剥削阶级利益的各种道德教育观念，提出共产主义道德教育才能够促进人的全面发展。道德本身就具有鲜明的阶级性，是建立在一定的经济基础之上的，代表了一定阶级的利益。以往人类社会发展过程中所形成的所有剥削阶级的道德都代表剥削阶级的利益，道德教育就是为了维护其利益而通过各种途径，采用各种形式对民众的奴化教育。列宁批判宗教道德教育是用神的意旨、教会、教义等"宗教圣物"不断地对人们灌输，从精神上"教导人们'毫无怨言地'忍受痛苦"①，服从和忍受剥削阶级的剥削，安于自己贫苦的现状。他指出"宗教是人民的鸦片"，"是一种精神上的劣质酒"②，不断地残害、荼毒人民群众，它使深受劳苦和奴役的人民群众受到种种精神压迫，使他们缺少与剥削阶级相斗争的力量，使得人民群众对死后的幸福生活有着无限的憧憬，就像人无法同自然力量作斗争一样，使人们将希望寄托于宗教。共产主义道德教育要求国家与宗教彻底分离，学校与宗教彻底分离，教育无产阶级善于同宗教作斗争，同各种宗教思想作斗争，使宗教渐渐消亡。列宁还批判了资产阶级的道德教育观念，认为资产阶级并不会为无产阶级和劳动人民提供正常的教育，他们的道德教育是为了维护资产阶级等剥削者的利益而进行的。资产阶级只向人们灌输书本上美丽的语言和词句，宣扬所谓的民主、自由和平等，其道德教育与实践是完全分离的，因为资产阶级无法在现实中对其道德思想予以解释。而共产主义道德则与其有着本质的不同，共产主义道德是全体无产阶级和劳动人民的道德，是为了实现全人类的解放而提出的道德，同时，也是在建设社会主义和实现共产主义的实践中不断丰富和完善的，是经过实践检验适合人们发展，能够正确调节人们之间的关系，维护人们之间真正的平等、自由和民主的道德。只有共产主义道德教育，才会将人们的全面自由发展当作最终的目标，从而在实践中促使人们不断地为了这个目标而努力。

第三，列宁批判了机会主义者的道德自发论，提出科学的共产主义道德教育思想。列宁指出："实际上，机会主义者在形式上属于工人政党这一情况，丝毫也不能抹杀这样一个事实：机会主义者在客观上是资产

---

① 《列宁全集》第 6 卷，人民出版社，1986，第 247 页。
② 《列宁全集》第 12 卷，人民出版社，1987，第 131 页。

阶级的政治队伍，是资产阶级影响的传播者，是资产阶级在工人运动中的代理人。"① 在革命进程中，工人阶级队伍中出现了以民粹主义者、经济派等为代表的机会主义者。他们认为，无产阶级并不需要道德教育，更不需要苏维埃政党对道德教育进行领导，代表无产阶级利益的道德规范会在无产阶级革命过程中自发地产生。列宁非常重视这一思想在无产阶级革命队伍中所产生的不良影响，专门通过对马克思道德教育理论的研究，站在唯物主义的高度，批判了道德自发论，遏制了道德自发论在革命队伍中的传播。列宁指出，共产主义道德并不能自发地在无产阶级当中形成，无产阶级只能自发地形成"工联主义"思想，这并不利于无产阶级革命。社会主义者应该清楚地认识到道德自发论的消极影响，积极地将共产主义道德观念灌输给无产阶级和广大群众。列宁特别强调，在对无产阶级进行共产主义道德教育的过程中，一定要坚持党的领导。党的组织、党的革命经验、党内的先进分子都是共产主义道德教育成功开展的保障。而且，列宁在灌输理论的基础上，提出了许多道德教育的方法。比如将道德教育与义务劳动相结合，提高人们的科学文化素质，构建完备的道德教育体制等。这些思想为共产主义道德教育的成功开展、实现培养共产主义一代新人的目标打下了坚实的基础。

第四，列宁在对以往剥削阶级道德教育思想的批判性继承以及共产主义道德教育思想形成过程的自我批判中，使共产主义道德教育思想得以进一步深化。一方面，列宁共产主义道德教育思想的批判性，体现在对以往剥削阶级道德教育思想和各种错误道德思潮的批判性扬弃中。列宁认为，共产主义道德并不能凭空产生，也不是"天上掉下来的"②，更不可能由那些标榜为无产阶级文化专家的人杜撰出来。共产主义道德是在对人类全部发展过程中所创造的文化加以改造之后产生的，是人类道

---

① 《列宁选集》第 2 卷，人民出版社，2012，第 493～494 页。
② 《列宁选集》第 4 卷，人民出版社，2012，第 285 页。

德在历史进程中合乎规律的发展。马克思主义也是在对人类社会所创造的一切进行批判和重新探讨的基础上诞生的。共产主义道德教育必须充分利用资产阶级给我们遗留下来的一切优秀的东西，不仅要使资产阶级的道德教育成果，如资产阶级知识分子，在共产主义道德教育过程中发挥作用，还要吸取"城市的、工业的、大资本主义的全部文化"①，并使这种文化得到捍卫、保存和发展，使发展成果为全体人民、全体劳动者共同所有。另一方面，列宁共产主义道德教育思想的形成和深化也是他自我批判的结果。在社会主义建设初期，列宁要求全体人民共同遵守共产主义道德，实行战时共产主义政策，但这一政策引起了人民群众的不满而最终失败，不仅没有促进经济的增长，还导致了经济危机和政治危机。列宁经过认真思考与检讨后，认识到从人民群众的文化水平和经济发展状况来看，尚并不具备在全国范围内开展共产主义道德教育的基础，因而，他在将战时共产主义政策调整为新经济政策的同时，也将共产主义道德教育的内容、路径和范围进行了调整，承认人民群众对利益的合理要求，鼓励通过奖励、树立道德模范和广泛的宣传来实现人民群众道德素质的逐渐提高。正是列宁勇于自我批判、敢于接受实践的裁决以及虚心向前人学习的态度，使其共产主义道德教育思想具有持续性发展和实践的意义。

二 共产主义道德教育思想的创新性

创新性是列宁共产主义道德教育思想的最显著特征。列宁以马克思主义关于人类社会发展客观规律的科学认识为基础，以辩证唯物主义和历史唯物主义为理论依据，以以往剥削阶级所倡导的道德教育和人类已经形成的文化成果为历史依据，以无产阶级革命与斗争的利益为现实依据，从无产阶级道德的产生出发，创造性地提出了共产主义道德，逐渐

---

① 《列宁专题文集·论社会主义》，人民出版社，2009，第141页。

形成了独具特色的共产主义道德教育思想。概括起来，列宁共产主义道德教育思想的创新性突出体现在两个方面。

第一，从无产阶级的利益出发，在无产阶级革命和社会主义建设实践的基础上，创造性地提出了共产主义道德。共产主义道德的提出是人类道德发展史上的伟大进步，是列宁对人类道德发展的重大贡献。列宁从历史发展的角度，把无产阶级的道德概括为共产主义道德，阐述了共产主义道德与以往人类社会中所形成的剥削阶级的道德之间的本质不同，论述了共产主义道德的本质、产生和发展的历史条件，阐明了共产主义道德的内涵、原则、基础和规范，指出了进行共产主义道德教育的重要意义，还结合无产阶级革命和社会主义建设实践探讨了多种道德教育途径，规定了道德教育的内容和基本原则，扩展了道德教育的主体。共产主义道德是人类社会发展中迄今为止最高类型的道德，其以马克思主义道德理论为指导，批判地继承了人类社会的优秀道德传统，选择性地吸收了剥削阶级道德中的合理因素。列宁认为共产主义道德是无产阶级在消灭剥削阶级的压迫、进行共产主义建设的实践中逐渐产生和发展的。列宁认为共产主义道德的阶级基础是无产阶级，共产主义道德的实践基础是建设共产主义事业。他指出，共产主义道德是对资产阶级道德的历史性超越，与资产阶级道德有着本质的不同，是真正属于无产阶级和广大人民群众的道德，而共产主义道德教育是为了培养共产主义一代新人和促进人的全面自由发展。列宁还指出，共产主义道德的发展具有阶段性：在第一阶段，表现为无产阶级道德的萌芽；在第二阶段，表现为社会主义道德；在第三阶段，表现为共产主义道德。而且，在不同的阶段，共产主义道德教育的方式、方法、主体、客体、载体等均有所不同，不能一概而论，要根据实际情况进行适当调整。但是，不管是哪个阶段的共产主义道德，都是以生产资料公有制为基础的，最终目的都是巩固和完成共产主义、实现全人类无产阶级自身的解放和人的全面自由发展。列宁对共产主义道德教育的有关论述，如以集体主义为核心、在劳动实践中培育和发展道德、锻造自觉的劳动纪律等都是其道德理论创新性的突出体现。

第二，以巩固和完成共产主义为基础，将道德教育与劳动实践相结合，首推"共产主义星期六义务劳动"，并在此基础上首次提出了共产主义劳动的概念和内容。"共产主义星期六义务劳动"开始于 1919 年春季，莫斯科—喀山铁路分局的工人们为了解决劳动力不够和劳动效率不高而导致一部分亟须完成的任务未完成这一问题，在党组织的号召下，从休息时间中抽取一小时，在星期六这天义务劳动六小时，一直到完全战胜高尔察克。列宁将这一活动称为"伟大的创举"、"用革命精神从事工作"、能够战胜资本主义的"社会主义新社会的一个细胞"①、"共产主义的实际开端"、"共产主义的幼芽"。在莫斯科—喀山铁路分局工人们的这一壮举开始之后，列宁立即指示《真理报》等党的喉舌进行宣传报道，号召其他地方的工农群众向莫斯科—喀山铁路分局的工人们学习，并将这一活动的名称定为"共产主义星期六义务劳动"。列宁对这一伟大壮举给予高度认可，认为"这是战胜自身的保守、涣散和小资产阶级利己主义，战胜万恶的资本主义遗留给工农的这些习惯"②的重要开端。列宁以身作则，带头参与"共产主义星期六义务劳动"，为这一活动亲自写文章、做宣传。在列宁的带领下，"共产主义星期六义务劳动"在全国上下如火如荼地开展。同时，列宁还提出了"劳动义务制"的共产主义的劳动方式。列宁认为劳动是具有创造性的，新的劳动形式以及新的劳动纪律都是创造性劳动的重要特征所在，它要适应经济社会的发展，促进人的道德精神的发展以更好地改造世界。1920 年 4 月 8 日，列宁专门为《共产主义星期六义务劳动报》撰写了《从破坏历来的旧制度到创造新制度》，首次对共产主义劳动进行了定义，规定了共产主义劳动的阶段和内

---

① 《列宁选集》第 4 卷，人民出版社，2012，第 14 页。
② 《列宁选集》第 4 卷，人民出版社，2012，第 1 页。

容。他指出，共产主义劳动从狭义上来讲是一种为社会进行的无报酬、无定额的劳动，"是按照为公共利益劳动的习惯、按照必须为公共利益劳动的自觉要求（这已成为习惯）来进行的劳动，这种劳动是健康的身体的需要"①。列宁还指出，只有养成共产主义的劳动态度和自觉的劳动纪律，"退回到资本主义才不可能，共产主义才真正变得不可战胜"②。这种深深植根于社会主义建设实践中的道德教育方法，创新的道德教育理论，是对马克思主义道德教育理论的创新、丰富和发展。

三　共产主义道德教育思想的实践性

马克思说："社会生活在本质上是实践的。凡是把理论诱入神秘主义的神秘东西，都能在人的实践中以及对这种实践的理解中得到合理的解决。"③ 实践是检验真理的唯一标准，列宁非常重视道德教育的实践。他提出道德教育就在于实践的观点，认为道德教育理论必须要转化为实践，"理论由实践赋予活力，由实践来修正，由实践来检验"④。列宁还将共产主义道德教育与资本主义的道德教育相比较，指出理论与实践的分离正是资本主义道德教育令人厌恶的特征。而共产主义道德教育一定不能只局限于向工农群众宣传美好的道德言词和准则，要在与资产阶级的斗争中进行教育，要在斗争中进行培养，在斗争中进行训练，要与沸腾的实际生活相联系，这样才能培养出真正具有共产主义道德品质的共产主义者。在社会主义建设事业刚开始时，列宁就要求将共产主义道德教育和劳动人民的实际生活联系起来，使得共产主义道德教育在广大劳动群众的生产和生活实践中化为一系列可操作的原则，用以去教育、启发他们不断觉醒。

①　《列宁选集》第4卷，人民出版社，2012，第130页。
②　《列宁选集》第4卷，人民出版社，2012，第1页。
③　《马克思恩格斯选集》第1卷，人民出版社，2012，第139~140页。
④　《列宁选集》第3卷，人民出版社，2012，第381页。

　　列宁关于道德教育要与实践相结合的论述非常多，这些论述都清晰地体现其道德教育思想的实践性。比如，1907 年，列宁在《俄国革命的长处和弱点》中指出，人民群众只能"从实际经验中而不是从书本中受到教育"①，只有这样，无产阶级才能自我觉醒，尽快清除掉自己身上的小市民传统，一心一意完成本阶级的任务，即社会主义的任务。1917 年 12 月 24 日，在《怎样组织竞赛？》中，列宁提出要将共产主义道德教育与社会主义劳动竞赛结合起来，指出，"一切都在于实践"，"理论是灰色的，而生活之树是常青的"。② 1919 年 1 月 20 日，列宁在《全国工会第二次代表大会上的报告》中指出："只有这个新阶级不是从看书、开会、听报告而是从管理国家的实践中受到教育，只有这个阶级把广大劳动群众吸引来参加管理工作，并创造出种种形式使全体劳动者便于参加管理国家和建立规章制度的工作，只有到那个时候，社会主义革命才可能巩固，也只有在这样的条件下，它才不可能不巩固。如果具备这样的条件，它就会成为伟大的力量，像秋风扫落叶一样把资本主义及其种种残余一扫而光。"③ 1920 年 10 月 2 日，列宁在俄国共产主义青年团第三次代表大会上的讲话中指出，学习共产主义要在实际工作、实际斗争中将这些知识融会贯通，按照共产主义的真正要求去付诸行动。"离开工作，离开斗争，那么从共产主义小册子和著作中得来的关于共产主义的书本知识，可以说是一文不值，因为这样的书本知识仍然会保持旧时的理论与实践的脱节，而这正是资产阶级旧社会的一个最令人厌恶的特征。"④ 同时，在提到对青少年的培养时，列宁也强调青年学生要在社会实践中自觉地接受教育，培养自己的共产主义道德品质，深入社会实践和群众的日常

---

① 《列宁全集》第 15 卷，人民出版社，1988，第 194 页。
② 《列宁选集》第 3 卷，人民出版社，2012，第 381 页。
③ 《列宁全集》第 35 卷，人民出版社，1985，第 434 页。
④ 《列宁选集》第 4 卷，人民出版社，2012，第 283 页。

生活中去。开展青年共产主义教育是必要的，而学校教育是其中较为有效的途径。在学校教育中，对青年的共产主义道德的培养和教育绝不能与生活实际相脱节，要与反对剥削阶级的斗争相结合，与全体农民、工人的劳动相结合，让青年在环境中接受共产主义道德思想的熏陶。列宁认为，通过学校教育能够使学生接收到共产主义道德的知识内容，促使他们形成共产主义道德自觉，成为一名合格的共产党人。这一目标要与具体的社会实践相结合才能实现。

列宁还亲自领导了共产主义道德教育的实践，开展了一系列道德教育实践活动，提出要将道德教育与义务劳动相结合。首先，列宁构建了较为完善的道德教育体制，将能够实施道德教育的主体，包括单位和个人在内，全部纳入道德教育体制当中。在道德教育实践中，形成了以党的领导为中心，党员干部起先锋模范带头作用的道德教育体系；国家和社会所创办的各类学校、由工人队伍所组成的工会组织以及对青年道德教育培养十分重要的共青团组织是主要教育主体，共同深入学生、工人、农民等各个阶层当中，实施共产主义道德教育，清除资本主义旧社会所遗留下来的各种不良习俗和风气。其次，列宁还提倡青少年学生要深入农村一线去帮助国家做好扫盲工作，深入城郊做好菜园种植和收获工作，深入社区帮助老人和妇女儿童做清扫或其他力所能及的工作。总之，列宁告诉青少年尤其是共青团组织成员，要将道德教育"同全体劳动者反对剥削者的斗争密切联系起来"①，不能仅限于了解共产主义道德的规范、原则和要求。再次，列宁提出要利用工会在工人之间、各生产合作社之间开展社会主义劳动竞赛，通过劳动竞赛提高劳动生产率，发现有管理才能的人，培养工人的"进取心、毅力和大胆首创精神"②，肃清一切寄

---

① 《列宁选集》第 4 卷，人民出版社，2012，第 294 页。
② 《列宁选集》第 3 卷，人民出版社，2012，第 375 页。

生虫、富人、骗子、懒汉和流氓。最后，列宁提出要大力倡导"共产主义星期六义务劳动"，使道德教育与普遍的义务劳动相结合，同时树立共产主义劳动榜样。列宁希望通过普遍的劳动改造资产阶级知识分子、小资产阶级、富农等，使他们成为社会主义的建设者，同时，也要通过劳动教育工人阶级要团结一致，树立集体主义精神和自觉的劳动纪律，为共产主义事业贡献自己全部的力量。此外，列宁还提出要让报刊等新闻媒体对共产主义道德教育过程中所产生的具有教育意义的具体事例进行细致分析和全面报道，尤其是共产主义道德的榜样。列宁认为，党报的胜利，就是党性的胜利，就是共产主义道德教育的胜利，就是共产主义社会的胜利。在进行共产主义道德教育的过程中，列宁并没有忽视全国工农群众文化水平低的现实，非常注重扫盲工作和对工农群众进行科学文化素质的培养。这些具体的共产主义道德教育工作无一不体现出列宁道德教育思想鲜明的实践性。

四　共产主义道德教育思想的历史性

共产主义道德教育思想产生以前，人类社会已经产生过许多不同性质、不同特点的道德和道德教育学说。每一种道德和道德教育学说都是在一定时代背景和历史条件下，以生产力和生产关系的发展为基础，反映一定阶级的利益要求，在生产力与生产关系、经济基础与上层建筑之间的对立统一中产生和发展。它不仅代表了一定历史条件下处于统治地位的阶级思想，还在一定程度上代表着历史的发展与进步。共产主义道德和共产主义道德教育思想的产生同样也是历史发展规律的必然结果，其是列宁结合俄国国内生产力发展水平和生产关系现状，结合无产阶级革命在俄国和整个世界范围内的发展情况以及建设社会主义和完成共产主义的需要而提出的。列宁从不否认共产主义道德教育思想的历史性，相反，还不断批判那些否定道德和道德教育具有历史性的各种机会主义思潮。早在 19 世纪 90 年代，列宁就写了著名的《我们拒绝什么遗产?》，针对俄国民粹派所提出的"俄国学生们"① 拒绝遗产，他们与"俄国社会中优秀先进部分的优秀传统脱离了关系"，他们"割断了民主主义的线索"等，② 作了严谨而又犀利的辩驳。列宁的这一著作在当时虽然不是针对道德问题而写的，只论述了经济学和政治方面的问题，却立场鲜明地表明了他对历史虚无主义者的态度，为他之后所提出的道德教育思想也必然具有历史性打下了基础。

第一，列宁提出共产主义道德教育要符合无产阶级斗争的利益，以巩固和完成共产主义社会为基础。道德是建立在经济基础之上的，是社会生活的一个方面，所以道德教育不能脱离社会生活而存在，过于高出社会生活，或太过低于社会生活，都无法达到道德教育的既定目标，必须以经济基础为依据，结合当时历史发展的现状而进行。列宁的共产主义道德教育思想是从无产阶级斗争的利益中引申出来的，是针对无产阶级的历史使命而提出的对无产阶级在革命和社会主义建设过程中培育共产主义道德的要求。因此，共产主义道德教育不能不与无产阶级的革命斗争实践相结合，不能不结合无产阶级社会存在的发展而发展。列宁认为，在共产主义道德发展的第一阶段，主要是对无产阶级进行马克思主义世界观、共产主义理想信念和无产阶级革命自觉等教育，唤醒无产阶级的革命自觉意识，促进无产阶级革命队伍的壮大和革命的最终胜利。因为资产阶级仍然属于统治阶级，无产阶级的道德教育的方式也有很大的局限性，因此这一阶段的共产主义道德教育只能通过无产阶级中的先进分子深入群众当中，散发小册子、演讲等。而当无产阶级革命取得胜利以后即第二阶段，为了社会主义建设而进行的道德教育的内容更加广泛，涵括了共产主义劳动态度、自觉的劳动纪律、无产阶级的爱情婚姻观、识别旧社会遗留下来的恶习等。这一阶段要更加深入地进行共产主

---

① 19 世纪 90 年代对俄国马克思主义者的代称。
② 《列宁选集》第 1 卷，人民出版社，2012，第 99 页。

义理想信念的教育，人道主义、爱国主义和国际主义等无产阶级道德观的教育。教育方式更加多样，国内建立了在共产党领导下，学校、工会、共青团等主体共同参与，以扫除文盲、提高文化水平为基础，在普遍的义务劳动中对广大工农群众、资产阶级的知识分子等客体进行全面道德教育的体系。当发展到第三阶段，也就是进入共产主义社会时，共产主义道德教育则为人的全面自由的发展服务，并且在这一过程中逐渐消失。

　　第二，列宁提出"只有确切地了解人类全部发展过程所创造的文化"，并对这种文化加以改造，"才能建设无产阶级的文化"。[1] 马克思主义绝不否认历史，更加不能割断历史与现实之间的联系。任何道德和道德教育体系，都与它之前的体系有着一定的历史联系。共产主义道德当然也具有自己的历史溯源，不能凭空产生。它绝不是像资产阶级所攻击的那样，同以往的道德体系没有任何联系，拒绝了一切优秀的遗产。恰恰相反，列宁认为，共产主义道德和共产主义道德教育思想，真正地继承了人类历史上一切优良的传统。一方面，要利用资本主义遗留下来的全部文化来进行共产主义道德教育。列宁在《青年团的任务》中以马克思主义学说为例，指出马克思正是以在资本主义制度下所创造的全部知识为基础，深入分析了人类社会发展的规律，批判地对过去的文化加以探讨和检验，才得出科学社会主义理论的。共产主义道德是人类在"资本主义社会、地主社会和官僚社会压迫下创造出来的全部知识合乎规律的发展"[2]，而进行共产主义道德教育不可避免地需要利用资产阶级遗留下来的学校、工厂、知识分子等。列宁认为，我们首先要把资产阶级的知识分子改造成为具有共产主义道德的人，还要把过去的学校、工厂都变成共产主义道德教育的根据地。只有这样，我们才能扩大共产主义道德的影响力，建成共产主义社会。另一方面，要同一切腐朽的、反动的

---

① 《列宁选集》第 4 卷，人民出版社，2012，第 285 页。
② 《列宁选集》第 4 卷，人民出版社，2012，第 285 页。

道德观念作斗争。列宁认为，运用资产阶级所遗留下来的全部文化进行共产主义道德教育，还要坚持同一切腐朽的、反动的道德观念作坚决的斗争。共产主义道德教育的全部过程都要服从这一斗争并与这一斗争联系起来。社会主义的工人和农民绝对不能有"不是你掠夺别人，就是别人掠夺你；不是你给别人做工，就是别人给你做工；你不是奴隶主，就是奴隶"① 以及"我赚我的钱，其他一切都与我无关"② 等这样的资产阶级的思想。

第二节　列宁共产主义道德教育思想的历史地位

列宁共产主义道德教育思想是对马克思恩格斯道德教育思想的继承、丰富和发展。它贯穿于俄国无产阶级革命和社会主义建设实践的全过程，在实践上开启了马克思主义道德教育的新篇章，创新和发展了马克思主义关于道德教育的理论，提出了共产主义道德及共产主义道德教育。列宁领导布尔什维克党开展的共产主义道德教育活动取得了一定的成绩，提高了人民的共产主义道德水平。正如 T. C. 格奥尔吉耶娃在他的著作《俄罗斯文化史——历史与现代》中所阐述的，"我们不能不注意这样一个事实"，即"在共产主义思想的鼓舞下，人民大众的精神异常振奋"，各种文化也获得了迅猛发展。③ 全社会共产主义道德水平的提高，充分证实了列宁共产主义道德教育思想的科学性，其为社会持续发展提供了强有力的精神动力，更为其他的社会主义国家和非社会主义国家都提供了可供学习的经验。

---

① 《列宁选集》第4卷，人民出版社，2012，第291页。
② 《列宁选集》第4卷，人民出版社，2012，第292页。
③ 〔俄〕格奥尔吉耶娃：《俄罗斯文化史——历史与现代》，焦东建、董茉莉译，商务印书馆，2006，第541页。

一　发展了马克思主义道德教育思想

马克思恩格斯在对科学的世界观进行研究和指导世界工人运动的过程中，以辩证唯物主义和历史唯物主义为基础，在《德意志意识形态》《共产党宣言》《反杜林论》《家庭、私有制和国家的起源》等著作中论述了马克思主义道德和道德教育的基本思想，揭示了道德产生的根源、本质、社会作用以及发展变化的规律，揭示了道德与经济之间的相互关系以及道德的相对独立性。马克思恩格斯还依据对原始社会、奴隶社会、封建社会以及资本主义社会道德及道德教育的分析，阐述了道德和道德教育发展的历史性，初步提出了无产阶级的道德和道德教育的主要内容、方式方法等，这为列宁共产主义道德教育思想的提出提供了坚实的理论依据，为列宁共产主义道德教育实践的探索提供了理论指导。因此，列宁在他们的科学的道德教育理论的影响和指导下，同来自各方面的错误的道德教育思想作不可调和的斗争，同时又总结群众革命实践的经验，继承、创新并发展了马克思主义道德教育思想，尤其是在实践上开创了共产主义道德教育的新篇章，为我们树立了光辉的榜样。

第一，创新和发展了马克思主义关于道德教育的理论，提出了共产主义道德及共产主义道德教育。

一是以马克思主义关于无产阶级道德的相关论述和科学世界观为指导，列宁通过对无产阶级在革命过程中所产生的团结一致、英雄主义、集体主义、爱国主义等道德品质的分析，结合社会主义建设和共产主义发展的要求，创造性地提出了共产主义道德，并对共产主义道德的内涵、基础、本质，对道德教育的原则、内容、方法等方面进行了深入的分析和论述，形成了共产主义道德和共产主义道德教育的理论。列宁的共产主义道德教育思想继承并发展了马克思主义道德教育理论，从列宁的著作中我们可以看到，他积极地将马克思主义中有关于道德理论、道德实践等的内容应用于共产主义道德教育中。他将马克思主义道德教育思想发展到新阶段，对苏维埃俄国产生了重要的影响。而且列宁还特别分析了共产主义道德教育的阶段性特征，指出在无产阶级革命时期、社会主义社会以及共产主义社会要用不同的方法、采用不同的手段、以不同的目的进行道德教育。列宁还提出了著名的灌输理论，形成了道德教育要从外面进行灌输的方法论思想。

二是丰富和发展了马克思主义关于道德教育的阶级性本质思想。马克思恩格斯认为："一切以往的道德论归根到底都是当时的社会经济状况的产物。而社会直到现在是在阶级对立中运动的，所以道德始终是阶级的道德；它或者为统治阶级的统治和利益辩护，或者当被压迫阶级变得足够强大时，代表被压迫者对这个统治的反抗和他们的未来利益。"① 列宁在这一思想的基础上，对无产阶级的道德做了阶级分析，并立足于无产阶级的利益，提出共产主义道德就是从无产阶级的利益中引申出来的，"是为摧毁剥削者的旧社会、把全体劳动者团结到创立共产主义者新社会的无产阶级周围服务的"②。列宁立足于阶级分析方法，对道德教育进行了深刻的理解和剖析，并将阶级斗争融入道德教育的过程中来，以此分析资本主义道德与共产主义道德在内容、目的、意义上的不同，强调了共产主义道德教育应从国家的各种任务出发，加强共产主义道德与政治之间的联系，从而帮助无产阶级获得阶级斗争的胜利。

三是依据马克思恩格斯的科学实践观，列宁在马克思主义道德理论发展史上，第一次提出了共产主义劳动这一科学概念，全面系统地阐述了共产主义劳动的本质、内容和意义。实践是现实中的客观实在与人的主观精神世界之间相互联系的桥梁，实践观点是马克思主义首要的和基本的观点。人们通过实践获得认识、检验真理，实践贯穿于人和社会发展的全过程。正如马克思指出："全部社会生活在本质上是实践的。"③ 马

---

① 《马克思恩格斯选集》第3卷，人民出版社，2012，第471页。
② 《列宁选集》第4卷，人民出版社，2012，第290页。
③ 《马克思恩格斯选集》第1卷，人民出版社，2012，第135页。

克思也明确地强调："为了保证革命的成功，必须有思想和行动的统一。"①由此我们可以看出，马克思高度重视理论与实践的结合，指明了在人的发展中实践教育所起到的不可忽视的重要作用。基于马克思主义的科学实践观，列宁深入分析了实践的重要意义，将实践教育作为共产主义道德教育的重要途径，融入共产主义道德的培养中，倡导将道德教育实践与日常的生产生活实际相结合。列宁指出，共产主义劳动，是一种无报酬、无定额、自愿为公共利益和健康身体需要而进行的劳动，像"共产主义星期六义务劳动"、劳动军、劳动义务制等都属于共产主义劳动相关范畴。但是，列宁强调在社会主义社会不能普遍实现这种劳动，这是共产主义的幼芽，是克服几千年来旧的劳动习惯的良好开端。

四是列宁丰富了马克思恩格斯关于无产阶级国际主义精神的相关理论。在严厉地批判了社会沙文主义和狭隘民族主义的同时，列宁科学阐述了无产阶级国际主义精神的实质及要求，指出无产阶级的国际主义与资产阶级的爱国主义有着本质不同，无产阶级的国际主义是爱国主义和国际主义的统一。列宁在马克思主义发展史上，第一次给爱国主义下了准确的定义，"爱国主义是由于千百年来各自的祖国彼此隔离而形成的一种极其深厚的感情"②。列宁所定义的爱国主义绝不仅仅是局限在国家或者民族层面的爱国主义，不是狭隘的民族主义，他在相关文章、著作中早已经指明爱国主义还应包含国际意识。列宁提倡的爱国主义是在马克思主义的指导下产生的无产阶级的民族精神，它体现的是无产阶级的共产主义道德。列宁还强调了"民族利己主义"般的爱国主义不是真正的爱国主义，真正的爱国主义是与无产阶级相统一的，是符合无产阶级斗争利益的。此外，列宁还丰富和发展了马克思恩格斯关于集体主义、社会主义人道主义等相关道德及道德教育的理论。

---

① 《马克思恩格斯全集》第 18 卷，人民出版社，1964，第 385 页。
② 《列宁全集》第 35 卷，人民出版社，1985，第 187 页。

第二，创新和丰富了马克思主义关于道德教育的实践。马克思恩格斯虽然提出了"共产党一分钟也不忽略教育工人"① 这样的道德教育原则，但是，由于受时代的限制，他们并未能将其道德教育思想放在实践中检验，只是通过发表文章、出版著作等方式进行理论上的宣传。列宁亲自领导了俄国无产阶级革命和社会主义建设，因此，也创新和丰富了马克思主义关于道德教育的实践。

一是丰富了马克思恩格斯关于对执政党进行道德教育和道德教育必须要坚持党的领导的思想，在实践中对这一思想进行了验证和发展。马克思认为，工人阶级即使是在最有利的条件下，要想取得任何重大的胜利，都必须依赖拥有科学理论指导和坚定的共产主义信念的党的培养和组织，而且党组织自身的学习也是至关重要的。列宁认为，"只有工人阶级的政党，即共产党，才能团结、教育和组织无产阶级和全体劳动群众的先锋队，而只有这个先锋队才能抵制这些群众中不可避免的小资产阶级动摇性，抵制无产阶级中不可避免的种种行业狭隘性或行业偏见的传统和恶习的复发，并领导全体无产阶级的一切联合行动"。② 党是众多教育主体中的领导力量，学校、工会、共青团等都要在党的领导下，按照党的要求进行共产主义道德教育。列宁同样非常重视无产阶级政党自身的建设，认为无产阶级专政的实质主要就在于执政党的组织性和纪律性。列宁非常重视党员的质量，组织了一系列的学习活动对党员进行培养和共产主义道德教育，并且还组织了多次"清党"运动，开展反官僚主义作风的斗争等，旨在加强和巩固党的领导和执政水平，提高全体党员的共产主义道德水平。

二是从实践的角度，扩大了共产主义道德教育的主体。马克思恩格斯在论述道德教育时，认为道德教育的主体与客体都是"现实的个人"，

---

① 《共产党宣言》，人民出版社，2018，第65页。
② 《列宁全集》第41卷，人民出版社，1986，第85页。

而作为主体的"现实的个人"主要是无产阶级、无产阶级的理论家和活动家、无产阶级的政党。列宁在这一理论的基础上，依据无产阶级革命和社会主义建设所积累的经验，提出道德教育的主体不只是"现实的个人"，还可以是各种机构、组织和团体，只要在党的统一领导下，这些教育主体都可以在共产主义道德教育中发挥重要的作用。学校是共产主义道德教育的重要主体，由于其在整个国民教育中的特殊地位，学校应该成为共产主义道德的主要传播者，要通过专门课程的开设和在其他各类课程中植入共产主义道德，对人们进行普遍的共产主义道德教育。而工会作为工人阶级的重要组织，应该通过组织生产劳动等形式对工人阶级进行共产主义道德的培养，是共产主义道德教育主体中不可或缺的一部分。此外，还有青少年的专属组织——共产主义青年团，青少年是未来社会的建设者和接班人，对其进行共产主义道德教育的意义非常重大。而共青团要成为对青少年进行共产主义道德教育的主体，通过组织学习、义务劳动等形式对青少年进行教育。

三是实现了共产主义道德教育与推行义务劳动相结合。在普遍的义务劳动中进行共产主义道德教育，是列宁首次提出并实践的。这一道德教育方法的提出是对马克思主义道德教育理论的创造性发展，拓展了共产主义道德教育实践的方法。首先，大力倡导"共产主义星期六义务劳动"。列宁在提出"共产主义星期六义务劳动"这一伟大创举之后，立刻号召在全国进行推广，要求党的组织和部门要起带头作用，并亲自参与劳动，"共产主义星期六义务劳动"在全国引起较大反响，大大提高了全国人民的共产主义道德认识和水平。其次，开展社会主义劳动竞赛。列宁继承了马克思主义关于经济基础决定上层建筑的重要思想，提出只有创造出高于资本主义社会的劳动生产率，社会主义才能够成功，而要想提高劳动生产率，其中的一个重要条件就是要提高人民的共产主义道德水平。因此，列宁提出要开展社会主义劳动竞赛，劳动竞赛不仅能够提高劳动生产率，还可以培养人民群众的进取心、毅力和首创精神。同时，列宁提出选拔出更多有组织、管理才能的人，参与国家的管理，将社会中的寄生虫、骗子、懒汉等清除出去，对其进行教育改造。在列宁的号召下，社会主义劳动竞赛在全国上下开展得如火如荼，促进了生产率的提高和道德水平的提升。最后，通过劳动模范的榜样示范作用进行道德教育，是对马克思主义榜样教育法的扩展。

四是通过扫盲运动等提高了人民群众的科学文化水平，构建了进行共产主义道德教育的文化基础。列宁将国民的文化素质培养同提高生产实践中的技术水平相结合，同改善农民的生活现状相协调。在列宁看来，引导农民学习知识是为了使农民改善自己的生活，而不是为了使资本家获得更多利益。大多数人民群众处于文盲和半文盲状态是制约共产主义道德广泛传播的重要因素，因此通过教育，教会人民群众识字写字成为此时亟须解决的问题。列宁深刻地认识到，在一个文盲国家是没有办法建设社会主义的，也无法在短时间内培养人们的共产主义道德。要想在全国范围内开展共产主义道德教育，普遍提高人民群众的道德水平，必须要构建适合的文化基础。因此，列宁在苏维埃俄国成立后的第一时间，就号召全国开展扫盲运动。在国内战争结束之后，列宁提出并实施了大量扫除文盲的举措。同时，列宁还提出要在全国电气化建设的过程中，普遍提高人民群众的科学文化素质。在这两项工作开展的同时，进行共产主义道德的广泛宣传。列宁的这些教育实践活动成为开展道德教育的典范，也大大地丰富了马克思主义道德教育的实践宝库。

二 提高了人民的共产主义道德水平

马克思主义认为，社会存在决定社会意识，社会意识对社会存在具有能动的反作用。共产主义道德教育作为社会意识形态的一部分，它的实施总是受社会发展过程中的经济、政治、文化等的影响，而它也反过来对经济、政治、文化的发展起着制约作用。正因为如此，我们也可以通过经济发展、文化繁荣、政治认同和社会制度稳定与否来考察共产主义道德教育的实效性。列宁领导布尔什维克党开展的共产主义道德教育活动取得了一定的成绩，这些成绩主要体现在：人民群众的科学文化素质得到提高；人民群众参加共产主义星期六义务劳动的积极性高涨，参与劳动的人数快速增长；党内的共产主义道德教育提高了党的执政水平，官僚主义现象得到一定的控制，这在一定程度上巩固了社会主义制度。全国共产主义道德水平的提高，充分证实了列宁共产主义道德教育思想的科学性，为社会发展提供了强有力的精神动力。

第一，人民群众的科学文化素质得到较大提高。道德是文化的一部分，与文化相融相生，在文化建设方面，列宁始终将道德教育放在首位，文化革命的一系列措施也都将共产主义道德教育融入其中。因而，文化水平的提高基本上可以反映道德素质的提高。首先，学校教育取得了重大成果。苏俄于1918年制定了规程，规定8~17岁的人可以享受免费的中小学义务教育；1919年颁布了《关于扫除俄罗斯苏维埃联邦社会主义共和国内居民间的文盲》的法令，规定8~50岁的居民都必须学习文化知识，要能够识字，能够用母语阅读和书写，号召所有识字的人参与扫盲运动。到1926年，"掌握文化知识的人数占全国总人口的51.1%"[1]，截至1928年底，"在苏联国民经济各部门工作的专业人员中受过高等教育的人数，相比1913年，数量多了1倍左右。到1940年底，相同比率与1928年比增至4倍多"[2]。而1939年苏联人口普查结果显示，9岁以上掌握文化知识的人数已经超过全国总人口的70%。其次，教育体系得到较大完善。列宁终止了教会对学校的特权和影响，使学校国有化以便于推进共产主义道德教育和执行党的教育指令。1918年，政府颁布了《俄罗斯苏维埃联邦社会主义共和国统一劳动学校条例》《统一劳动学校基本原则》，在全国推行免费教育（高等学校除外），实施教育平等，将教育与生产劳

---

① 郑东艳：《列宁文化观研究》，人民出版社，2017，第229页。
② 彭东琳：《列宁文化建设思想研究》，中国政法大学出版社，2017，第272页。

动相结合，注重发挥学生的积极性和创造性，培养学生全面发展的人格。到 1940 年，苏联基本上实现了扫除文盲的计划。再次，科学技术取得了较大进展。在列宁的带领下，党积极教育并吸收资产阶级的知识分子为社会主义建设服务。从事科学技术研究的科研人员，从 1914 年仅约 10000 人发展到 1939 年底的 98000 人。1917 年至 1922 年，全国的科研机构数量增加了 2 倍，超过了过去 50 年的总和，① 全国还建成了 274 座核电站。最后，文学艺术、新闻出版以及图书馆等都得到了繁荣发展。1918 年 12 月至 1920 年 12 月，全国共开辟了 20 条宣传专列和宣传客轮专线，举办了超千次的大型知识讲座，散发报纸、传单等 300 多万份。② 1921 年，国内博物馆的数量达到 310 家，③ 国营出版社的图书占全国总出版量的比例从 1918 年的 38.4% 增至 1920 年的 92.4%，截至 1939 年，国内成立了 11 万个俱乐部，出版了 9000 种报纸。④ 这些成绩的取得，充分证明了人民道德水平的普遍上升。

第二，人民群众的共产主义义务劳动和社会主义劳动竞赛的热情普遍高涨，参加共产主义义务劳动和社会主义竞赛的人数逐年上升，经济得到一定程度的恢复。道德自身的能动作用能够促进或阻碍经济的发展，而经济的发展本身又是道德发展的基础。列宁为了提高劳动生产率而在全国开展的一系列劳动活动，极大地促进了人民群众的道德培养，也提高了其共产主义道德水平。一是体现为人们积极参与"共产主义星期六义务劳动"。1919 年 4 月 12 日，莫斯科—喀山铁路分局的 15 名工人举行

---

① 俞思念主编《社会主义文化建设的历史、理论和实践》，中国社会科学出版社，2008，第 84 页。
② 〔俄〕格奥尔吉耶娃：《俄罗斯文化史——历史与现代》，焦东建、董茉莉译，商务印书馆，2006，第 531 页。
③ 〔俄〕格奥尔吉耶娃：《俄罗斯文化史——历史与现代》，焦东建、董茉莉译，商务印书馆，2006，第 571 页。
④ 〔俄〕格奥尔吉耶娃：《俄罗斯文化史——历史与现代》，焦东建、董茉莉译，商务印书馆，2006，第 541 页。

第一次"共产主义星期六义务劳动",这一伟大举动迅速得到党的认可并在全国进行宣传报道,这一活动之后便得到全国工人的呼应。为了通过这一活动培养人民群众的共产主义道德,建立新的自觉的劳动纪律,1920年5月1日,列宁带头参与共产主义星期六义务劳动。在列宁的极力倡导下,"共产主义星期六义务劳动"在许多城市获得越来越广泛的支持和参与。同时,"共产主义星期六义务劳动"也在一定程度上帮助苏俄顺利粉碎外国武装干涉和国内反革命叛乱,帮助苏维埃政府度过经济困难时期。二是体现为人们踊跃参加劳动军。劳动军是苏俄红军部队的一种,是国内战争末期为了国民经济发展而成立的。1920年1月15日,第三集团军在军事集团委员会的倡议下改成第一革命劳动军。后期国内陆续成立了"乌克兰劳动军""高加索劳动军""彼得格勒劳动军""第二特种铁路劳动军""第二革命劳动军""西伯利亚劳动军"等,共青团员、农民、工人纷纷加入劳动大军的行列,从事采煤、伐木、修复铁路、运输粮食等工作,党还在人民群众中开展共产主义道德教育活动。在1920年爆发的对波战争中,有些劳动军毫不迟疑地加入战斗中。三是人民群众积极支持实施劳动义务制。"劳动义务制"被列宁称为"劳动军事化",是在国家经济最困难时期不得不采用的一种劳动办法。列宁为了更好地推进劳动义务制,还专门成立了普遍劳动义务制推行总委员会。劳动义务制的实行,使苏维埃俄国在铁路运输、农业生产、煤矿采收、学校教师征集等方面都获得一定的成效。工农群众在得到号召以后,积极参与其中,为赢得国内外战争、恢复经济生产、恢复学校教育等作出了巨大的贡献。四是社会主义劳动竞赛成效显著。社会主义劳动竞赛是列宁倡导的另一项在劳动中进行共产主义道德教育、提高劳动生产率、促进经济发展的有效措施。社会主义劳动竞赛一经推广,就在生产合作社、街区、工厂、公社、村社、学校等地得到响应并积极开展。社会主义劳动竞赛的开展不仅培养了工农群众的共产主义道德,还促进了生产率的提高,为后来斯大林时期的生产发展、经济水平的迅速提高奠定了良

好的基础。1923 年的生产会议在社会主义劳动竞赛的影响下举行，1929
年前后，混成工作队、经济核算工作队等都在社会主义劳动竞赛的影响
下成立。苏联在 1935 年还开展了著名的斯达哈诺夫运动，斯达哈诺夫本
人因改进劳动方法超额完成了劳动定额的 14 倍，这一事例在煤业、纺织
业、机器制造业等各行各业引起较大反响，各行各业纷纷开展了以提高
劳动生产率为目标的斯达哈诺夫运动。仅 1936 年一年内，苏联国内劳动
生产率就提高了 21%。社会主义劳动竞赛在这之后一直持续开展，不仅
大大提高了苏联的劳动生产率，还极大地促进了苏联人民共产主义道德
水平的提高。这一活动在社会上得以持续开展，恰恰说明了苏联人民道
德水平不断提高。

第三，党的执政水平得到较大提高，官僚主义现象得到一定程度的
遏制。列宁一生都非常重视党的执政水平建设，想方设法提高党的执政
能力，巩固社会主义制度。在十月革命之后，无产阶级政党成为执政党。
列宁提出，党员干部面前有三大敌人，它们分别是："（一）共产党员的
狂妄自大，（二）文盲，（三）贪污受贿。"[1] 列宁认为，只要这些"敌
人"存在，就谈不上政治。列宁经常用"奥勃洛摩夫精神"来比喻党员
身上存在的"狂妄自大""怠惰""空谈""缺乏进取心"等，指出"我
们确实处于大家没完没了地开会、成立委员会、制定计划的状态之中，
应当说，这是很愚蠢的。在俄国生活中曾有过这样的典型，这就是奥勃
洛摩夫。他总是躺在床上，制定各种计划"[2]。此外，党员中还存在着糟
糕至极的大俄罗斯沙文主义者，他们在面对民族问题、异族人问题时极
其傲慢。针对党内存在的诸多影响执政水平和社会主义建设的问题，列
宁采取了一系列的措施来改善这 状况，如学习共产主义知识、精简机
构、开展清党运动、下基层、吸引群众参与管理和监督等，而贯穿其中

---

[1] 《列宁选集》第 4 卷，人民出版社，2012，第 590 页。
[2] 《列宁全集》第 43 卷，人民出版社，1987，第 12 页。

的，就是对党员的共产主义道德教育。对党员干部的共产主义道德教育，提高了党员干部的思想觉悟、道德觉悟，让中央所采取的一系列措施起到了真正的作用，提高了党员干部的执政能力和执政水平，从而使官僚主义现象得到了一定程度的遏制。党员干部立足于人民群众的切身利益，以人民为中心，与人民群众打成一片，提高服务水平等，进而巩固了社会主义制度。同时，列宁还提出了要注重发挥党员的榜样示范作用。他认为榜样的力量是无穷的，是巨大的。共产主义道德榜样能够鼓舞、激励人民群众，让人民群众在日常的实际生活中践行共产主义道德。因此要不断教育共产党员，让他们成为同资产阶级作斗争的共产主义道德模范，用他们的典型事迹和无私奉献的精神去感染、熏陶更多的人民群众，促进人民道德水平的提高和整个社会精神文明建设不断加强。

三　提供了共产主义道德教育的国际经验

列宁非常重视共产主义道德教育，认为共产主义道德教育是巩固新生的苏维埃政权的关键，是培养共产主义一代新人、建设和实现共产主义社会的关键。共产主义道德教育通过对人的共产主义道德的培养，增强人的集体主义精神、共产主义劳动态度、自觉的劳动纪律、强烈的爱国主义和国际主义精神等，近而在社会主义建设中实现以广大工农群众的高度团结为基础的劳动生产率的提高、经济的快速发展、文化的繁荣健康、政治的高度认同、党执政的先进廉洁以及社会秩序的有条不紊。共产主义道德教育就是为了使劳动者团结起来共同建设共产主义社会。列宁对共产主义道德教育的高度重视以及他在道德教育过程中所开展的一系列实践活动，不仅为社会主义建设提供了巨大的精神动力和实践经验，更为其他的社会主义国家和非社会主义国家提供了可供学习的经验。

第一，要充分认识到道德教育的极端重要性。人民群众道德素质的提高是国家发展之根本。马克思主义认为："全部人类历史的第一个前提无疑是有生命的个人的存在。"① 列宁坚持马克思的这一观点，提出"只有把社会关系归结于生产关系，把生产关系归结于生产力的水平，才能有可靠的根据把社会形态的发展看作自然历史过程"②，才能够从科学的角度看待道德教育问题。列宁的道德教育思想把人的共产主义道德素质看作无产阶级革命胜利的保障、社会主义国家建设的动力、共产主义社会实现的基础。列宁的这一观点告诉我们，只有人民群众普遍摆脱旧社会的不良习惯、习俗，只有人民群众普遍提高道德素质，养成自觉的劳动纪律，树立崇高的理想信念，最终实现共产主义才是可能的。

第二，国家的发展必须注重对人民群众道德素质的培养。整个社会是由人组成的，人是国家建设的动力和基础，国家建设需要发挥人民群众的积极性、主动性和创造性。虽然经济基础决定上层建筑，但是人民群众的道德素质对经济的发展可以起到促进或阻碍作用。国家发展的最终目标是实现人的全面发展。列宁认为，国家发展的最终目的是消灭分工，"教育、训练和培养出全面发展的、受到全面训练的人，即会做一切工作的人"③。这同样也是由人的发展规律所决定的。国家发展的根本目的是满足人民群众物质文化生活的需要，而道德教育是人民群众文化发展需求的一个重要方面。忽视道德教育绝不可能培养出全面发展的人，相反，只有将道德教育融入人民群众的物质文化生活当中，让人民群众的道德素质与经济发展水平相适应，才是符合历史发展规律的，才能够让一个国家取得长足的进步，让人民群众生活得更加幸福和满足。

第三，道德教育要适合时代发展以及本国国情。不同的国家和民族具有不同的文化传统，而不同的文化传统在一定的时代背景下总会体现出不同的特点。道德属于文化的一部分，因而，道德教育的内容、方法和目标等的确定都要依据时代背景下的基本国情。列宁共产主义道德教

① 《马克思恩格斯选集》第1卷，人民出版社，2012，第146页。
② 《列宁全集》第1卷，人民出版社，1984，第110页。
③ 《列宁选集》第4卷，人民出版社，2012，第159页。

育的理论与实践，是以马克思主义为理论基础，按照本国的基本国情，立足于无产阶级革命的实际需要而形成、开展的，道德教育的内容也是依据无产阶级革命、社会主义建设实际以及俄国落后的文化发展状况而具体确定的。所以，列宁的共产主义道德教育思想是宝贵的精神财富。首先，列宁共产主义道德教育思想的形成与发展都是由当时社会发展的时代背景和无产阶级革命需求所决定的。马克思认为："一切划时代的体系的真正的内容都是由于产生这些体系的那个时期的需要而形成起来的。"[①] 当今社会，道德教育必须要依据国际环境的变化而变化。世界多极化、经济全球化、信息快速化发展是总的趋势，人类必须要在这一趋势引导下构建人类命运共同体，道德教育也要围绕这一主题进行。相反，一再强调大国地位、本国优先、压制他国等利己主义思想终究会被人类社会所遗弃。其次，列宁共产主义道德教育的内容是针对本国具体的国情和共产主义社会发展的阶段性所提出的，"每一时代的理论思维，从而我们时代的理论思维，都是一种历史的产物，在不同的时代具有非常不同的形式，同时具有非常不同的内容"[②]。列宁直接指出，"每一个社会阶层都有自己的'生活方式'、自己的习惯、自己的爱好"[③]，而这些方式、习惯、爱好也必然随着社会的发展而变化。列宁的这一思想也告诉我们，道德教育是一个动态的过程，要随着生产关系的转变、国家建设的需要以及国际环境的变化而不断调整。一成不变的教育内容和方式是无法满足人民群众和国家发展需求的。同时，我们也要注意根据不同的发展阶段调整道德教育的内容，道德教育要与人民群众的文化水平相适应，与经济基础相适应，要求过高或过低都不能发挥道德的真正作用。

第四，道德教育要重视实践。实践性是列宁共产主义道德教育思想的突出特点。列宁领导的共产主义道德教育实践活动在一定程度上带动

---

① 《马克思恩格斯全集》第 3 卷，人民出版社，1960，第 544 页。
② 《马克思恩格斯全集》第 20 卷，人民出版社，1971，第 382 页。
③ 《列宁全集》第 25 卷，人民出版社，1988，第 356 页。

了经济发展、促进了文化革命、改善了社会状况，这也是列宁第一次把建立在唯物主义基础之上的马克思主义道德教育理论付诸实践。列宁道德教育实践活动的成功开展带给了我们丰富的可借鉴的经验。首先，道德教育应该与经济建设相结合。列宁认为，资本主义社会战胜封建社会，正是由于它创造了高于封建社会的生产率；而无产阶级要想实现专政，就必须创造出高于资本主义社会的生产率。而要想创造出更高的劳动生产率，就要培养劳动者的"进取心、毅力和大胆首创精神"①，还要能够把他们团结在无产阶级周围。因此，列宁在全国实行义务劳动制、倡导"共产主义星期六义务劳动"、开展社会主义劳动竞赛，通过这些实践活动既培养了工农群众自觉的劳动纪律和共产主义劳动态度，又提高了劳动生产率，促进了经济的发展。这给我们以启示，即在进行道德教育时，必须要与经济发展相结合，将道德教育融入生产劳动中，在劳动实践中教育人民群众树立良好的道德风尚，同时，也要在劳动实践中发现道德品质达不到要求的人，对其着重进行辅导。我们可以通过经济发展的状况来检验道德教育的成效，适当调整道德教育的方法和内容等。其次，道德教育要与物质利益相结合。列宁在实施新经济政策时指出，战时共产主义政策之所以未能得到人民群众的拥护，主要是因为忽略了人民群众的个人利益。道德教育也一样，要求人民群众只讲集体主义，牺牲个人利益，这在短时间内可以单凭人民群众对共产主义的热情来达到，但是，长期实行则不符合人类社会的发展规律。必须要将道德教育与物质利益相结合，在不影响集体利益的情况下，满足个人的利益需求。社会主义建设也应该以满足人民群众的物质文化生活为目标。但是，对个人利益的满足并不是毫无原则的，其前提是个人利益必须是在计算与监督之下的正当利益。除非物质极大丰富，否则就一定要重视物质利益的分配问题，道德教育绝不能离开物质利益而空谈高尚的品格。最后，道德

---

① 《列宁选集》第 3 卷，人民出版社，2012，第 375 页。

教育要依据不同对象采用不同方法。列宁领导的共产主义道德教育实践非常重视不同教育对象的教育方法问题。除了灌输必要的共产主义理论，对党员的道德教育主要表现为要求党员作为无产阶级先锋队，要做共产主义道德的榜样，做共产主义劳动的榜样，注意管理和服务群众的水平、注意避免产生官僚主义等；对工人阶级的道德教育则主要通过生产劳动和工业大生产；对农民群众的道德教育则主要是通过支持小农经济、满足农民的个人利益、将道德教育融入合作经济和商品经济发展等方式进行；对青少年的道德教育则主要通过发挥共青团的领导带头作用；而针对资产阶级知识分子，则主要通过用周围的环境来影响和改造他们。这些成功的实践经验告诫我们，要依据不同的个体采用不同的方法，有针对性地实施教育，这样才能更好地达到道德教育的目标。

第五章
列宁共产主义道德教育思想的当代启示

　　列宁既是共产主义道德教育理论的开创者，又是共产主义道德教育实践的探索者。列宁的共产主义道德教育思想是对马克思主义道德教育思想的创新性继承。列宁领导俄国无产阶级建立了世界上第一个社会主义国家，在毫无经验可循的情况下，开创了在经济文化极其落后的国家成功建设社会主义的新篇章。列宁充分利用共产主义道德教育，将文盲占大多数的本国人民，团结在无产阶级和党的周围，充分调动最广大人民群众社会主义建设的积极性和主动性，大幅度提高了人民群众的道德水平，推动了经济的发展，强化了党的领导，开展了文化革命。同时，列宁在共产主义道德教育内容与路径上的探索，为马克思主义道德教育思想的丰富和发展作出了历史性贡献。最应该指出的是，中国特色社会主义已经在马克思主义的指导之下，成功进入了新时代。新时代更加需要物质文明与精神文明的协调发展，更加需要激发人民群众的共产主义道德品质。而列宁对党的领导问题、理想信念教育问题、道德教育的阶段性问题的论述，以及他在道德教育路径中探索出的新方法、新内容等，对中国特色社会主义道德教育理论的发展、道德教育实践的开展以及在新时代倡导共产主义道德，都具有重要的指导意义。

第一节　倡导共产主义道德要坚持党的领导

　　列宁在进行共产主义道德教育时，一直强调要坚持党的领导。列宁认为，我们是无产阶级的党，整个阶级都应该在党的领导之下，"都应当尽量紧密地靠近我们党"①，党是无产阶级中的先进部队，党的责任就是提高人民群众的道德素质，使他们克服资产阶级的习惯和传统。要"使学校、社会教育、实际训练都在共产党员领导之下为无产者、为工人、为劳动农民服务"②，这也是马克思主义政党与资产阶级政党最大的区别。中国共产党是以马克思主义为指导思想的党，中国特色社会主义是马克思主义与中国实践和时代特征相结合的产物，最本质的特征就是党的领导。在中国共产党的领导下，中国各项事业蓬勃发展，不断从胜利走向胜利，中华民族迎来了从站起来、富起来到强起来的伟大飞跃，迎来了实现中华民族伟大复兴的光明前景。实践已经证明并将继续证明，坚持党的领导是党和国家的根本所在、命脉所在，是全国各族人民的利益所系、幸福所系，是中华民族的命运所系。因此，只有坚持党对一切工作的领导，才能坚持中国特色社会主义，才能坚持人民群众的主体地位。习近平总书记强调："只要我们深入了解中国近代史、中国现代史、中国革命史，就不难发现，如果没有中国共产党领导，我们的国家、我们的民族不可能取得今天这样的成就，也不可能具有今天这样的国际地位。在坚持党的领导这个重大原则问题上，我们脑子要特别清醒、眼睛要特别明亮、立场要特别坚定，绝不能有任何含糊和动摇。"③ 同样，在当前形势下倡导共产主义道德，要想取得预期的教育效果，要想最大限度地提升人民群众的幸福感、获得感和安全感，就必须要坚持党的领导。

一　党的领导是中国特色社会主义道德教育最本质的特征

道德本身就是能够反映社会经济关系的一种特殊意识形态，道德教育则是统治阶级为了将适合本阶级统治的道德要求等，通过一定的形式

---

① 《列宁全集》第8卷，人民出版社，1986，第255页。
② 《列宁选集》第4卷，人民出版社，2012，第125页。
③ 习近平：《在全国党校工作会议上的讲话》，人民出版社，2016，第2页。

施加给受教育者而进行的一种有组织、有目的的活动。中国特色社会主义道德最大的特色就是以生产资料公有制为基础，以人的全面发展为价值诉求，以实现共产主义为最终目标。那么，中国特色社会主义道德教育就是为了将这一目标灌输给人民群众，围绕实现这一目标而进行的各类教育活动。道德教育必须要以建设中国特色社会主义为中心，为建设中国特色社会主义服务，要能够突出地体现中国特色社会主义的本质。对于社会主义的本质，早在 1992 年邓小平在南方谈话中就作了总结性的概括："社会主义的本质，是解放生产力，发展生产力，消灭剥削，消除两极分化，最终达到共同富裕。"① 同时，他也强调，党是领导建设社会主义的坚强核心。党的十八大以来，习近平总书记也多次强调，"中国特色社会主义最本质的特征是中国共产党领导，中国特色社会主义制度的最大优势是中国共产党领导"②。在庆祝中国共产党成立 100 周年大会的重要讲话中，习近平总书记紧紧围绕"以史为鉴，开创未来"这个核心要义，系统总结了中国共产党在百年奋斗中积累的"九个必须"宝贵经验，首要的就是必须坚持中国共产党的坚强领导，压轴的则是必须不断推进党的建设新的伟大工程。由此可见，党的坚强领导和党的建设在党的百年奋斗征程中，在党自身道德建设和领导开展道德教育过程中都发挥着举足轻重的作用。同时，也只有在中国共产党的领导下，才能发展社会主义，消灭剥削，消除两极分化，实现物质生活和精神生活共同富裕，实现共产主义。因此，根据道德教育的阶级性本质，我们可以看出，中国特色社会主义道德教育的本质特征，就是坚持中国共产党的领导。

中国共产党是中国特色社会主义各项事业的领导核心。东西南北中，党政军民学，党是领导一切的。1954 年 9 月，在第一届全国人民代表大会上，毛泽东同志就庄严地宣布："领导我们事业的核心力量是中国共产

---

① 《邓小平文选》第 3 卷，人民出版社，1993，第 373 页。
② 《习近平谈治国理政》第 3 卷，外文出版社，2020，第 94 页。

党。"① 这一重大政治结论是由中国共产党带领人民进行民族解放斗争的历史逻辑、改革开放实现国家富强的现实逻辑和以人民为中心的社会主义建设的实践逻辑所共同证实的。中国共产党自成立之初，就将马克思主义作为党的指导思想，将马克思主义理论与中国实践相结合，带领中国人民进行了艰苦卓绝的斗争，将实现共产主义和中华民族伟大复兴作为党的根本奋斗目标，将党的命运与中国人民的命运紧紧联系在一起。党带领中国人民实现了从站起来、富起来到强起来的伟大转变，始终代表中华民族和中国人民的根本利益。党的领导核心地位是历史和人民共同的选择。坚持党总揽全局、协调各方的领导核心地位，也是中国特色社会主义制度优越性的突出体现。中国共产党还是一个勇于自我革新、敢于刀刃向内的马克思主义政党。在全面从严治党的基础上，党统揽伟大斗争、伟大工程、伟大事业、伟大梦想。中国共产党还是一个始终坚持为中国人民谋幸福、为全人类共同发展而奋斗的党。坚持党的领导核心地位，不仅能够在实现中华民族伟大复兴中国梦的过程中始终沿着正确的方向前进，还能够形成巨大的合力。在当代中国，坚持党的领导核心地位是马克思主义政党治国理政的根本前提，是应对前进道路上必然会出现的各种风险挑战的定海神针，也是党和国家各项事业赢得主动、赢得优势、赢得未来的政治保障。当然，坚持党的领导核心地位，就必须要加强和改善党的领导，不断提高全党的科学文化水平、思想道德素质和执政能力，加强党的先进性和纯洁性建设，增强党的凝聚力、创造力和战斗力，为实现共产主义伟大事业的胜利提供有力保障。

党的领导决定了中国特色社会主义道德教育的根本方向。中国特色社会主义道德教育的根本方向就是坚持社会主义，最终实现共产主义。这是新时代坚持和发展中国特色社会主义道德教育的根本原则。道德教育的目的是培养人，而明确培养什么人是道德教育的首要任务。对此，

①　《毛泽东文集》第 6 卷，人民出版社，1999，第 350 页。

习近平总书记多次强调，道德教育应该培养社会主义的建设者和接班人，培养拥护中国共产党领导、拥护中国特色社会主义制度、立志为中国特色社会主义奋斗终身的全面发展的人才。① 这是道德教育应该坚持的根本方向。坚持社会主义方向，还要求道德教育要"为人民服务，为中国共产党治国理政服务，为巩固和发展中国特色社会主义制度服务，为改革开放和社会主义现代化建设服务"②。世界多极化与经济全球化的总趋势，文化多元化与反社会主义思潮的盛行以及我国独特的历史、独特的国情、独特的文化决定了我国道德教育必须要坚持中国特色社会主义方向。坚持社会主义方向就是要坚持党的领导，坚持党的领导就要在道德教育过程中同党中央在政治立场、政治方向、政治原则、政治道路上始终保持高度一致。坚持党的领导还要在道德教育过程中坚持用马克思主义理论、习近平新时代中国特色社会主义思想武装头脑，坚持培育和践行社会主义核心价值观。坚持党的领导还要坚持党对道德教育主体的领导，保证教育主体在思想、教育理念、内容、方法等方面与党中央保持一致。总之，只有坚持党的领导，才能保证中国特色社会主义道德教育始终沿着正确的方向前进。

党的领导是做好中国特色社会主义道德教育的根本保证。党的领导不是空洞的、口头上的，而是渗透于道德教育的各个方面，贯穿于道德教育的各个环节，发挥党的思想领导、政治领导和组织领导作用。道德教育的总体布局、教育内容、教育形式、教育目标等都要符合党的领导要求。党还要领导构建道德教育的体制机制，领导道德教育主体自身的教育，领导构建道德教育效果评价制度，等等。总之，道德教育的全过程都要在党的领导之下。办好中国的事情，关键在党。而实现中华民族伟大复兴的中国梦，实现共产主义，必须依靠党领导下的人才培养。党

---

① 《习近平在全国教育大会上强调 坚持中国特色社会主义教育发展道路 培养德智体美劳全面发展的社会主义建设者和接班人》，《人民日报》2018 年 9 月 11 日。
② 《习近平谈治国理政》第 2 卷，外文出版社，2017，第 377 页。

的领导是中国特色社会主义道德教育最本质的特征。

二　发挥共产党员的先锋模范作用

发挥党员的先锋模范作用是马克思主义政党的建党原则。早在 1848 年，马克思恩格斯在《共产党宣言》中就对共产党人的先锋队性质作了具体论述："在实践方面，共产党人是各国工人政党中最坚决的、始终起推动作用的部分；在理论方面，他们胜过其余无产阶级群众的地方在于他们了解无产阶级运动的条件、进程和一般结果。"① 列宁指出，党的领导地位不是自封的，也不是与生俱来的，而是由它的无产阶级先锋队性质决定的。"只有工人阶级的先进部分，只有工人阶级的先锋队，才能领导自己的国家。"② 列宁还要求党在任何时候都要发挥榜样的作用，尤其是要成为践行共产主义道德的榜样。列宁特别强调在对农民阶级进行共产主义道德教育时，不能强迫他们接受，"只能靠榜样的力量，靠农民群众对日常实际生活的认识"③。列宁的这一思想在马克思主义中国化的过程中产生了深远的影响。1938 年，毛泽东在《中国共产党在民族战争中的地位》中专门就党员在革命中的先锋模范作用做了重要论述，强调只有党员能够"高度地发挥其先锋的模范的作用，才能动员全民族一切生动力量，为克服困难、战胜敌人、建设新中国而奋斗"④。改革开放之后，邓小平又强调，要恢复党的优良传统和作风，发挥党员的先锋模范作用，首先就"有一个党员要合格的问题"⑤。关于如何做一名合格的共产党员，邓小平提出，要有坚定的理想信念，践行党的宗旨，遵守党的纪律，维护党内团结，还要坚持努力学习理论知识，在工作岗位上发挥模范带头作用。在党的十六大报告中，江泽民也强调："共产党员必须发挥先锋

---

① 《马克思恩格斯选集》第 1 卷，人民出版社，2012，第 413 页。
② 《列宁全集》第 37 卷，人民出版社，1986，第 349 页。
③ 《列宁全集》第 33 卷，人民出版社，1985，第 265 页。
④ 《毛泽东选集》第 2 卷，人民出版社，1991，第 523 页。
⑤ 《邓小平文选》第 2 卷，人民出版社，1994，第 269 页。

模范作用，牢固树立共产主义远大理想和中国特色社会主义坚定信念，脚踏实地地为实现党在现阶段的基本纲领而奋斗。"① 胡锦涛也指出，党员的先锋模范作用"是我们党在国家政治生活中处于领导核心地位的一个基本条件"，任何坚定的共产党员都应当身体力行社会主义、共产主义道德，成为各方面的先锋模范。② 党的十八大以来，习近平总书记也特别强调党员先进性建设，强调党员干部要发挥先锋模范作用。《在"不忘初心、牢记使命"主题教育总结大会上的讲话》中，习近平总书记还特别强调了共产党要"不忘初心，牢记使命"，"'人不率则不从，身不先则不信。'领导机关和领导干部带头冲在前、干在先，是我们党走向成功的关键"。③ 尤其是在当前，我们进入了中国特色社会主义新时代，面对新的形势和任务，我们要充分发挥党员的先锋模范带头作用，坚定共产主义理想信念，提高道德品质修养，全面践行全心全意为人民服务的宗旨，为实现好、维护好、发展好最广大人民的根本利益做出最大努力。

共产党员的先锋模范作用，在不同时期有不同的内容。在新民主主义革命时期，毛泽东提出，党员在战争中应该"成为英勇作战的模范，执行命令的模范，遵守纪律的模范，政治工作的模范和内部团结统一的模范"，"成为统一战线中各党相互关系的模范"；"在政府工作中，应该是十分廉洁、不用私人、多做工作、少取报酬的模范"。毛泽东强调党员要发挥模范作用，要将个人利益置于民族利益和人民利益之后，要大公无私。除此之外，党员还应是"实事求是的模范""远见卓识的模范""学习的模范"。④ 改革开放时期，邓小平同志提出党员的先锋模范作用表现为"包括努力学习专业知识，成为各种专业的内行，并且吃苦在前，享受在后，比一般人负担更多的工作"⑤。习近平总书记在 2011 年 7 月召

① 《江泽民文选》第 3 卷，人民出版社，2006，第 572 页。
② 《胡锦涛文选》第 1 卷，人民出版社，2016，第 262～268 页。
③ 《习近平谈治国理政》第 3 卷，外文出版社，2020，第 544 页。
④ 《毛泽东选集》第 2 卷，人民出版社，1991，第 522～523 页。
⑤ 《邓小平文选》第 2 卷，人民出版社，1994，第 270 页。

开的全国先进基层党组织和优秀共产党员、优秀党务工作者代表纪念建党 90 周年座谈会上，提出共产党员要成为坚定理想信念、牢记党的根本宗旨、创造一流业绩以及践行社会主义核心价值观的先锋模范。新时期共产党员的先锋模范作用，应当具有鲜明的时代特征。在新的形势和任务条件下，共产党员的先锋模范作用表现在：自觉学习中国特色社会主义理论体系，坚定共产主义理想和中国特色社会主义信念，胸怀全局、心系群众、奋发进取、开拓创新，立足岗位、无私奉献，充分发挥先锋模范作用，团结带领广大群众前进，不断为改革开放和社会主义现代化建设作出贡献。进入新时代以来，习近平总书记也多次强调要时刻不忘发挥党员的先锋模范作用，要求党员在党章的贯彻学习中、在基层组织建设中、在改革创新中，都要成为先锋模范，尤其是要成为社会主义的道德模范，要"明大德、守公德、严私德"①。在全国开展的"两学一做"学习教育中，要求新时代的共产党员"讲政治、有信念，讲规矩、有纪律，讲道德、有品行，讲奉献、有作为"②，这也成为新时代党员发挥先锋模范作用在内容和要求上的具体体现。

发挥共产党员的先锋模范作用，是由党的根本性质决定的，是党完成各项任务的根本保障。党章中明确指出："中国共产党是中国工人阶级的先锋队，同时是中国人民和中华民族的先锋队，是中国特色社会主义事业的领导核心，代表中国先进生产力的发展要求，代表中国先进文化的前进方向，代表中国最广大人民的根本利益。"③党的这一性质要求共产党员时刻牢记自己的身份，在各项工作中充分发挥模范作用，为实现共产主义社会而不懈奋斗。党员在各项事业中发挥先锋模范作用是党完成各项任务，实现为人民服务的根本宗旨，保证党的全面领导的重要途径。从 1921 年党成立开始，一直到进入新时代，全面建成小康社会，正

---

① 《习近平谈治国理政》第 3 卷，外文出版社，2020，第 97 页。
② 《十八大以来重要文献选编》下，中央文献出版社，2018，第 225 页。
③ 《中国共产党章程》，人民出版社，2017，第 1 页。

是无数个优秀的共产党员用鲜血和生命铺就的胜利之路，是无数个先锋模范抛头颅、洒热血、冲锋在前造就的辉煌成绩。中国共产党一代又一代的先锋模范精神汇聚成了一种特殊的道德品质——中国革命道德！一种始终把革命利益放在首位，在党的领导下，全心全意为人民服务，为实现社会主义和共产主义而努力奋斗的高尚的道德标准，是对先锋模范的道德要求。习近平总书记说："新中国成立以后，也是因为我们党有一大批像焦裕禄、谷文昌、杨善洲、张富清这样的英雄模范率先垂范，才团结带领人民群众不断开创各项事业发展新局面。"[①] 在社会主义建设的各个时期，从不缺少党员先锋模范。1998 年抗击洪水、2003 年抗击非典、2008 年抗震救灾，以及 2020 年以来抗击新冠疫情，到处都是共产党员先锋模范的身影，在大的灾难面前，在生死存亡之际，共产党员从不退缩。在全面建设小康社会、脱贫攻坚的重要战场中，共产党员深入贫困山区、农村一线，他们舍小家、为大家，为党的事业，为人民群众的幸福美好生活贡献自己的力量。正是他们，绘就了党的鲜艳的旗帜，巩固了党的坚强领导，使党始终成为风雨来袭时全体人民最可靠的主心骨。

第二节 建设中国特色社会主义要倡导共产主义道德

习近平总书记在 2019 年 9 月对全国道德模范表彰活动作出重要指示，提出要加强社会主义道德建设，培养能够担当民族复兴大任的时代新人，为"为奋进新时代、共筑中国梦提供强大精神力量和道德支撑"[②]。由此可见，习近平总书记非常重视道德在建设中国特色社会主义中的重要作用。根据马克思主义关于道德发展规律的论述，人民群众的道德必须要高于现有水平，才有可能为社会发展提供巨大的动力。共产主义道德正

---

① 《习近平谈治国理政》第 3 卷，外文出版社，2020，第 544 页。
② 《习近平对全国道德模范表彰活动作出重要指示》，新华网，2019 年 9 月 5 日，https://baijia-hao. baidu. com/s？ id = 1643811406708927859&wfr = spider&for = pc。

是社会主义道德发展的最高阶段，因此，在建设中国特色社会主义时期高扬共产主义道德旗帜十分重要。2019 年 10 月 27 日，中共中央、国务院印发了《新时代公民道德建设实施纲要》，该纲要的总体要求中就提出，在中国特色社会主义建设时期，不仅要坚持社会主义道德观，还要倡导共产主义道德。①

一　共产主义道德代表了人类道德发展的必然趋势

人类道德发展是一个进步的历史过程，这一历史过程具有曲折性和前进性，且二者相辅相成、互促共进。人类道德发展的历史过程与社会生产方式的发展进程大体一致。虽然在一定时期可能有某种停滞或倒退现象，但道德发展的总趋势是向上的、进步的。恩格斯在《反杜林论》中针对道德的历史发展情况，站在历史唯物主义的角度，指出在人类历史发展的长河里，没有人怀疑"在道德方面也和人类认识的所有其他部门一样，总的说是有过进步的"②。根据人类道德发展的总体情况来看，从原始社会的道德、奴隶社会的道德、封建社会的道德再到资产阶级的道德，整个道德的发展、变化和更替的过程不过就是建立在经济基础之上的阶级利益的变化。就如同恩格斯所说："人们自觉地或不自觉地，归根到底总是从他们阶级地位所依据的实际关系中——从他们进行生产和交换的经济关系中，获得自己的伦理观念。"③ 总之，从历史唯物主义和辩证唯物主义的角度来看，道德作为意识形态的一部分，必然是社会经济关系的产物，是在这一经济关系中占统治地位的阶级的利益的集中体现。经济的发展状况决定了道德的发展状况，即使道德的相对独立性可能会使道德在一定程度上超越或滞后于当时的经济基础，但是，随着经济关系的稳定发展，道德必然还是要与经济关系相适应，必然要反映统

---

① 《新时代公民道德建设实施纲要》，人民出版社，2019，第 4 页。
② 《马克思恩格斯选集》第 3 卷，人民出版社，2012，第 471 页。
③ 《马克思恩格斯选集》第 3 卷，人民出版社，2012，第 470 页。

治阶级的利益，并为统治阶级的利益辩护。当然，当被压迫阶级变得足够强大时，道德会随之代表被压迫阶级来反对统治阶级，而道德的发展趋势则必然表现为这一阶级的未来利益。奴隶主的道德取代原始社会的道德是由于生产力的发展，同样，封建地主阶级的道德取代原始社会的道德，资产阶级的道德又取代封建地主阶级的道德，都是由于新的阶级创造了高于原来社会的生产力，原来的社会关系已经不能适应新的生产力的发展。这种道德的消亡与新的道德的产生的过程，是建立在经济基础发展变化之上的，是符合历史发展规律的。在这一发展进步的过程中，道德在社会关系中发挥着越来越重要的作用，从原始社会道德仅限于氏族内部，奴隶社会道德仅限于奴隶主，到封建社会道德通过扩大影响来巩固宗法关系和对人的本性的限制，再到资本主义以"平等、自由、博爱"的口号建立了形式上人人平等的社会，道德不断完善它的调节方式、扩大它的影响范围。与此同时，道德理论也在不断发展进步。历史证实，道德不断发展进步的动力，就是来源于劳动人民和其他先进阶级不断对腐朽的压迫势力进行反抗的斗争。无产阶级的道德也是在这一斗争的过程中产生的，它是先进生产力和新的生产关系发展的必然结果，是人类社会上第一次出现的、代表绝大多数人的利益的道德，是人类道德发展进步的体现，是共产主义道德的萌芽。

共产主义道德是人类社会上最进步的道德。共产主义道德是最革命、最有前途的无产阶级道德，它体现了无产阶级和劳动人民的根本利益，它反对一切剥削和压迫，反对一切私有制和私有观念，反对一切腐朽没落的东西，它没有任何阶级的局限性。共产主义道德就是从无产阶级斗争的利益中引申出来的，是为代表全体劳动者的共产主义社会而服务的。共产主义道德有三种表现形式：无产阶级道德、社会主义道德和共产主义道德。共产主义道德能够取代资产阶级道德成为人类社会上最进步的道德，原因主要有三个。首先，共产主义道德建立在生产资料公有制的基础之上。每一种道德都是由相应的经济关系决定的，同一定的生产关系相适应。按照马克思主义道德理论和列宁关于共产主义道德的阐述，共产主义道德萌芽于资产阶级社会，既是对资产阶级道德的反抗，又代表了无产阶级未来的利益，是资本主义社会生产力与生产关系、经济基础和上层建筑之间不可调和的矛盾在道德领域的体现。而同共产主义道德相适应的社会则必然是以生产资料公有制为基础的共产主义社会。共产主义社会本身包含两个阶段，社会主义社会和共产主义社会。它们是同一经济形态因成熟度不同而表现出的不同形式，都是以生产资料公有制为基础。其次，共产主义道德代表的是无产阶级和广大劳动群众的利益。无产阶级和广大劳动群众的利益体现在经济上，要求消灭剥削、消灭私有制，同传统的所有制关系实行最彻底的决裂，还要最大限度地发展生产力，提高劳动生产率，满足人们对美好生活的需求和向往；体现在政治上，则要求推翻剥削阶级的统治，实行无产阶级专政，消灭一切阶级和阶级差别，最后实现由全体社会成员共同组成的自由人的联合体来服务社会；体现在文化上，无产阶级和广大劳动人民要求消灭脑力劳动和体力劳动的差别，彻底消除由剥削阶级控制一切文化生产和文化产品的现象，还要求同以往所有的剥削阶级的传统、习惯、习俗等实行最彻底的决裂，使一切社会成员都能够获得在智力和体力上的全面自由发展，自觉把"自己的工作和精力全部贡献给公共事业"[1]。无产阶级和广大人民群众并没有自己特殊的利益，他们在经济、政治、文化方面的利益集中起来就是要实现共产主义社会。最后，共产主义道德以实现人的全面自由发展为最终目标。共产主义道德不仅要培养能够实现共产主义的一代新人，更要培养全面发展的人，具备共产主义社会所需要的品德的人。因此，共产主义道德教育要求以集体主义为核心，以巩固和完成共产主义为基础，培养自觉的共产主义劳动态度，培养德智体美劳全面发展的人。

---

① 《列宁选集》第 4 卷，人民出版社，2012，第 294 页。

总之，共产主义道德继承了人类社会所创造的一切优秀的文化成果和劳动人民在阶级斗争与生产劳动中所养成的优秀道德品质、优良传统，是无产阶级与劳动人民共同利益的集中体现，是无产阶级特殊的阶级品德与劳动人民的优良品质的统一和结合。人类社会最高阶段的共产主义道德，不仅超越了阶级对立，而且超越了对这种对立的回忆，是真正的完全属于人的、属于全人类的道德，是人类社会上最进步的道德。共产主义道德的最终要求是实现共产主义社会。实现共产主义是人类共同的崇高目标，是马克思主义及无产阶级政党的历史使命，要实现这一最高理想社会，就需要共产党人自觉以共产主义道德标准要求自己，引领和带动社会道德建设，并为共产主义而努力奋斗。共产主义社会是人类社会发展的必然趋势，共产主义道德也是人类道德发展的必然趋势。随着共产主义事业在全世界的胜利，共产主义道德必将成为全人类共同遵守的道德。

二 中国特色社会主义以实现共产主义为最高理想

共产主义社会是人类历史上最科学、最美好的社会。马克思恩格斯运用历史唯物主义和辩证唯物主义认真考察了人类社会发展的客观规律，揭示了资本主义社会发展的客观规律和内部存在的无法调和的固有矛盾，分析了资本主义私有制对无产阶级和劳动人民的残酷剥削和压迫，指出想要从根本上改变这种状况，必须进行革命，需要建立一种新的社会来代替现有的资本主义社会。而共产主义社会就是能够取代资本主义社会的一种新社会形态，它的出现符合人类历史发展的客观规律。列宁领导人民率先在经济文化落后的国家中进行无产阶级革命，成功建立了世界上第一个社会主义国家，把马克思和恩格斯的科学社会主义理论运用于社会主义建设实践当中，使其得到进一步丰富和发展。共产主义正是建立在这样一种科学的理论基础之上的。马克思在《哥达纲领批判》中，依据人类社会发展的一般规律，对未来人类将要实现的最美好的社会是这么阐述的：脑力劳动和体力劳动的对立以及奴隶般服从分工的情形全部都会消失，劳动不再是谋生手段，而是生活的需要，个人将得到全面发展；生产力获得增长，物质财富极大丰富，最终实现"各尽所能，按需分配!"①列宁继承并发展了马克思的这一观点，在《国家与革命》中专门对共产主义社会的高级阶段进行了阐述，他指出，共产主义发展到高级阶段，国家就会消失，脑力劳动与体力劳动的对立也会消失，不平等现象也会随之消失，劳动生产率极大提高，人人都能够得到全面自由的发展，人们习惯于遵守公共生活的基本规则，能够自愿地尽其所能来参加劳动，这时候国家就会消亡，就能够实现"事实上的平等"，实现"按需分配"。②科学社会主义理论传入我国之后，党以此为指导思想。在领导中国人民不断努力建设社会主义的过程中，党始终都将实现共产主义当作一个最美好的理想信念，并把它作为党的最高理想和最终目标写入党章中。

实现共产主义是建设中国特色社会主义的最终目标。共产党人从不隐藏自己的观点，党的现在和未来都是以实现共产主义为最高理想。建设中国特色社会主义是党将马克思主义理论与中国实践相结合，从中国发展实际和人民需求出发提出的最适合中国发展的且最具中国特色的社会主义道路，是实现共产主义社会的必经阶段，也是特殊发展阶段。在改革开放之初，邓小平就强调："我们马克思主义者过去闹革命，就是为社会主义、共产主义崇高理想而奋斗。现在我们搞经济改革，仍然要坚持社会主义道路，坚持共产主义的远大理想。"③"共产主义理想是伟大的，但要经过相当长的历史阶段才能达到。社会主义是可爱的，为社会主义奋斗是值得的。这同时也是为共产主义奋斗"④，建设中国特色社会

---

① 《马克思恩格斯选集》第3卷，人民出版社，2012，第365页。
② 《列宁全集》第31卷，人民出版社，2017，第Ⅵ页。
③ 《邓小平文选》第3卷，人民出版社，1993，第116页。
④ 《邓小平年谱（一九七五——一九九七）》下卷，中央文献出版社，2004，第1348页。

主义是通向共产主义的必由之路，这是马克思主义的基本观点。一方面，马克思恩格斯所阐述的社会主义社会是从资本主义社会过渡来的，在这一社会中，生产力得到极大提高，经济、文化等都得到了相当程度的发展。列宁也认为，共产主义社会需要经历两个不同的发展阶段。在社会主义阶段需要促进生产力的发展和劳动生产率的提高，为实现共产主义准备条件。另一方面，中国特色社会主义道路是与中华民族5000年历史文化的传承发展、中华人民共和国成立70多年的持续探索以及党和中国人民改革开放40多年的伟大实践相结合，扎根于中国大地，反映中国人民意愿，适合中国发展的科学道路。这是一条既坚持科学社会主义的理论原则，又结合时代发展和中国国情而具有了中国特色的道路，是通往共产主义的必由之路，也是实现中华民族伟大复兴的必由之路。中国特色社会主义道路始终立足于中国处于并将长期处于社会主义初级阶段的基本国情，要求不断发展生产力，促进社会主义经济、政治、文化、社会和生态文明的全面发展进步，满足人民群众对幸福美好生活的需求，将共产主义理想落实到建设中国特色社会主义的伟大实践中。

共产主义理想的实现本身就包含了共产主义道德的实现。共产主义伟大理想并不只是政治上的理想，它还包括整个社会生活以及人们之间的道德关系，包含整个社会中人们的精神状况、文化状况以及人的自我实现。马克思指出，共产主义"是人和自然界之间、人和人之间的矛盾的真正解决，是存在和本质、对象化和自我确证、自由和必然、个体和类之间的斗争的真正解决"①。而道德本身就是处理人与人之间、人与自然之间矛盾的标尺，共产主义社会的实现，需要人自身的全面自由的发展，需要人对人的本质的完全占有和复归，这就需要共产主义道德教育从一开始就担负起对人的全面教育和培养的责任。列宁认为，只有人们"摆脱了资本主义奴隶制，摆脱了资本主义剥削制所造成的无数残暴、野

---

① 马克思：《1844年经济学哲学手稿》，人民出版社，2004，第81页。

蛮、荒谬和丑恶的现象"，国家才有可能消亡，也就是说，人们会"习惯于遵守多少世纪以来人们就知道的、千百年来在一切行为守则上反复谈到的、起码的公共生活规则"①，不需要任何强制手段和任何监督。普遍地具备共产主义道德的人们将成为社会的唯一主人，自由地劳动、自由地生活。由此可见，共产主义道德本身就是共产主义社会的一部分，是共产主义理想的一部分，需要在社会主义建设时期，在通往共产主义这条路上普遍培养人们的共产主义道德。在中国特色社会主义建设时期，党和社会中的先进分子不断为了实现共产主义而努力奋斗，在为实现这一伟大理想而进行的伟大斗争中，指导人们行为的道德规范得到丰富和发展。

三　培育共产主义道德是社会主义道德教育的最终目标

社会主义道德是共产主义道德在社会主义时期的表现形式，共产主义道德是社会主义道德的最终发展方向。根据马克思主义道德观，任何一种新的道德都是在前一种道德中孕育而生的，它或者是通过与前一种道德的矛盾斗争而产生的，或者是前一种道德为了适应新的经济基础而进行的自我革新与转化。从列宁的共产主义道德思想来看，社会主义道德与共产主义道德是同一种道德因经济成熟程度不同而表现出的两种不同道德形态。列宁所论述的共产主义道德是广义的概念，它包括萌芽于资本主义社会的无产阶级道德、无产阶级专政后的社会主义道德和社会主义发展到高级阶段后的共产主义道德。相应地，不同阶段的道德教育具有自己的历史使命，无产阶级道德教育的使命是把劳动者团结在无产阶级周围，共同反抗资产阶级的统治，消灭剥削和压迫，建立无产阶级的新社会；社会主义道德教育的历史使命是大力发展生产力，彻底消灭剥削、消除两极分化、实现共同富裕、实现共产主义；而共产主义道德

---

① 《列宁选集》第 3 卷，人民出版社，2012，第 191 页。

教育则是为了实现人的全面自由的发展。社会主义道德是从无产阶级道德发展而来的，因无产阶级的阶级地位的改变而改变，从处于被统治地位转变为处于统治地位和领导地位。因而，它是在社会主义社会占据主导地位和支配地位的道德形式。社会主义道德是社会主义时期代表先进生产力和人民群众利益的先进道德类型，与共产主义道德有着共同的经济基础——生产资料公有制；它们之间还有着共同的价值目标——为巩固和完成共产主义事业而奋斗。因此，社会主义道德发展的最终方向是共产主义道德，二者一脉相承，是完整的、不可分割的整体。进行社会主义道德教育就是为了培养能够实现共产主义的一代新人，批判旧道德，为进入共产主义社会扫清思想障碍，同时保护好已经出现并不断涌现的共产主义道德的幼芽，利用这些幼芽带动并惠及更多的人，时刻不忘将这些幼芽培育成参天大树。社会主义道德是共产主义道德的必要准备，共产主义道德是社会主义道德教育的必然结果。

社会主义为培育共产主义道德提供了条件。社会主义孕育共产主义社会因子，社会主义道德蕴含共产主义道德追求。在无产阶级领导的社会主义社会建立之后，一方面，共产主义道德获得了国家权力的支持，从而也就获得了公开、合法、广泛的宣传阵地和教育阵地，一切有利于建设社会主义、巩固和完成共产主义的道德都可以通过各种宣传途径进行倡导、大力弘扬；相反，一切剥削阶级和其他腐朽的道德观念以及不符合主流道德意识的理论和实践，都会被批评和批判。另一方面，作为统治阶级和领导阶级所倡导的道德，与国家相关的法律法规具有高度一致性，两者都是为了维护人民群众的权利和利益，维护社会正常秩序，促进和保证中国特色社会主义各项建设，为实现共产主义创造条件，是中国特色社会主义时期实现共产主义的有力武器。共产主义道德虽然在社会主义条件下获得了可以发展的条件，却不等于在整个社会的道德生活中已经占据了领导和支配地位，也不等于已经成为整个社会成员内心信奉的道德原则和道德规范。要想在社会主义条件下培育和发展共产主义道德，还需要满足一定的条件，比如，宣传教育的各种渠道、日益巩固的经济基础等。而中国特色社会主义建设在党的领导下所取得的一系列成就和形成的领导体制，为倡导共产主义道德提供了有利条件。首先，党的坚强领导为培育共产主义道德提供了政治保障。只有在中国特色社会主义制度下，才能够保证人民民主专政，保证生产资料归全体劳动者共同所有，保证人民的利益不受侵犯，保证道德和道德教育始终代表人民群众的利益，以为人民群众服务为核心，以集体主义为原则，保证国家、集体和个人的利益能够一致。共产主义道德也只有在此基础上，在党的领导下才能具备发展的可能性。其次，全面小康社会的实现为共产主义道德的发展提供了物质基础。道德归根结底是经济关系的产物，必须要符合经济发展状况。中国特色社会主义建设始终坚持发展生产力，改革开放，促进经济的高速发展，同时，让全体人民群众共享发展成果。全面建成小康社会是中国特色社会主义在 21 世纪的建设目标，是保证全体人民群众共享经济发展成果的重要体现。充分的物质基础，为道德教育提供了物质条件，能够促进道德向前发展。再次，马克思主义在中国实践中的不断发展和丰富，以及对中国传统文化的批判继承，为发展和培育共产主义道德提供了思想基础。最后，各类教育的大众化和宣传途径的多样化、快速化为共产主义道德提供了广泛的传播渠道。

　　崇高的道德理想是推动社会进步的强大精神动力。信仰共产主义崇高理想是共产党人的根本。共产主义代表了人类未来发展的必然趋势，表达了人们对未来社会的美好构想，是共产党人的最高理想。马克思主义认为，道德虽依赖一定的经济基础，但是，它具有相对独立性和能动性。从道德的发展规律来看，它可以高于一定的经济基础而存在，并且成为推动社会经济基础和社会生活向前发展的精神动力。当某种道德为人们所熟知并成为大多数人所具有的品质和遵守的规范时，它就会成为一种强大的物质力量。因此，在社会主义时期倡导和培育共产主义道德不仅符合社会发展规律，还能够为社会主义建设提供强大的精神力量。

首先，共产主义道德作为一种崇高的道德理想，是共产主义者和先进分子的重要精神支柱。正如列宁所论述的那样，人民群众一旦认识到反对资产阶级的重要性和正义性，就会表现出空前的英雄精神，就能克服空前的困难，作出空前的牺牲，创造巨大的奇迹。其次，从道德的功能来看，共产主义道德作为一种崇高的道德理想，能够以更高的标准来调节人们在生活中所形成的各种社会关系，促进社会的和谐、稳定发展；它还能够促进人们对道德发展规律的认识，提前了解未来社会对人们道德的要求，为人们的道德发展提供方向；同时，它还能够激励人们去追求共产主义远大理想，引导人们不断提升道德生活质量，使人们在道德模范引领下，自觉养成良好的道德品质。最后，从道德的作用来看，崇高的道德理想能够鼓舞人们敢于打破陈规，突破艰难险阻，树立崇高的理想信念、高尚的道德情怀，为经济发展提供精神动力和内在活力，并推动政治稳定和文化繁荣。自马克思主义传入中国以来，在共产主义远大理想的号召下所出现的一代又一代英雄模范，无不体现出英雄主义精神、共产主义劳动态度和自觉的革命纪律等。在新民主主义革命时期，像李大钊、夏明翰、刘胡兰等革命先烈，不畏牺牲、英勇就义，为实现共产主义而冲锋陷阵、抛洒热血；在社会主义革命和建设时期涌现的焦裕禄、雷锋、王崇伦等先锋模范，响应党的号召，不计较个人得失，为国家和人民而忘我劳动、艰苦创业，把全部的精力都贡献给了党和人民；改革开放以来，袁隆平、钟南山、屠呦呦、南仁东等，始终坚守初心、埋头苦干、甘于奉献，为社会主义现代化建设作出了巨大的贡献。现在，中国特色社会主义进入新时代，全面建成小康社会的目标已经实现，全面建设社会主义现代化国家的征程已经开启，实现中华民族伟大复兴的中国梦和实现共产主义的伟大理想相互交融，一脉相承，我们更加需要培养具有共产主义道德品质的优秀人才。这些人将成为社会风尚的引领者，社会主义建设的中流砥柱，实现中华民族伟大复兴的中国梦和共产主义社会的引路人。总之，社会主义必将发展到共产主义，社会主义以共产主义为最高理想和奋斗目标。社会主义道德教育不能停留于仅仅培育人民群众最低的道德素质，而是应该从社会主义经济发展状况和人民群众的思想实际出发，从人民群众当前和未来的利益中引申出既适合当前社会发展，又高于现阶段水平的道德规范，既不忽视现阶段的道德基础，又以高标准积极推动人民群众的道德素质向更高的方向发展，从而为推动社会主义向共产主义的发展提供精神动力。

第三节　倡导共产主义道德要在实践中改革创新道德教育

倡导共产主义道德是当前道德教育的目标之一，是为了提高全民族的文明素养，建设文化强国，培养一代又一代能够肩负起实现中华民族伟大复兴中国梦的时代新人。这一目标的实现不可能一蹴而就，必须要根据实际情况，使教育对象、教育队伍、教育途径在实践中不断扩大和改革创新。这既是马克思主义道德教育思想的基本要求，也是马克思主义道德教育思想与时俱进的具体体现。

一　注重道德教育对象的广泛性和针对性

马克思主义认为，道德可以为社会发展提供精神动力，维护经济、政治、文化等制度的合理性和正义性；道德影响着其他意识形态的形成与发展；道德还通过调节人与人、人与社会、人与自然之间的关系维护社会秩序，促进人与自然和谐发展；最为重要的是，道德通过对人的精神境界的提升促进人的自我完善和全面发展。列宁的共产主义道德思想更是将道德当作阶级斗争的重要工具，以及巩固和完成建设共产主义社会的重要因素。道德的重要作用要求道德教育要具有广泛性，要以人民为中心，面向全体社会成员；同时，道德教育还要具有强烈的针对性。比如，党员干部对整个社会道德风尚起着引领作用，在各项建设中起着带头作用，更应该具备良好的道德素质；青少年是祖国的未来，民族的希望，是建设社会主义和共产主义的时代新人，要对其进行道德教育以保证其健康成长，完成其历史使命；社会公众人物因其特殊的身份地位，在传播道德规范、激励他人崇德向善方面对人民群众具有广泛的引导作用，更加应该严格要求自己，以社会主义道德和更高标准的共产主义道德来武装自身，树立良好的社会形象，提升自身的道德素质，促进道德的传播。2019 年 10 月 27 日，中共中央、国务院印发了《新时代公民道德建设实施纲要》，突出强调道德教育既要面向全体社会成员开展，还要聚焦重点人群，抓住关键环节。

第一，道德教育要面向全体社会成员开展。个人的品德修养是社会道德建设的基础，良好的道德对于个人和社会都具有基础性意义。德是方向、是根本，是一个人、一个民族不可或缺的精神力量，是构建文化软实力的核心。"国无德不兴，人无德不立。"积极向上、团结奋进、守正创新、服务人民的社会氛围需要每一个人参与营造。夺取新时代中国特色社会主义伟大胜利需要全体中国人民的共同努力，需要调动全体人民群众的积极性、主动性和创造性，需要培养一批又一批德智体美劳全面发展的社会主义合格建设者和接班人。因此，使全体社会成员树立牢固的共产主义理想信念，拥护和支持中国共产党的领导，紧紧团结在党中央周围，以为人民服务为核心，以集体主义为原则，各司其职，不断提高社会公德、职业道德、家庭美德和个人品德，对实现中华民族伟大复兴的中国梦至关重要。2017 年 10 月 18 日召开的党的十九大提出，中国特色社会主义进入新时代，在新时代实现伟大梦想需要全国各族人民团结奋斗，全体中华儿女勠力同心，不断创造美好生活，不断促进人的全面发展，实现全体人民共同富裕。这就需要全体人民在理想信念、价值理念、道德观念上紧密团结在一起，提高全体人民群众的道德水平。[1]

---

① 《习近平谈治国理政》第 3 卷，外文出版社，2020，第 9~33 页。

"只要中华民族一代接着一代追求美好崇高的道德境界，我们的民族就永远充满希望。"①

第二，加强对党员、干部的道德教育是倡导共产主义道德的重要保障。党员、干部是社会群体中的先进分子，在社会道德风尚形成过程中具有引领作用。党员、干部不仅人数众多，而且还是无产阶级的先锋队、领导者，要始终保持其先进性和纯洁性。党员、干部的道德素质高低，影响着全社会的思想道德建设，决定着整个社会的道德风尚，要注重发挥党员干部和先进分子的模范带头作用。习近平总书记在十八届中央政治局第三十三次集体学习时的讲话中提出，要加强对党员特别是领导干部的道德教育，要引导他们"明大德、严公德、守私德，重品行、正操守、养心性"②。党员、干部要增强"四个意识"、坚定"四个自信"、做到"两个维护"。党要用"忠诚干净担当"的要求来教育引导广大党员、干部。全党同志都应该"牢记共产主义远大理想，坚定中国特色社会主义共同理想，一步一个脚印向着美好未来和最高理想前进；始终保持谦虚谨慎、不骄不躁的作风，不畏艰难、不怕牺牲，为实现'两个一百年'奋斗目标、实现中华民族伟大复兴的中国梦而不懈奋斗"③。加强对党员、干部的道德教育，一方面要加强理想信念教育，理想信念是精神之钙，没有理想信念，就会得"软骨病"。要将党员、干部的理想信念教育常态化制度化，在补钙铸魂中打牢思想根基。要加强对党员、干部的马克思主义、社会主义和共产主义的信仰教育，有坚定的信仰才能保证坚持正确的政治方向。另一方面要加强政德教育，政德教育是党员、干部的从政之基。对于新时代的党员、干部来说，更应该具备坚实的政德修养，要始终以人民为中心，严以修身，将为人民服务当作自己最大的理想追求，始终把为民造福作为最大的政绩，彰显人民公仆的形象。领导干部

---

① 《习近平关于社会主义文化建设论述摘编》，中央文献出版社，2017，第137页。
② 《习近平关于社会主义文化建设论述摘编》，中央文献出版社，2017，第147页。
③ 《习近平谈治国理政》第3卷，外文出版社，2020，第498页。

特别是高级干部，要"从知行合一的角度审视自己、要求自己、检查自己"，"要严守政治纪律，在重大原则问题和大是大非面前，必须立场坚定、旗帜鲜明。要心底无私，正确维护党中央权威，对来自中央领导同志家属、子女、身边工作人员和其他特定关系人的违规干预、捞取好处等行为，对自称同中央领导同志有特殊关系的人提出的要求，必须坚决抵制"。①

第三，加强对人民军队的道德教育是实现强军目标的重要保障。"强军之道，要在得人。要把培养干部、培养人才摆在更加突出的位置，着力锻造忠诚干净担当的高素质干部队伍，着力集聚矢志强军打赢的各方面优秀人才。"② 没有革命的武装，就没有革命的胜利。从武装革命斗争到保卫祖国和人民，再到捍卫祖国领土完整和维护民族尊严，始终依靠的是人民军队英勇无畏和无私奉献的精神。人民军队的道德素质关系着党和人民的生命安全，关系着伟大斗争、伟大工程、伟大事业、伟大梦想能否顺利实现。因此，对人民军队的道德教育至关重要。我国人民军队一直有着优良的道德传统，建军之初就形成了"三大纪律八项注意"的优良作风。毛泽东同志在1947年10月10日专门起草了《中国人民解放军总部关于重新颁布三大纪律八项注意的训令》，为我国人民军队的道德教育打下了坚实的基础。邓小平同志也发表了《军队要整顿》《军队整顿的任务》等重要论述，强调要加强军队的马克思主义理论教育，培养军队的共产主义和爱国主义精神，军队要有坚定的共产主义理想，要有道德、守纪律等。进入新时代，习近平总书记依然非常重视军队的道德教育问题，指出除了要在全军开展铁的纪律教育，还要用井冈山精神、长征精神、延安精神等革命道德来教育人民军队，使人民军队为实现社会主义和共产主义而不懈奋斗，为保卫祖国和人民而英勇献身，始终将

---

① 《习近平谈治国理政》第3卷，外文出版社，2020，第87页。
② 《习近平谈治国理政》第3卷，外文出版社，2020，第385页。

国家和人民的利益放在第一位，习近平总书记提出还要引导大家"正心修身、律己持家、清廉为官，自觉抵御歪风邪气"①。加强对人民军队的社会主义和共产主义道德教育，就是要培养对党和人民忠诚不渝的人民军队；要坚持以德为先，培养德才兼备的强军事业所需要的人才；"着力锻造忠诚干净担当的高素质干部队伍"②；就是要充分调动军事人员的积极性、主动性和创造性，在党的全面领导下，实现新时代强军目标。

第四，加强对青少年的道德教育是实现中华民族伟大复兴的重要保障。列宁在领导社会主义建设时多次强调，共产党是未来的党，而未来是属于青少年的，只有把青少年培养成为建设社会主义和共产主义的一代新人，才可能实现共产主义的伟大理想。建设中国特色社会主义、实现中华民族伟大复兴的中国梦需要一代又一代人的接续努力，青少年就是实现这一伟大梦想的生力军，肩负着新时代赋予的伟大使命，是国家的未来，民族的希望。青少年一代的道德水平决定着整个国家和民族未来的道德水平，决定着中国特色社会主义事业是否后继有人，决定着进行伟大斗争、建设伟大工程、推进伟大事业、实现伟大梦想的精神动力是否强大。因此，青少年应该成为道德教育的重点对象。青少年阶段是人生的"拔节孕穗期"，最需要精心引导和栽培。这一时期是青少年成长成才的关键时期，是身体和心理成长的旺盛期，其心智逐渐健全，思维进入最活跃状态，但其"知识体系搭建尚未完成，价值观塑造尚未成型，情感心理尚未成熟，需要加以正确引导。这好比小麦的灌浆期，这个时候阳光水分跟不上，就会耽误一季的庄稼"③。如果引导培育得当，就能够激发他们积极向上的心智和追求美好的愿景，从而使他们把个人的成长融入国家和民族的发展轨道之中，在国家发展和社会进步的大道上实现个人的价值和追求。如果引导培育不当，就会造成他们个人成长与发

---

① 《习近平谈治国理政》第 3 卷，外文出版社，2020，第 386 页。
② 《习近平谈治国理政》第 3 卷，外文出版社，2020，第 385 页。
③ 《习近平关于青少年和共青团工作论述摘编》，中央文献出版社，2017，第 37～38 页。

展的困惑，甚至造成个人意愿与社会现实的脱节，个人理想偏离民族愿景，甚至造成个人与社会的对立。道德教育能够在这一关键时期帮助青少年扣好"人生第一粒扣子"，帮助青少年塑造正确的价值观，成为指引青少年扬帆远航的灯塔。

第五，社会公众人物要注重道德自律，树立良好的社会形象。公众人物在一定范围内具有较强的影响力，在一定时期被人们广泛了解和关注，拥有一定的社会地位，能够以其公众影响力获得巨大的利益，并且在较长时间内影响社会公共利益。公众人物往往是社会中各个领域、行业的精英人物，是普通民众模仿、学习的榜样，言行举止都具有很强的示范作用。公众人物作为社会当中的特殊群体，有其特殊的道德影响力，公众人物如果道德水平低下，道德失范，则会给整个社会的道德风尚带来严重的负面影响。比如，在近些年，一些明星偷税漏税、吸毒嫖娼，一些科研人员学术造假、剽窃他人成果，一些政府官员贪污腐败、以权谋私等现象，严重影响了人民群众道德观念的培养，严重影响公民道德共识的培育，影响了整个社会道德环境的优化。尤其是在网络时代，公众人物的言行举止更是会被夸大传播、加速模仿。而在这样一个价值多元、社会转型的时期，利己主义、投机主义、金钱至上等道德观念不断弱化社会主义道德观念，这更不利于倡导共产主义道德。公众人物作为社会主流价值观的"代言人"，其价值观正确与否对于社会道德发展具有重要影响。正确的道德观会给社会带来巨大的正能量，促进道德教育的目标更好地实现，而错误的道德观则会使民众对道德规范产生怀疑、心存迷茫，弱化对共产主义道德的情感认同，甚至会带动公众进行错误的模仿。因此，公众人物更应该树立崇高的道德理想，不断提高自身的道德修养，培养高尚的道德情操，更加严格地加强道德自律，严守道德底线，自觉抵制各种利益诱惑和不良思想的侵蚀，并时常进行道德自省，提升自身的道德认知能力，树立正确的道德观念，为公众作道德表率。

二 构建多层次和高质量的道德教育队伍

构建多层次和高质量的教育队伍是道德教育的基础性工作，也是倡导共产主义道德的必然要求。道德教育具有系统性的特征，它是由外部联系和内部因素共同构成的关联整体，是依据个体身心成长、发展的规律而实施的循序渐进的教育。道德教育目标的实现需要遵循多维度、多层次系统建构的原则，而且不管道德教育的目标如何实现，道德教育如何实施，都离不开能够进行道德教育工作的队伍建设。习近平总书记在同北京师范大学师生代表座谈时指出："教师重要，就在于教师的工作是塑造灵魂、塑造生命、塑造人的工作。一个人遇到好老师是人生的幸运，一个学校拥有好老师是学校的光荣，一个民族源源不断涌现出一批又一批好老师则是民族的希望。国家繁荣、民族振兴、教育发展，需要我们大力培养造就一支师德高尚、业务精湛、结构合理、充满活力的高素质专业化教师队伍，需要涌现一大批好老师。"① 百年大计，教育为本，而教育大计，则非以教师为本而不能实现。教育队伍由教师组成，教师之所以重要，就在于其担负着塑造灵魂、塑造生命、塑造人的工作。道德教育队伍的培养是开展道德教育的基础性、前提性工作。道德教育队伍不同于其他队伍，它所承担的工作具有社会性和长期性，完成这一工作需要家庭、学校、社会共同合作、彼此影响、协同育人，而且道德教育是一个长期性的过程，伴随着人的一生，对人的一生产生长期的、持续性的影响。因此，我们需要构建多层次的教育队伍。同时，道德教育还具有强烈的政治性、创造性和引导正确性，这就要求构建高质量的道德教育队伍。这些都是进行道德教育的基础性工作，只有保证了道德教育队伍的高质量发展，才可能保障道德教育目标的顺利实现。

要构建多层次的教育队伍，绝不漏掉任何一个环节。个人良好的品

---

① 教育部课题组：《深入学习习近平关于教育的重要论述》，人民出版社，2019，第129页。

德是遵循着某种规律，在长期、复杂、曲折的成长过程中逐渐形成的，这"需要学校、家庭、社会密切配合"①，各个主体分工合作、各尽其责，在不同阶段、不同层面以不同的侧重点进行道德教育。立德树人是整个社会的根本任务，贯穿于德、智、体、美、劳各项教育之中，贯穿于课内、课外各项活动之中，贯穿于人生成长的各个阶段之中，贯穿于不同层次的教育活动之中。因此，我们需要构建多层次的道德教育队伍，以满足在不同阶段、不同任务、不同层次、不同社会关系中道德教育的需要。首先，要强化父母道德教育的责任意识。"天下之本在家"，中华民族历来具有强烈的家庭观念。家庭教育是基础，家庭道德教育是道德根基教育，是素质教育的第一步，父母是孩子的第一任老师，父母的言行举止时时刻刻会影响孩子的成长。"广大家庭都要重言传、重身教，教知识、育品德，身体力行、耳濡目染，帮助孩子扣好人生的第一粒扣子，迈好人生的第一个台阶。要在家庭中培育和践行社会主义核心价值观，引导家庭成员特别是下一代热爱党、热爱祖国、热爱人民、热爱中华民族。"②其次，各级各类学校的教师要成为道德教育的主力军。道德教育要从家庭抓起，更不能忽略学校的主体性作用以及教师的主导作用的发挥。学校是对学生进行道德教育的重要阵地，在道德教育过程中起主导作用。培养正确的道德观要从幼儿园开始，而且在小学、中学、大学，任何一个环节都不能缺少。而承担道德教育任务的就是这些学校的教师，因此，教师在道德教育中发挥着重要作用。提升德育工作者的思想素养是培养学生树立正确价值观的首要前提，在道德教育的每一个阶段都有相应的道德教育目标，对各个阶段的教师也有不同的要求。但总的来说，教师自身的道德素质要过硬。最后，社会要担负起道德教育的责任。社会教育是补充，企事业单位等都应该承担起对单位工作人员进行道德教

---

① 教育部课题组：《深入学习习近平关于教育的重要论述》，人民出版社，2019，第56页。
② 《习近平关于社会主义文化建设论述摘编》，中央文献出版社，2017，第148页。

育的任务，不断提高工作人员的职业道德、社会公德等，工会组织、社区组织、村镇组织等也应该充分发挥其作用，承担起道德教育的责任和义务。总之，道德教育的重要性要求全社会都要行动起来，共同努力，形成多层次的教育队伍。

要培养高质量的教育队伍，保障道德教育的贯彻实施，倡导共产主义道德，关键要发挥以学校教师为主的教育队伍的积极性、主动性和创造性。2018 年 1 月，党中央专门出台了《中共中央　国务院关于全面深化新时代教师队伍建设改革的意见》，这是中华人民共和国成立以来的第一份专门面向教师队伍建设的里程碑式的政策性文件。2018 年 5 月 2 日，习近平总书记参加北京大学师生座谈会并在会上发表了重要讲话，强调要"建设高素质教师队伍。人才培养，关键在教师"。[①] 2018 年 9 月 10 日，习近平总书记在全国教育大会上再次强调，要把教师队伍建设作为基础工作来抓。2019 年 3 月 18 日，习近平总书记在全国学校思想政治理论课教师座谈会上指出，教师不只要传播知识、思想、真理，还承担着塑造灵魂、塑造生命、塑造新人的时代重任，因此，一定要培养高质量的教师队伍。[②] 什么样的教师才是高质量教育队伍中的一员呢？习近平总书记先后提出了几项要求：一名好老师要做到"四有"，即有理想信念、有道德情操、有扎实学识、有仁爱之心，[③] 还要做到"六要"，即政治要强、情怀要深、思维要新、视野要广、自律要严、人格要正。[④] 高素质的教育队伍是由一位位好老师组成的，这些好老师可能是父母、师长，也可能是同事或领导，这些人共同组成了道德教育大军。这支教育大军一定要具备过硬的政治素质、精湛的业务能力、高超的育人水平、甘于奉献的道德素质。政治素质是道德教育坚持社会主义方向，为建设中国特

①　习近平：《在北京大学师生座谈会上的讲话》，《人民日报》2018 年 5 月 3 日。
②　习近平：《思政课是落实立德树人根本任务的关键课程》，人民出版社，2020，第 12 页。
③　教育部课题组：《深入学习习近平关于教育的重要论述》，人民出版社，2019，第 133 页。
④　《习近平谈治国理政》第 3 卷，外文出版社，2020，第 330 页。

色社会主义服务的前提条件。精湛的业务能力要求教育者具有一定的知识水平，广阔的国际视野和历史视野，熟练掌握各类知识、素材、案例。高超的育人水平则要求教育者善于采用各种方式进行道德教育，将新时代的道德要求融入家庭生活、社会实践、课堂教学、文化活动等各类工作中。自身的道德素质是道德教育的保障，除了要严于律己，保持高尚的道德品行之外，教育者还要有甘于为中国特色社会主义事业、为中国特色社会主义道德教育奉献终身的高尚品质。

三 注重道德教育途径的多样性和创新性

列宁对共产主义道德教育路径的探索，将道德教育与经济建设相结合、与文化革命相结合、与社会服务相结合，创造性地提出"共产主义星期六义务劳动"、开展社会主义劳动竞赛等实践活动，推进了道德教育途径的多样化和创新，有利于道德教育目标的更好实现。列宁的这些举措为在新时代倡导共产主义道德教育提供了可供参考的依据。道德教育是建设社会主义文化强国的重要任务，是提升文化软实力的核心要素，是建设中国特色社会主义的重要精神力量。道德教育并不能通过具体的某一门课程、某一项任务来完成，它是一项贯穿于社会生活和教育活动各个方面的系统工程。要通过教育引导、实践养成、文化熏陶、舆论宣传以及制度保障等途径将共产主义道德灌输给人民群众，使其内化为人们的精神追求，外化为人们的自觉行动。

第一，推进全社会共同参与，为道德教育营造良好的协同引导环境。道德形成过程的特殊性，要求道德教育必须有家庭、学校和社会的共同参与，实行全员育人、全过程育人、全方位育人，并将立德树人融入学校教育的各个环节。首先，要充分发挥家庭在道德教育中的重要作用，家庭教育在人的思想品德形成过程中起着奠基作用。个人在道德观念形成初期，与家庭接触时间最长、受家庭成员影响最深。家庭成员要以严格的道德标准来要求自己，注重家教、形成良好的家风，通过言传身教、道德灌输、互相学习等方法，在日常生活中将正确的道德观传达给自己的子女和亲人。其次，立德树人不只是高等教育的工作，还应该从小抓起、从头抓起。从幼儿园、小学开始，要做好源头工作，从道德情感的感染和道德行为的练习入手，将正确道德思想渗透于日常生活和活动之中，联系其身边具体的人和事物，通过通俗易懂的方式对其进行道德教育，从源头培养其形成正确的道德观，保护好祖国的幼苗。在一个人成长的敏感期、道德观念形成的奠基期，要做好道德启蒙教育。中学时期是一个人世界观、人生观、价值观形成的关键时期，在这一时期要通过大量的道德理论、道德实践对青少年进行道德观教育，使其形成良好的道德素质。而大学阶段则是一个人道德观念的巩固期，这一阶段的道德教育需要将坚定的政治性与透彻的学理性相统一，将道德观培养与知识传授相统一，既坚持理论学习又通过实践检验，要充分发挥学生在道德教育中的主体性作用，同时创造性地发挥教师的主体作用，坚持在对各种错误道德思潮的批判中构建稳固的社会主义的道德体系。学校要充分用好课堂这个道德教育的主渠道，将立德树人的根本任务融入各项课程的教学中；同时，还要将立德树人的根本任务贯通于人才培养全过程。最后，要将道德教育与经济活动相结合，在生产劳动中培育道德，在利益分配中形成道德，在义务劳动中锻造道德；道德教育还要与社会管理相结合，使道德在为人民服务中巩固，在严于律己、大公无私、甘于奉献中提高；道德教育还要与生态发展相结合，使道德在建设和谐美丽的新中国中升华。总之，培养职业道德、社会公德、家庭美德、个人品德，需要家庭、学校、社会共同参与、协同引导，拓宽教育途径，才能最大限度地完成教育目标。

第二，加强新时代文明实践中心建设，为道德教育营造良好的实践环境。实践性是道德教育最大的特征，道德本身就是一种实践精神，道德教育必须在实践中进行、在实践中检验。2018年8月21日，习近平总书记在全国宣传思想工作会议上提出："要大力弘扬时代新风，加强思想道德建设，深入实施公民道德建设工程，加强和改进思想政治工作，推进新时代文明实践中心建设，不断提升人民思想觉悟、道德水准、文明素养和全社会文明程度。"① 建设文明实践中心是道德教育在实践中检验和发展的最有效途径，是打通道德教育"最后一公里"的有效方式。新时代文明实践中心建设要重点围绕农村基层宣传思想工作和精神文明建设，文明实践中心覆盖面要广，在农村、乡镇、社区等基层组织要建立实践站，在区、县、市等要建立实践中心和分中心，全面覆盖，共建共享，形成实践合力。文明实践中心组织形式要"接地气"，不能脱离群众，要举办"文化沙龙""道德讲堂""义务劳动""志愿服务""道德模范评选"等群众易于理解、乐于参加的实践活动，引导和动员人民群众积极参与，使群众在实践中学习道德理论，接受文明洗礼，提升道德素质。文明实践中心还要在组织领导、传播内容、资源整合、政策保障以及评价监督等方面落实落细。总之，要让文明实践中心在引导和培养广大人民群众自觉遵守绿色环保、文明健康、爱国爱家、自觉遵守社会公德等新时代的道德标准方面起到真正的实践作用，同时，也为倡导共产主义道德营造良好的实践环境。

第三，高度重视发展文化产业，为倡导共产主义道德营造良好的文化环境。文化产业是文化以经济效益为基础所展示出来的特殊形态。文化产品具有商品和意识形态双重属性，文化产业不仅可以产生经济效益，同时也会产生社会效益，直接影响我国的文化建设。文化建设为经济建设、政治建设、社会建设提供精神动力、文化环境和智力支持，文化产业是增强国家文化软实力的主要着力点。文化产业主要包括三类，第一类是生产与销售以实物形式呈现的文化产品的行业，如生产销售音像制品、影视制品、图书报刊等行业；第二类是文化服务行业，主要以娱乐、演出、策划等劳务形式出现；第三类是以文化附加值出现的旅游、设计、

---

① 《习近平谈治国理政》第 3 卷，外文出版社，2020，第 313 页。

装饰等行业。文化产业是道德教育的重要载体，也是不可或缺的传播渠道。2019 年 3 月 4 日，习近平总书记在参加全国政协十三届二次会议文化艺术界、社会科学界委员联组会时就强调，文化产品是一个国家、一个民族的灵魂，要正本清源、守正创新。[①] 习近平总书记还提出，文化文艺工作、哲学社会科学工作要坚持与时代同步伐、以人民为中心、以精品奉献人民、用明德引领风尚。[②] 为倡导共产主义道德营造良好的文化环境，不仅要高度弘扬中国特色社会主义道德，还要将道德规范和要求融入文化产品中，使新闻出版、文学艺术、电影电视、科技创新等体现出倡导共产主义道德的要求。要加快生产各类能够体现中国特色社会主义主旋律，体现社会主义核心价值观的优秀作品，满足人民群众不断增长的精神文化需要。自觉抵制低俗、庸俗文化产品以及代表资本主义意识形态的文化产品，鼓励更多地创作反映爱国主义、集体主义以及中华传统美德的优秀作品，不断提高文化产品的质量。使文化产品既丰富多彩，又主题突出，在全社会营造出良好的倡导共产主义道德的文化环境。

第四，充分利用好新兴媒体，为倡导共产主义道德营造良好的宣传环境。伴随着科学技术的不断发展，社会信息化、网络化、大数据化时代已经到来，新兴媒体对社会发展的影响越来越大。据 CNNIC 第 51 次调查报告显示，截至 2022 年 12 月，我国的网民数量已经达到 10.67 亿人，其中手机用户约占 99.8%，而农村网民规模占总数的 28.9%，全国使用网络浏览新闻的用户已经达到 7.83 亿人，通过网络观看视频的用户达到 10.31 亿人。道德建设是一个庞大的系统工程，离不开舆论力量的倡导与推动，而借助新兴媒体力量进行宣传是顺应时代发展的需要。新兴媒体不仅能在极短的时间内传播海量信息，而且传播主体和传播渠道具有广泛性，包括新闻客户端、社交平台等在内的网络媒体成为大众化信息源。

---

① 《习近平谈治国理政》第 3 卷，外文出版社，2020，第 322 页。
② 《习近平谈治国理政》第 3 卷，外文出版社，2020，第 322~325 页。

新兴媒体对青年一代影响较大，能为倡导共产主义道德教育提供新平台、新路径，因此，道德教育必须要与时俱进，充分利用好新兴媒体，利用好主流媒体具有的强大传播力、影响力和引导力，营造良好的舆论宣传环境，"我们要加快推动媒体融合发展，使主流媒体具有强大传播力、引导力、影响力、公信力，形成网上网下同心圆，使全体人民在理想信念、价值理念、道德观念上紧紧团结在一起，让正能量更强劲、主旋律更高昂"①。一方面，使新兴媒体为倡导共产主义道德服务要推动媒体融合发展，在"全球一张网"的时代背景下，实现"全国一盘棋"。"我们推动媒体融合发展，是要做大做强主流舆论，巩固全党全国人民团结奋斗的共同思想基础，为实现'两个一百年'奋斗目标、实现中华民族伟大复兴的中国梦提供强大精神力量和舆论支持。"② 另一方面，利用新兴媒体为倡导共产主义道德服务，既要管得住，还要用得好。加强对新兴媒体的监督与管理，相关部门要做好顶层设计，掌控好传播内容，扩大传播范围，创新引导方式，掌握主动权和主导权，使道德宣传始终沿着正确方向前进，营造良好的弘扬共产主义道德的环境。

第五，深化教育领域综合改革，为倡导共产主义道德营造良好的制度环境。习近平总书记在党的十九大报告中指出，"中国特色社会主义进入新时代，我国社会主要矛盾已经转化为人民日益增长的美好生活需要和不平衡不充分的发展之间的矛盾"③，"建设教育强国是中华民族伟大复兴的基础工程，必须把教育事业放在优先位置"，努力办好人民满意的教育，同时还要全面落实立德树人的根本任务，促进教育公平，建设学习型社会，全面提高国民素质。④ 因此，深化教育领域的改革，首先，应该全面贯彻落实立德树人的根本任务。立德树人是教育的本质要求，是

---

① 《习近平谈治国理政》第3卷，外文出版社，2020，第317页。
② 《习近平谈治国理政》第3卷，外文出版社，2020，第316页。
③ 《习近平谈治国理政》第3卷，外文出版社，2020，第9页。
④ 《习近平谈治国理政》第3卷，外文出版社，2020，第35~36页。

实现人的全面发展的根本保障。立德树人是全社会共同的事业，应该营造家庭、学校、社会协调配合、团结一致的育人氛围；要健全和完善教师培养和考核机制，以"四有""六要"为基本要求，做好教师队伍培养，让教育者先受教育，提高教师队伍的道德素质，这样教师才能成为学生道德教育的指导者和引路人；统筹推进人才培养体制改革，将立德树人的根本任务全面贯穿于人才培养体系之中，以德智体美劳全面发展为目标，以课堂为主渠道，构建全过程育人、全员育人、全方面育人的"三全体系"。其次，应该大力促进教育公平，让教育改革和发展的成果更多、更好地惠及贫困地区、农村地区，让每个孩子都有接受高质量、公平教育的机会。加大财政投入、优化资源配置、促进教育信息化建设、加大教育精准脱贫力度等都是实现教育公平的有效手段。教育公平本身就是倡导共产主义道德的基本要求，是社会公平全面实现的前提，也是道德教育目标全面落实的保障条件。最后，深化教育管理与评价体制改革，推进教育领域治理体系与治理能力现代化，把"立德树人的成效作为检验学校一切工作的根本标准，真正做到以文化人、以德育人，不断提高学生思想水平、政治觉悟、道德品质、文化素养，做到明大德、守公德、严私德。要把立德树人内化到大学建设和管理各领域、各方面、各环节，做到以树人为核心，以立德为根本"①。

第四节　倡导共产主义道德要适应时代发展的需要

道德教育因其历史性与阶级性，在不同的阶段有着不同的表述和特征。列宁的共产主义道德教育思想，萌芽于无产阶级革命，形成于社会主义建设实践，最后在巩固和完成共产主义社会的伟大使命中得以发展和深化。共产主义道德教育在不同发展阶段有着不同的责任和使命，这

---

① 习近平：《在北京大学师生座谈会上的讲话》，《人民日报》2018 年 5 月 3 日。

是从历史唯物主义和辩证唯物主义出发,从而形成的科学的道德教育思想所具备的显著特征。中国特色社会主义道德教育的责任和使命同中国共产党在不同历史阶段的责任和使命紧密相联。习近平总书记在党的十九大报告中指出,中国特色社会主义进入了新时代,这是我国发展新的历史方位,在新时代,道德教育有着新的任务、责任和使命。新时代对公民道德教育提出了更高的要求,不仅要培养公民良好的道德品质,还要倡导共产主义道德。为适应这一新时代的发展要求,道德教育必须立足于培养能够实现中华民族伟大复兴的建设者和接班人,批判性继承、吸收人类道德建设的优秀成果,使其为新时代倡导共产主义道德服务。

一 适应中国特色社会主义新时代发展的要求

倡导共产主义道德要解决好人民群众道德发展不平衡不充分的矛盾。随着中国特色社会主义进入新时代,生产力水平的提高,人民群众物质文化生活的普遍满足,使社会主要矛盾发生了变化。人民日益增长的美好生活需要和不平衡不充分的发展之间的矛盾成为新的社会主要矛盾。人民群众的需要从基本的衣食住行等简单生活需要,转化为更高层次的、精神层面的美好生活的需要。这就需要对中国特色社会主义在民主、法治、公平、正义等方面提出更高的要求。因此,进入新时代,道德发展也面临着新的问题,道德教育的主要矛盾也发生了新的转变。道德教育的主要矛盾已经由道德教育的目标要求同受教育者道德发展实际之间的矛盾,转化为人民群众对人的全面发展的需求同道德发展不平衡不充分的矛盾。要解决新的社会矛盾,不但要促进经济、政治、文化、社会和生态等方面的持续发展,还要更好地推动人的全面发展、社会的全面进步。人民群众在各种社会关系中,对国家的文明、和谐,社会的公平、正义,人与人之间的诚信、友善等提出了更高的要求,这些要求与全体人民群众道德素质的普遍提高密切相关。要想使人民群众在新时代的生活中拥有更多的获得感、幸福感、安全感,就必须要解决好人民群众的道德发展问题。因此，党和国家始终把立德树人当作关键工作来抓，大力倡导社会主义核心价值观，以道德模范的力量影响亿万群众，在全社会形成良好的道德风尚，提升人民群众的道德修养。社会中仍然存在的部分道德失范现象，如前几年出现的高铁霸座事件、公众场所的环境卫生问题、个别为官者贪污腐败、科研工作人员学术造假等，是新时代倡导共产主义道德需要着重解决的大问题。从最广大人民群众对这些道德失范现象的强烈谴责和社会的主导舆论来看，人民群众的道德素质已经普遍得到提高，但仍存在部分地区、部分民众的道德素质并没有跟上社会主流，存在着道德发展的不平衡、不充分的问题。因此，新时代倡导共产主义道德要解决好人民群众道德素质发展的不平衡不充分的问题，这是国家、社会和全体人民群众对道德发展、社会发展的基本要求。

倡导共产主义道德要坚持把服务中华民族伟大复兴作为重要使命。倡导共产主义道德要与中华民族伟大复兴的历史使命结合起来，要坚持在继承中华优秀传统文化的基础之上，立足中国发展实际，认清历史前进方位，把握国际发展格局，在新的时代背景下，重新审视中国特色社会主义道德教育的发展使命和历史责任，为实现中华民族伟大复兴的中国梦培养一代又一代社会主义和共产主义建设者和接班人。道德教育是一种实践活动，因此，必须要立足于中国发展实际。实现中华民族伟大复兴是近代以来中国人民最伟大的梦想，为了实现这一梦想，我国在不同阶段有不同的目标和任务，要面对不同的难题和挑战，因此道德教育必须立足于中国发展实际，为不同阶段下的民族复兴任务服务。同时，道德教育还要正视现阶段人们的道德素质与最终实现民族伟大复兴所需要的人的全面发展之间的差距，只有立足于这样的发展实际，并将道德教育的任务与缩小差距相联系，才有可能使道德教育为中华民族伟大复兴提供精神动力。进入新时代，倡导共产主义道德必须要在党的领导下，以全面提高人民群众的道德素质为目标，使道德教育与新时代的生产劳动相结合，激发人民群众的创新、创造能力，在巩固经济基础的同时，为经济全面深化改革提供动力，推动经济发展；倡导共产主义道德还要以文化强国战略为指引，以实现人的自由全面的发展为价值旨归，不断丰富人民群众的精神文化生活，提升社会主义文化自信，提升文化软实力。中国特色社会主义新时代，是与世界人民的和平发展和全人类共同繁荣进步普遍联系的新时代。这样的发展格局要求道德教育不能忽视国际大环境，我国要不断推动构建人类命运共同体，要旗帜鲜明地反对霸权主义和民族主义，反对强权政治，用国际主义与爱国主义相统一的道德标准来教育广大人民群众，要使中国人民成为"世界和平的建设者、全球发展的贡献者、国际秩序的维护者"[1]，更要用中国人民的高尚道德情怀来为世界的发展贡献具有中国特色的理论、智慧和力量。"不忘初心、牢记使命"，为中国人民谋幸福，为中华民族谋复兴始终是中国共产党的初心与使命，道德教育要为这一初心和使命承担更多、更大的责任。

倡导共产主义道德要以提高全社会的文明程度为基本目标。党的十九大报告提出，要全面加强思想道德建设，使"人民有信仰，国家有力量，民族有希望。要提高人民思想觉悟、道德水准、文明素养，提高全社会文明程度"[2]。全社会文明程度的提高是对新时代全面建成小康社会、实现"两个一百年"奋斗目标、社会治理能力和治理体系亟须现代化，以及生产力水平大幅度提高、社会主要矛盾发生转变等客观存在的现实回应。党的十八大报告中就强调，在全面建成小康社会之时，公民的道德素质和全社会的文明程度必然普遍提高。进入新时代，全体人民群众的面貌、中华民族的面貌以及国家的面貌焕然一新。而实现这一目标，必然离不开社会公共生活中社会公德的全面提升，离不开各行各业的从业人员职业道德的全面提升，离不开作为社会基本细胞的家庭的美德的全面养成，更加离不开作为各种道德基础的个人品德的全面提高。社会

---

① 习近平：《在庆祝改革开放40周年大会上的讲话》，《人民日报》2018年12月19日。
② 《习近平谈治国理政》第3卷，外文出版社，2020，第33页。

的文明程度是通过全体社会成员表现出来的，体现在每一个人的言行举止当中，体现在人与人的交往之中，体现在人与社会、人与自然的关系当中。正如马克思所说，"每个人的自由发展是一切人的自由发展的条件"①。每个人道德水平的提高，是一切人道德水平提高的条件，是全社会文明程度提升的条件。全社会的文明程度还体现在社会整体风气和公共文明上。在人民群众道德素质普遍较低的情况下，是不可能建成高度文明的国家的，只有绝大多数人自觉遵守道德规范，甚至以更高标准的道德规范严格要求自己，一个高度文明的社会才能建成，中华民族伟大复兴的中国梦才能实现。如同列宁所说，"社会主义将发展为共产主义，而对人们使用暴力，使一个人服从另一个人、使一部分居民服从另一部分居民的任何必要也将随之消失"，当人们"习惯于遵守公共生活的起码规则"② 时，共产主义社会的大门才会敞开。

二　吸收和借鉴人类道德建设的优秀成果

文明因交流而多彩，文明因互鉴而丰富。一个国家或者民族的道德进步，既要注重在文明交流中坚守自身的优秀道德传统，也要在文明互鉴中积极吸收其他有益道德成果。马克思主义道德教育思想要求道德教育吸收和借鉴人类道德建设的优秀成果。马克思恩格斯指出，历史是由人们自己创造的，是在"从过去承继下来的条件下创造"③ 的，每一代都是在利用过去各代人遗留下来的遗产的基础上，创造属于那个时代的历史。列宁在《青年团的任务》中指出，马克思主义理论就是建立在对人类所创造的一切成果批判地加以重新探讨的基础之上的，他强调，共产主义道德是经过"确切地了解人类全部发展过程所创造的文化"④，并对

---

① 《马克思恩格斯选集》第 1 卷，人民出版社，2012，第 422 页。
② 《列宁选集》第 3 卷，人民出版社，2012，第 185 页。
③ 《马克思恩格斯文集》第 2 卷，人民出版社，2009，第 471 页。
④ 《列宁选集》第 4 卷，人民出版社，2012，第 285 页。

这种文化加以改造，才最终形成的符合无产阶级利益的道德思想。毛泽东指出，我们要"批判地接受中国长期的传统——继承那些好的传统，而扬弃那些坏的传统"①，"一切民族、一切国家的长处都要学"②，但是要批判地分析，并与中国实际相结合，善于吸收借鉴人类道德文明的积极成果，把人类优秀道德成果变成自己道德文明体系的组成部分。邓小平指出，"任何一个民族、一个国家，都需要学习别的民族、别的国家的长处"③，"社会主义要赢得与资本主义相比较的优势，就必须大胆吸收和借鉴人类社会创造的一切文明成果"④。胡锦涛和江泽民也多次强调，我国文化的发展，离不开吸收中国传统文化和世界文化的优秀成果，要全面了解中国传统文化，同时加强对外文化交流，合理吸收和借鉴人类文化发展的优秀成果。习近平总书记更是把中华优秀传统文化称为中华民族精神的"根"和"魂"，称为中国特色社会主义文化的精神命脉，"中国传统文化博大精深，学习和掌握其中的各种思想精华，对树立正确的世界观、人生观、价值观很有益处"⑤。由此可见，继承和吸收人类发展的优秀成果是马克思主义的根本要求和优秀品质。道德是文化发展的核心，道德教育是促进文化发展的重要手段，因此，倡导共产主义道德更加离不开人类文化发展优秀成果的滋养。

倡导共产主义道德要继承并发扬中华传统美德。中华传统美德是中华文化的精髓，是道德教育的不竭源泉。道德与其他社会意识形态一样，在发展的过程中具有历史继承性和阶级性。中华传统美德是在历史的前进和发展过程中，在不同时代、不同经济关系下，人们所形成的稳定的风俗习惯、行为方式和价值观念等在伦理层面的集中体现。中华传统美

---

① 《毛泽东与外国首脑及记者会谈录》，台海出版社，2012，第23页。
② 《毛泽东著作选读》下册，人民出版社，1986，第740页。
③ 《邓小平文选》第2卷，人民出版社，1994，第91页。
④ 《邓小平文选》第3卷，人民出版社，1993，第373页。
⑤ 习近平：《在中央党校建校80周年庆祝大会暨2013年春季学期开学典礼上的讲话》，《人民日报》2013年3月3日。

德是中华传统文化的精髓，也是中华传统文化的重要组成部分，蕴含了丰富的道德教育资源。"今天，中华民族要继续前进，就必须根据时代条件，继承和弘扬我们的民族精神、我们民族的优秀文化，特别是包含其中的传统美德。"① 中华传统道德教育，在国家层面始终强调爱国主义，重视国家利益、民族利益以及整体利益。中国最早的诗歌总集——《诗经》在 2000 多年前已经提出"夙夜为公"的道德要求，唐代的王昌龄在《从军行》中写道"黄沙百战穿金甲，不破楼兰终不还"，宋代的范仲淹写出"先天下之忧而忧，后天下之乐而乐"，陆游提出"僵卧孤村不自哀，尚思为国戍轮台"等，这些都充分体现了我国古代仁人志士高尚而又强烈的爱国主义情怀。大禹治水，三过家门而不入，《尚书》中的"以公灭私，民其允怀"，《治安策》中提出的"国而忘家，公而忘私"等都体现了强烈的家国情怀，体现了为国家和民族大义献身，以国家和民族利益为先的高尚道德情操。在社会层面，中华传统美德则强调公平正义、以和为贵、"仁爱"至上的原则。比如孔子倡导推己及人、与人为善，提出"己欲立而立人，己欲达而达人""己所不欲，勿施于人"等观点，汉代韩婴提出"正直者，顺道而行，顺理而言，公平无私"，宋代司马光提出"平而后清，清而后明"等，都突出体现了公平正义的道德原则。中华传统美德在个人和家庭层面强调诚实守信、重视道德修养、鼓励道德践行、提倡人伦价值。《尚书·舜典》提出"父义、母慈、兄友、弟恭、子孝"的"五教"思想，孔子提出的"修身""克己"等思想，孟子提出的"富贵不能淫，贫贱不能移，威武不能屈"以及"言必行，行必果"等思想都充分体现了传统美德中培养个人的良好道德素质和重视家庭教育、养成良好家风的道德教育要求。当然，中华传统道德有其两重性，既有精华，又有糟粕。中华传统美德是其精华部分，为我们今天倡导共产主义道德提供了丰富的教育资源。在使用中华传统美德进行道德

① 《习近平谈治国理政》第 1 卷，外文出版社，2018，第 181 页。

教育时，我们一定要去伪存真、推陈出新，在深度挖掘中华传统文化的同时，推进中华传统美德创造性转化和创新性发展。

倡导共产主义道德要继承并发扬中国革命道德。中国革命道德，"是指中国共产党人、人民军队、一切先进分子和人民群众在中国革命、建设、改革中所形成的优秀道德"①。中国革命道德萌芽于五四运动，从中国共产党成立到社会主义改造完成，历经土地革命战争、抗日战争、解放战争，在社会主义革命、建设以及改革过程中得以形成、发展和延续。中国革命道德是马克思主义与中国革命实践相结合的产物，是中华传统美德新的升华和质的飞跃，是中国特色社会主义道德建设的重要思想源泉，是共产主义道德的重要组成部分，是中华民族极其宝贵的道德财富，也是倡导共产主义道德目标下道德教育的重要内容。中国革命道德以实现社会主义和共产主义为基础，为实现社会主义和共产主义而百折不挠、不怕牺牲的精神是革命道德的灵魂所在。全心全意为人民服务是革命道德的核心，也是团结中国人民，取得革命胜利的重要法宝。中国共产党的初心与使命就是为中国人民谋幸福，为中华民族谋复兴！毛泽东同志早就指出，中国的革命队伍是为了解放人民和维护人民的利益而工作的，"他们不是为着少数人的或狭隘集团的私利，而是为着广大人民群众的利益，为着全民族的利益，而结合，而战斗的。紧紧地和中国人民站在一起，全心全意地为中国人民服务，就是这个军队的唯一的宗旨"②。集体主义是中国革命道德的基本原则，这一原则要求党和军队始终将革命利益、民族利益和人民利益放在第一位。"以革命利益为第一生命，以个人利益服从革命利益"③，"为了国家和集体的利益，为了人民大众的利益，一切有革命觉悟的先进分子必要时都应当牺牲自己的利益"④。在对待共

---

① 《思想道德修养与法律基础》，高等教育出版社，2021，第158页。
② 《毛泽东选集》第3卷，人民出版社，1991，第1039页。
③ 《毛泽东选集》第2卷，人民出版社，1991，第361页。
④ 《邓小平文选》第2卷，人民出版社，1994，第337页。

产党人自身修养问题上，中国革命道德强调廉洁自律、高风亮节、严于修身等道德规范。中国革命道德是中国革命和社会主义建设事业能够取得成功的重要保证，是战胜前进道路上千难万险的力量源泉，是实现中华民族伟大复兴的精神武器。传承红色基因、弘扬革命道德是道德教育的重要内容，对坚定社会主义和共产主义理想信念，树立良好的道德风尚，培育人们正确的世界观、人生观、价值观和道德观具有重要意义。

倡导共产主义道德还要批判性地借鉴国外道德建设的优秀成果。人类文明发展进步的过程以及道德的发展规律告诉我们，一种文化要保持其生命力和影响力，需要不断实现自我更新和繁荣发展，这就要求与其他的文明或文化产生交流、碰撞、冲突、融合，尤其是在世界多极化、经济全球化、社会信息化高速发展的今天。和而不同、兼收并蓄是文化交流融合、多样性发展的历史潮流。习近平总书记强调："我们应该以海纳百川的宽广胸怀打破文化交往的壁垒，以兼收并蓄的态度汲取其他文明的养分，促进亚洲文明在交流互鉴中共同前进。"[1] 由此可知，一个国家或民族的道德，必然也要在与世界其他文明的比较、对照中发现不足，在批判、吸收中得到进步，在与本国或本民族的优秀道德相结合中得到升华。人类社会中的每一种道德，都是对生活在相应国家或民族的民众所形成的生活态度、行为方式和风俗习惯等的反映。任何一种道德都有其独特的形成和发展过程，都在一定时期内以其先进性对国家或民族产生积极影响。任何一个国家或民族都拥有优秀的、值得借鉴的道德传统。在世界历史上也曾有许多优秀的思想家，在探索道德以及道德教育的形成和发展过程中，产生了超越时空、超越国家、超越阶级界限的真知灼见，如古希腊的伟大先贤苏格拉底、柏拉图、亚里士多德等，他们对道德和道德教育问题的探索至今仍然值得我们借鉴。当然，借鉴国外道德建设的优秀成果必须要建立在全面了解、科学评价、以我为主、为我所

---

① 《习近平谈治国理政》第3卷，外文出版社，2020，第470页。

用的基础之上。要始终坚持马克思主义的立场、观点和方法，坚持中国特色社会主义道德教育的主体地位，立足于中国特色社会主义道德教育实践，立足于服务中华民族伟大复兴，立足于提升广大社会成员的道德修养，立足于提高道德素质的需要。要不断拓展道德教育的新视野，探索道德教育的新方法，打开道德教育的新境界，构建中国特色社会主义的道德教育思想，为世界人民贡献具有中国特色的道德教育方法和路径。

三 立足于培养社会主义建设者和接班人

培养什么人是道德教育的首要问题。培养什么人的问题具有鲜明的政治性、阶级性和现实性。古今中外，"每个国家都是按照自己的政治要求来培养人的"[①]，道德教育本身就是代表统治阶级利益的教育活动，具有鲜明的政治性。道德教育应该培养什么人的问题，内在地包含了为谁培养人和怎样培养人的问题，直接决定了培养的人应该具备什么样的道德素质。因此，培养什么人的问题应当是一个国家或民族全部道德教育实践活动的前提性和基础性的问题，是对不同历史发展阶段道德教育进行总体规划的首要问题。首先，培养什么人的问题决定了道德教育的本质属性。道德教育是一种实践活动，是一种以人为主客体的、特殊的实践活动。这也是道德教育区别于政治、经济等活动的突出特点。道德教育本身具有阶级性，代表了一定阶级的利益。在不同历史发展阶段、不同社会制度下，道德教育所培养的人，一定是社会发展所需要的人，道德教育与道德教育领导者的利益具有一致性。我国的道德教育是由我国社会主义国家的性质和发展的历史阶段所决定的，培养社会主义和共产主义建设者和接班人是我国道德教育的目标，是我们党的教育方针，是我国各级各类学校的共同使命。其次，培养什么人的问题贯穿于道德教

---

① 习近平：《在北京大学师生座谈会上的讲话》，《人民日报》2018年5月3日。

育的始终。考察道德教育活动的萌芽、产生、发展过程，无论是劳动起源论还是社会生活需要论，始终都是围绕着培养什么人而进行。原始社会培养的是氏族社会所需要的人，奴隶社会培养的是维护奴隶主统治的人，而社会主义社会培养的是社会主义的建设者和接班人。最后，对培养什么人的问题的回答决定了对道德教育其他问题的解答。对培养什么人的问题解答不同，对怎样培养人的认识也会随之改变。道德教育活动涉及教育目的、教育内容和教育途径，培养什么人的问题直接决定了道德教育的最终目的、内容和途径。

　　培养社会主义建设者和接班人是新中国道德教育的根本任务。中国共产党带领中国人民经历了从站起来到富起来，再到强起来的伟大历史性飞跃，走出了适合中国发展的中国特色社会主义道路，形成了具有中国特色的道德教育思想。不管社会如何发展，新中国道德教育的根本任务始终未变，那就是培养社会主义建设者和接班人。1949 年 5 月颁布的《中国人民政治协商会议共同纲领》就规定，中华人民共和国的文化教育"应以提高人民文化水平，培养国家建设人才"[1] 为主要任务。这一纲领指出道德教育要培养建设国家的人才，还要使人民群众克服旧社会遗留下来的思想，同时强调了要树立为人民服务的道德观。改革开放之初，邓小平同志就多次强调，"我们的学校是为社会主义建设培养人才的地方"[2]，再一次明确了社会主义道德教育的根本任务。进入 20 世纪 90 年代，江泽民同志也对社会主义道德教育的根本任务作出了明确表述，在《中国教育改革与发展纲要》等文件中，以及全国教育工作会议上，都提出要培养一代又一代能够献身中国特色社会主义事业的建设者和接班人。进入21 世纪，党的十六大和十七大报告均将培养社会主义建设者和接班人当作教育的首要任务。党的十八大以来，习近平总书记更是多次强调，"我

---

① 中央教育科学研究所编《中华人民共和国教育大事记（1949—1982）》，教育科学出版社，1984，第 3 页。

② 中共中央文献研究室编《邓小平论教育》，人民出版社，1995，第 65 页。

们的教育必须把培养社会主义建设者和接班人作为根本任务"①。中国共产党的最终理想和最高目标是实现共产主义，社会主义是实现共产主义的必经阶段，也是共产主义的第一阶段。通过对中国特殊的国情和所处时代背景的准确把握和科学判断，自改革开放以来，我国开始建设有中国特色的社会主义。实现中华民族伟大复兴的中国梦，最终实现共产主义，这是一项长期而且艰巨的任务，需要一代又一代的社会主义建设者和接班人接续奋斗。

新时代倡导共产主义道德赋予了社会主义建设者和接班人新的内涵。在党的十九大报告中，习近平总书记提出，要加强思想道德建设，落实立德树人的根本任务，培养社会主义的建设者和接班人。② 紧接着，习近平总书记在会见清华大学经济管理学院顾问委员会海外委员和中方企业家委员时指出："教育就是要培养中国特色社会主义事业的建设者和接班人，而不是旁观者和反对派。"③ 2018 年 5 月，在北京大学师生座谈会上，习近平总书记又指出："我们的教育要培养德智体美全面发展的社会主义建设者和接班人。"④ 在 2018 年 9 月的全国教育大会上，习近平总书记再次强调："我国是中国共产党领导的社会主义国家，这就决定了我们的教育必须把培养社会主义建设者和接班人作为根本任务，培养一代又一代拥护中国共产党领导和我国社会主义制度、立志为中国特色社会主义奋斗终身的有用人才。这是教育工作的根本任务，也是教育现代化的方向目标。"⑤ 习近平总书记对教育问题的重要论述，指明了新时代我国道德教育的根本方向，明确了新时代社会主义建设者和接班人的新的内

① 习近平：《在全国教育大会上强调　坚持中国特色社会主义教育发展道路　培养德智体美劳全面发展的社会主义建设者和接班人》，《人民日报》2018 年 9 月 11 日。
② 习近平：《决胜全面建成小康社会　夺取新时代中国特色社会主义伟大胜利——在中国共产党第十九次全国代表大会上的报告》，人民出版社，2017，第 45 页。
③ 教育部课题组：《深入学习习近平关于教育的重要论述》，人民出版社，2019，第 72 页。
④ 习近平：《在北京大学师生座谈会上的讲话》，《人民日报》2018 年 5 月 3 日。
⑤ 习近平：《在全国教育大会上强调　坚持中国特色社会主义教育发展道路　培养德智体美劳全面发展的社会主义建设者和接班人》，《人民日报》2018 年 9 月 11 日。

涵。首先，社会主义建设者和接班人必须要有正确的政治方向和坚定的理想信念，拥护党的领导和社会主义制度。正确的政治方向和坚定的理想信念不是与生俱来的，这要求社会主义道德教育引导人民群众树立马克思主义的科学世界观，深化对中国特色社会主义道路、理论、制度和文化等的认同，树立"四个自信"，增强"四个意识"。其次，社会主义建设者和接班人必须要立志为中国特色社会主义事业奋斗终身，最终实现共产主义。一方面，建设中国特色社会主义离不开一代又一代新人的参与，"我们要在教育公平的思想指导下保证每一个公民的基本教育权受到尊重。同时还要尊重教育规律，因材施教，普及与提高相结合，发展英才教育。从人口大国到人力资源强国转型，人才是根本。人才，是革命、建设、改革、发展，各个阶段、各种使命、各项任务必须依靠的资源"①。另一方面，只有坚持走中国特色社会主义道路，国家和人民才能得到长久的发展，才能实现中华民族伟大复兴。这不仅是对生活在中国特色社会主义新时代下的人民群众所提出的道德要求，也是倡导共产主义道德应该全面贯彻落实的根本任务。

---

① 教育部课题组：《深入学习习近平关于教育的重要论述》，人民出版社，2019，第128页。

结束语

　　道德作为人类社会所独有的一种宝贵精神财富，"具有规范社会行为、维护社会秩序、引领社会风尚的重要作用"①。自劳动将人与动物区分开，创造了人、社会和社会关系开始，道德就产生了，成为人类生活的重要内容和人类文明进步的重要因素。在人类发展的历史长河中，道德和道德教育作为上层建筑的一部分，始终为统治阶级所重视并充分利用，成为教化民众、稳定社会的重要工具，也因此出现了众多研究道德和道德教育的学者和理论。但是，直到马克思和恩格斯的出现，历史唯物主义和辩证唯物主义理论的出世，对道德和道德教育的研究才得以建立在科学的世界观和方法论之上。不管是从唯心主义还是唯物主义出发，对道德和道德教育重要地位的认识都从未改变过，对道德和道德教育的研究也从未停止过。

　　现如今，经过党和全国人民的共同努力，中国特色社会主义进入新时代。全面建成小康社会的目标已经实现，全面建设社会主义现代化强国的征程已经开启。"实现中华民族伟大复兴的中国梦，物质财富要极大丰富，精神财富也要极大丰富。"② 国家富强和民族振兴需要全体中国人民团结在党的周围，形成强大的精神力量，拥有强有力的道德支撑，这就要求我们把道德教育放在重要的战略位置。党的十八大报告强调要

---

① 《习近平总书记教育重要论述讲义》，高等教育出版社，2020，第45页。
② 《习近平谈治国理政》第2卷，外文出版社，2017，第323页。

"把立德树人作为教育的根本任务"①，党的十九大报告强调要"落实立德树人根本任务"②。习近平总书记多次强调，立德树人关系着党的事业是否后继有人，关系国家的前途命运，一定要把立德树人的工作作为教育工作的重中之重。《新时代公民道德建设实施纲要》也明确指出，新时代中国特色社会主义道德建设，要"坚持马克思主义道德观，社会主义道德观，倡导共产主义道德"③。"问渠哪得清如许，为有源头活水来。"这就要求我们深入研究马克思主义道德观，尤其是共产主义道德以及在社会主义阶段倡导共产主义道德的必要性和可行性，结合新时代国际、国内发展环境，用以指导中国特色社会主义道德教育。

列宁是共产主义道德教育思想的开创者和实践者，在领导俄国无产阶级革命和社会主义建设时，对共产主义道德教育的探索以及所取得的重大成果，不仅极大地丰富和发展了马克思主义道德教育思想，也为中国特色社会主义道德教育提供了极其宝贵的经验。列宁是一位为马克思主义和科学社会主义发展作出巨大贡献的伟大思想家和革命家，他对道德教育问题的认识极其深刻。同时，列宁也是第一位把"共产主义"和"道德"现象联系起来，并创造性地提出共产主义道德及共产主义道德教育的马克思主义者。虽然列宁并没有专门就共产主义道德教育问题著书立说，但通过对列宁所留下的著作、书信、会议记录等文献资料的研究，我们可以发现列宁在无产阶级革命和社会主义建设时期，始终将共产主义道德教育放在了突出位置，共产主义道德教育思想更是始终贯穿于他的经济、政治、文化等各类思想当中。列宁一直将人民群众的共产主义道德素质当作无产阶级革命取得胜利、社会主义经济得以复苏、社会主义制度得以巩固、社会主义文化革命得以实现的重要精神力量。

---

① 胡锦涛：《坚定不移沿着中国特色社会主义道路前进　为全面建成小康社会而奋斗——在中国共产党第十八次全国代表大会上的报告》，《人民日报》2012 年 11 月 18 日。
② 习近平：《决胜全面建成小康社会　夺取新时代中国特色社会主义伟大胜利——在中国共产党第十九次全国代表大会上的报告》，人民出版社，2017，第 45 页。
③ 《新时代公民道德建设实施纲要》，人民出版社，2019，第 4 页。

通过认真、仔细地梳理研究，本书从理论与实践两个方面对列宁的共产主义道德教育思想进行了梳理，进一步发现了列宁共产主义道德教育思想的丰富内涵和时代特征。一方面，列宁论述了共产主义道德的基本含义、与资本主义道德的本质差别、阶段性特征，以及共产主义道德教育的主要内容、目标和要求；另一方面，列宁从实践路径出发，探索了如何能够更好地开展共产主义道德教育，使共产主义道德教育的成果成为无产阶级革命和社会主义建设的精神动力，他带领构建了党领导下的共产主义道德教育的体制机制、推动道德教育与义务劳动相结合、构筑适合共产主义道德教育的文化基础、批判资产阶级和腐朽道德观念等。总之，列宁对共产主义道德教育事业的发展作出了巨大的贡献，他的思想具有显著的批判性、创新性、实践性和历史性。列宁能够创造性地提出共产主义道德，成功利用共产主义道德教育活动为无产阶级革命和社会主义建设事业提供精神动力和价值支撑，还源于他刻苦钻研、勇于探索、坚持真理、与时俱进的高尚人格，源于他乐观进取、持之以恒、英勇无畏、胸怀人类的革命精神，尤其是在成长过程中，列宁一直严格要求自己，时刻不忘马克思主义的真理性，敢于自我批评，纠正自己的错误，这些都是非常值得我们学习的。但是，马克思主义告诉我们，看待任何问题都应该持辩证的态度，对列宁共产主义道德教育思想的研究也是如此。受历史发展、时代背景以及各种主客观因素的影响，列宁共产主义道德教育思想也存在着一定的历史局限性。斗争形势的紧迫性导致列宁对提高人民群众道德水平过于急切，忽视了国内群众道德发展状况与文化基础；在实施道德教育的过程中，理论构想与实践相脱节的问题导致道德教育缺乏说服力和实践性；等等。但瑕不掩瑜，不管是他的历史贡献还是其思想的局限性，都能够为马克思主义道德教育思想的深化发展提供有益的借鉴和启示。

对列宁共产主义道德教育思想这一课题的研究已经告一段落，经过认真努力的学习以及大量的尝试和研究，初步完成了对列宁共产主义道德教育思想的探索。在倡导共产主义道德这一时代背景下，对这一课题的深化研究非常必要。比如，关于列宁共产主义道德教育思想的理论来源方面，还应该更加深入地研究其与马克思和恩格斯道德教育思想之间的联系，与俄国固有的道德及道德教育思想之间的联系；在共产主义道德教育的内容方面，还可以进行更加深入的挖掘；在构建共产主义道德教育机制方面，还应该对学校、工会、共青团在道德教育方面所开展的工作做更加细致的研究；还可以继续探索列宁对其他组织如军队、基层组织在道德教育工作方面的要求；关于列宁领导的教育实践工作，本书只研究了部分内容，可能还不太全面，非常有必要继续进行更加全面、深入的研究。最值得研究的是列宁共产主义道德教育思想的当代价值，尤其是在社会主义阶段进行共产主义道德教育的必要性、可行性以及方法等。

参考文献

▲ 经典著作

[1]《马克思恩格斯选集》第1～4卷，人民出版社，2012。

[2]《马克思恩格斯文集》第1、2、3、5、8、9卷，人民出版社，2009。

[3]《马克思恩格斯全集》第1、2、3、4、6、10、11、18、19、21、29、46卷，人民出版社，1956～2012。

[4]《1844年经济学哲学手稿》，人民出版社，2004。

[5]《资本论》第1卷，人民出版社，1975。

[6]《列宁全集》第1～60卷，人民出版社，1984～1990。

[7]《列宁选集》第1～4卷，人民出版社，2012。

[8]《列宁专题文集：论辩证唯物主义和历史唯物主义》，人民出版社，2009。

[9]《列宁专题文集·论马克思主义》，人民出版社，2009。

[10]《列宁专题文集·论无产阶级政党》，人民出版社，2009。

[11]《列宁专题文集·论社会主义》，人民出版社，2009。

[12]《孙中山全集》第6卷，中华书局，1985。

[13]《吴玉章文集》上册，重庆出版社，1987。

[14]《陈独秀著作选》第1卷，上海人民出版社，1993。

[15]《李大钊文集》上卷，人民出版社，1984。

[16]《毛泽东文集》第2卷，人民出版社，1993。

［17］《毛泽东文集》第6～7卷，人民出版社，1999。

［18］《毛泽东选集》第1～4卷，人民出版社1991。

［19］《毛泽东著作选读》下册，人民出版社，1986。

［20］《毛泽东与外国首脑及记者会谈录》，台海出版社，2012。

［21］《建国以来毛泽东文稿》第6册，中央文献出版社，1992。

［22］《刘少奇选集》上卷，人民出版社，1981。

［23］《邓小平文选》第2～3卷，人民出版社，1993～1994。

［24］《邓小平年谱》下卷，中央文献出版社，2004。

［25］中共中央文献研究室：《邓小平论教育》，人民出版社，1995。

［26］《江泽民文选》第3卷，人民出版社，2006。

［27］《胡锦涛文选》第1卷，人民出版社，2016。

［28］《论"三个代表"》，中央文献出版社，2002。

［29］《毛泽东邓小平江泽民论社会主义道德建设》，学习出版社，2001。

［30］《习近平谈治国理政》第1～3卷，外文出版社，2017～2020。

［31］《习近平关于社会主义文化建设论述摘编》，中央文献出版社，2017。

［32］《习近平关于青少年和共青团工作论述摘编》，中央文献出版社，2017。

［33］《在全国党校工作会议上的讲话》，人民出版社，2016。

［34］教育部课题组：《深入学习习近平关于教育的重要论述》，人民出版社，2019。

［35］《中国共产党章程》，人民出版社，2017。

［36］《中国共产党的九十年》第2部，中共党史出版社、党建读物出版社，2016。

［37］《中国共产党简史》，人民出版社、中共党史出版社，2021。

［38］《中华人民共和国教育大事记（1949—1982）》，教育科学出版社，1984。

［39］《中国共产党新闻工作文献选编（1938—1989年）》，人民出版社，1990。

［40］《中共中央文件选集》第 1 册，中共中央党校出版社，1989。

［41］《中共中央文件选集》第 11 册，中共中央党校出版社，1991。

［42］《建国以来重要文献选编》第 7 册，中共中央文献出版社，1993。

［43］《建国以来重要文献选编》第 14 册，中共中央文献出版社，1997。

［44］《建国以来重要文献选编》第 26 册，中央文献出版社，2011。

［45］《十四大以来重要文献选编》下，中央文献出版社，2011。

［46］《十六大以来重要文献选编》上、中、下，中央文献出版社，2005 ~ 2008。

［47］《十八大以来重要文献选编》上、中、下，中央文献出版社，2014 ~ 2018。

［48］《中共中央关于加强社会主义精神文明建设若干重要问题的决议》，人民出版社，1996。

［49］《中共中央关于坚持和完善中国特色社会主义制度、推进国家治理体系和治理能力现代化若干重大问题的决定》，人民出版社，2019。

［50］《回忆列宁》第 5 卷，人民出版社，1982。

▲ 中文专著

［1］《〈公民道德建设实施纲要〉学习读本》，红旗出版社，2001。

［2］《新时代公民道德建设实施纲要》，人民出版社，2019。

［3］《新时代爱国主义教育实施纲要》，人民出版社，2019。

［4］曹维安：《俄国史新论——影响俄国历史发展的基本问题》，中国社会科学出版社，2002。

［5］陈兆芬：《列宁文化自觉思想研究》，人民出版社，2018。

［6］房广顺：《列宁的故事》，辽宁人民出版社，2012。

［7］房广顺：《列宁工人阶级执政党建设思想研究》，辽宁人民出版社，2015。

［8］高凤敏：《马克思恩格斯道德教育思想研究》，山东人民出版社，2015。

［9］赵曜等主编《马克思列宁主义基本问题》，中共中央党校出版社，2020。

［10］李征：《马克思恩格斯思想政治教育理论与实践研究》，北京大学出版社，2011。

［11］柳丽：《列宁思想政治教育理论与实践研究》，人民出版社，2015。

［12］罗国杰主编《伦理学名词解释》，人民出版社，1984。

［13］罗国杰主编《马克思主义伦理学》，人民出版社，1982。

［14］罗国杰：《马克思主义伦理学的探索》，中国人民大学出版社，2018。

［15］彭东琳：《列宁文化建设思想研究》，中国政法大学出版社，2017。

［16］《思想道德修养与法律基础》，高等教育出版社，2018。

［17］孙岳兵：《马克思主义文化建设思想的继承与发展——从列宁到毛泽东》，中国政法大学出版社，2018。

［18］王东、刘军：《马克思列宁主义源头活水论——时代观、国家观、社会主义观》，辽宁人民出版社，2020。

［19］王会民：《列宁社会主义民主观的历史发展和当代价值》，中国社会科学出版社，2020。

［20］王泽应：《伦理学》，北京师范大学出版社，2012。

［21］韦冬、王小锡主编《马克思主义经典作家论道德》，中国人民大学出版社，2017。

［22］吴付来主编《马克思主义与伦理学》，社会科学文献出版社，2020。

［23］吴建伟：《列宁策略思想研究》，社会科学文献出版社，2021。

［24］武卉昕：《苏联马克思主义伦理学兴衰史》，人民出版社，2011。

［25］杨海波：《列宁文化理论研究》，人民出版社，2015。

［26］叶卫平：《西方"列宁学"研究》，中国人民大学出版社，1991。

［27］张岱年：《中国伦理思想研究》，上海人民出版社，1984。

［28］《张岱年全集》第3卷，河北人民出版社，2007。

［29］郑东艳：《列宁文化观研究》，人民出版社，2017。

［30］周中之主编《伦理学》，人民出版社，2004。

［31］庄福龄主编《简明马克思主义史》，人民出版社，2013。

［32］ 王树荫主编《中国共产党思想政治教育史》，高等教育出版社，2018。

▲ 中文译著

［1］ 〔德〕蔡特金：《列宁印象记》，马清槐译，上海三联书店，1979。

［2］ 〔德〕卡尔·柯尔施：《马克思主义和哲学》，王南湜、荣新海译，重庆出版社，1989。

［3］ 〔德〕马尔库塞：《审美之维》，李小兵译，生活·读书·新知三联书店，1989。

［4］ 中共中央马克思恩格斯列宁斯大林编译局国际共运史研究室编译《俄国民粹派文选——论马克思一书》，人民出版社，1983。

［5］ 〔俄〕维特：《俄国末代沙皇尼古拉二世：维特伯爵的回忆》，张开译，新华出版社，1983。

［6］ 〔美〕路易斯·费希尔：《列宁的一生》，彭卓吾译，北京图书馆出版社，2002。

［7］ 〔美〕雅克·蒂洛、基恩·克拉斯曼：《伦理学与生活》，程立显等译，世界图书出版公司，2008。

［8］ 〔美〕埃德加·斯诺：《西行漫记》，董乐山译，东方出版社，2010。

［9］ 〔苏〕苏联科学院经济研究所编《苏联社会主义经济史》第1卷，复旦大学经济系和外交系俄语教研组部分教员译，生活·读书·新知三联书店，1979。

［10］ 〔苏〕波斯别洛夫：《苏联共产党历史》第1卷，郭值京等译，上海人民出版社，1983。

［11］ 〔苏〕季塔连科主编《马克思主义伦理学》，黄其才等译，中国人民大学出版社，1984。

［12］ 〔苏〕季塔连科主编《马克思主义伦理学》，愚生、重耳译，上海译文出版社，1981。

［13］ 〔希〕柏拉图：《理想国》，郭斌和、张竹明译，商务印书馆，1986。

［14］〔匈〕卢卡奇：《历史和阶级意识——马克思主义辩证法研究》，张西平译，重庆出版社，1989。

［15］〔匈〕卢卡奇：《历史与阶级意识——关于马克思主义辩证法的研究》，杜章智、任立、燕宏远译，商务印书馆，1999，第13页。

［16］〔意〕安东尼奥·葛兰西著、李鹏程编《葛兰西文选》，人民出版社，2008。

［17］〔意〕安东尼奥·葛兰西：《实践哲学》，徐崇温译，重庆出版社，1990。

［18］〔意〕安东尼奥·葛兰西：《狱中札记》，葆煦译，人民出版社，1983。

［19］〔意〕安东尼奥·葛兰西：《狱中札记》，曹雷雨、姜丽、张跣译，中国社会科学出版社，2000。

［20］〔英〕约翰·B. 汤普森：《意识形态与现代文化》，高铦等译，译林出版社，2005。

▲ 中文期刊

［1］习近平：《中国共产党领导是中国特色社会主义最本质的特征》，《求是》2020年第14期。

［2］习近平：《扎实推动共同富裕》，《求是》2021年第20期。

［3］曾秋凡：《共产主义道德浅论》，《社会科学辑刊》1981年第2期。

［4］车有道：《列宁论思想政治教育》，《华中师范大学学报》（哲学社会科学版）1990年第2期。

［5］陈波：《实践第一——列宁探索俄国社会主义道路的本质特征》，《湖北师范学院学报》（哲学社会科学版）1996年第5期。

［6］陈伟、刘德中：《列宁共产主义信念教育思想的三维透视》，《思想政治教育研究》2019年第35期。

［7］陈晓雯：《列宁执政伦理建设的路径研究》，《学理论》2019年第4期。

［8］仇文利：《论列宁的青年共产主义教育观——重读〈青年团的任务〉》，

《理论建设》2016 年第 3 期。

[9] 林进平、林展瀚：《共产主义道德：通往共产主义事业的理论创新》，《湖南师范大学社会科学学报》2022 年第 1 期。

[10] 邓宏霞：《列宁的青年教育思想及当代价值——以〈青年团的任务〉为例》，《青少年学刊》2018 年第 3 期。

[11] 〔加〕凯·尼尔森：《马克思、恩格斯和列宁的正义观》（下），傅强、李文雯译，《创新》2008 年第 5 期。

[12] 高熔婉：《探究列宁思想政治教育理论的基本原则》，《党史博采》（理论）2018 年第 4 期。

[13] 谷少杰：《国内列宁社会主义文化思想研究述评》，《桂海论丛》2012 年第 28 期。

[14] 谷少杰：《列宁思想道德建设理论探微》，《辽宁教育行政学院学报》2016 年第 33 期。

[15] 韩云川：《列宁社会主义探索的得与失》，《科学社会主义》2010 年第 4 期。

[16] 贺敬垒：《列宁的社会主义新人培育方略论析》，《思想教育研究》2021 年第 1 期。

[17] 胡芳：《批判与重释：列宁社会主义意识形态思想研究的反思与前瞻》，《江汉论坛》2019 年第 1 期。

[18] 黄力之：《列宁与俄国革命的文化制约问题》，《社会科学》2010 年第 7 期。

[19] 姜辉：《列宁对社会主义道路和建设的探索及其启示》，《马克思主义与现实》2020 年第 5 期。

[20] 金可溪：《对列宁共产主义道德理论的再认识》，《真理的追求》1997 年第 8 期。

[21] 金可溪：《批判道德虚无主义提倡共产主义道德教育——纪念列宁〈青年团的任务〉讲话发表 77 周年》，《中国青年政治学院学报》

1997 年第 4 期。

[22] 李薇:《列宁与十月革命后的思想道德教育》,《辽宁大学学报》(哲学社会科学版) 2008 年第 5 期。

[23] 李小珊:《评国内理论界关于列宁文化建设思想的研究成果》,《江汉论坛》2008 年第 6 期。

[24] 李月、胡芳:《列宁社会教育思想内涵的多维透视》,《马克思主义文化研究》2020 年第 1 期。

[25] 李正赤、何洪兵、毛嘉琪:《列宁青年教育思想及其新时代启示》,《社会科学研究》2019 年第 3 期。

[26] 刘旺旺:《列宁对马克思主义文化思想的历史贡献及其价值意蕴》,《当代世界与社会主义》2020 年第 5 期。

[27] 刘霞:《列宁晚年著作对社会主义建设探索的当代价值》,《改革与开放》2016 年第 24 期。

[28] 刘铮:《列宁"新经济政策"思想对社会主义建设道路的探索》,《当代经济研究》2020 年第 8 期。

[29] 龙献忠、唐征勋:《列宁的青年德育思想"五论"及其当代昭示》,《湖南大学学报》(社会科学版) 2018 年第 32 期。

[30] 罗昭义:《学习列宁关于社会主义文化建设的理论与实践》,《社会科学》1983 年第 1 期。

[31] 马正:《社会主义阶段为什么要提倡共产主义道德》,《学习与研究》1982 年第 8 期。

[32] 苗祎、刘亚男:《习近平"立德树人"思想的理论溯源》,《华北水利水电大学学报》(社会科学版) 2018 年第 34 期。

[33] 闵永新:《灌输原则在公民道德教育中的正确运用》,《安庆师范学院学报》(社会科学版) 2009 年第 28 期。

[34] 彭进清、彭大成:《从"军事共产主义"到新经济政策——列宁关于社会主义探索的重大转变》,《湖南师范大学社会科学学报》2013 年

第 42 期。

［35］乔法容、杨承训：《论列宁的社会主义市场伦理思想》，《伦理学研究》2013 年第 5 期。

［36］石宗鑫：《列宁对党的纪律建设思想的继承与发展》，《沈阳师范大学学报》（社会科学版）2021 年第 45 期。

［37］史国雅：《革命导师论道德教育——兼论我国社会主义新时期的道德规范》，《山西大学学报》（哲学社会科学版）1991 年第 1 期。

［38］宋惠昌：《列宁关于马克思主义伦理学的思想》，《马克思主义研究》1985 年第 2 期。

［39］宋惠昌：《马克思恩格斯论共产主义道德的基本原则》，《人文杂志》1984 年第 5 期。

［40］宋惠昌：《学习列宁关于共产主义道德教育的思想》，《教育研究》1981 年第 11 期。

［41］刘良梅：《〈青年团的任务〉研究综述》，《西南交通大学学报》（社会科学版）2022 年第 4 期。

［42］苏玲：《列宁共产主义道德教育的理论及当代价值》，《湖南科技大学学报》（社会科学版）2011 年第 3 期。

［43］苏玲：《列宁论共产主义道德》，《海南大学学报》（人文社会科学版）2011 年第 29 期。

［44］苏玲、陈隆、肖与轩：《列宁青年劳动教育思想的伦理意蕴及当代启示》，《南华大学学报》（社会科学版）2021 年第 6 期。

［45］孙自胜：《论列宁道德教育思想的特点与当代意义》，《安徽理工大学学报》（社会科学版）2013 年第 15 期。

［46］田春艳、吴佩芬：《论列宁对社会主义意识形态理论的三大贡献》，《中共天津市委党校学报》2015 年第 4 期。

［47］王进芬：《列宁对文化虚无主义的批判及其当代意义》，《马克思主义研究》2020 年第 8 期。

［48］王进芬：《列宁关于社会主义平等的理论阐释和实践探索及其启示》，《马克思主义研究》2014 年第 2 期。

［49］王丽华：《国外列宁研究中的不同观点》，《当代世界与社会主义》2005 年第 6 期。

［50］王鹏：《邓小平精神文明建设理论对列宁社会教育思想的丰富和发展》，《理论学刊》2004 年第 6 期。

［51］王寿林、张美萍：《列宁关于强化社会主义监督的理论探索》，《黑龙江社会科学》2001 年第 1 期。

［52］王寿林：《列宁对发展社会主义民主的探索》，《观察与思考》2014 年第 6 期。

［53］王文东：《苏联道德教育的历史经验与教训》，《思想理论教育导刊》2010 年第 7 期。

［54］王永贵：《列宁意识形态理论的思想精髓及其现实意义——纪念列宁逝世 90 周年》，《学术界》2014 年第 4 期。

［55］王永浩：《列宁培养新青年一代的思想及其现实意义——学习列宁〈青年团的任务〉的体会》，《重庆教育学院学报》2011 年第 24 期。

［56］王运苌：《要重视共产主义道德教育——学习列宁〈青年团的任务〉的体会》，《安徽财贸学院学报》1983 年第 S1 期。

［57］吴福生：《苏联青少年学生思想政治教育的若干问题》，《苏联问题参考资料》1984 年第 1 期。

［58］武从琴、金朝晖：《列宁灌输理论与"90 后"大学生道德教育》，《职业教育研究》2012 年第 6 期。

［59］武晓媛、阚先学：《列宁的〈共青团的任务〉对思想政治教育工作的几点启示》，《中共太原市委党校学报》2012 年第 6 期。

［60］许柳旺：《学习列宁反对"杯水主义"的思想》，《学习与研究》1982 年第 4 期。

［61］许启贤：《怎样看待共产主义道德》，《教学与研究》1981 年第 2 期。

［62］薛忠义、闵雪：《列宁晚年廉政思想探析》，《廉政文化研究》2012
年第 3 期。

［63］严缘华：《共产主义道德是何时形成的》，《伦理学与精神文明》
1984 年第 6 期。

［64］严缘华、盛宗苑：《宣传共产主义道德是错误的吗》，《江淮论坛》
1981 年第 1 期。

［65］杨海波：《列宁关于克服文化阻力的思想及其当代启示》，《思想理
论教育导刊》2020 年第 12 期。

［66］杨绍琼：《列宁的青年德育观及其对当前高校立德树人的启示》，《思
想理论教育导刊》2016 年第 5 期。

［67］杨晓玲、周全华：《试论列宁对构建社会主义制度的探索》，《广东
省社会主义学院学报》2014 年第 2 期。

［68］俞良早、陈钰：《十月革命后列宁关于加强无产阶级纪律的思想》，
《新视野》2020 年第 6 期。

［69］俞良早：《十月革命胜利初期列宁"向社会主义过渡"的思想》，《马
克思主义与现实》2020 年第 2 期。

［70］俞敏：《列宁对社会主义建设规律的探索及启示》，《马克思主义研
究》2018 年第 8 期。

［71］张传平：《当代西方"列宁学"研究的三大理论走向及其批判》，
《南京社会科学》2016 年第 11 期。

［72］张传平：《列宁探索社会主义道路的历史轨迹与理论价值新探》，《南
京大学学报》（哲学·人文科学·社会科学版）2005 年第 2 期。

［73］张秀琴：《列宁与葛兰西意识形态论比较研究》，《北京行政学院学
报》2009 年第 3 期。

［74］张振：《试论列宁的执政伦理思想》，《社会主义研究》2009 年第
3 期。

［75］张之沧：《西方马克思主义伦理思想研究》，《马克思主义与现实》

2010 年第 2 期。

[76] 章海山：《〈纲要〉对社会主义道德建设理论的发展》，《高校理论
战线》2002 年第 3 期。

[77] 赵文：《列宁的青年教育思想及其当代价值——重温〈青年团的任
务〉有感》，《河北科技师范学院学报》（社会科学版）2011 年第
10 期。

[78] 郑祖泉：《列宁论无产阶级道德的社会作用》，《东岳论丛》1981 年
第 5 期。

[79] 郑祖泉：《列宁论无产阶级道德》，《哲学研究》1981 年第 8 期。

[80] 郑祖泉：《列宁论无产阶级道德的基础和原则》，《学习与思考》
1982 年第 5 期。

[81] 周洪轩：《列宁对苏维埃俄国思想道德教育的探析》，《理论月刊》
2009 年第 6 期。

[82] 周尚文：《列宁为维护苏维埃政权合法性的斗争》，《当代世界与社
会主义》2010 年第 2 期。

[83] 周银珍：《列宁科学伦理向度及当代启示研究》，《思想政治教育研
究》2019 年第 35 期。

[84] 朱继东：《列宁对马克思主义意识形态理论的发展及其当代启示》，
《理论探索》2014 年第 5 期。

[85] 罗国杰：《坚持共产主义道德教育》，《伦理学与精神文明》1982 年
第 0 期。

▲ 报纸文章

[1] 习近平：《在北京大学师生座谈会上的讲话》，《人民日报》2018 年
05 月 03 日。

[2] 习近平：《在庆祝改革开放 40 周年大会上的讲话》，《人民日报》2018
年 12 月 19 日。

［3］习近平：《在中央党校建校80周年庆祝大会暨2013年春季学期开学典礼上的讲话》，《人民日报》2013年03月03日。

［4］习近平：《在全国教育大会上强调　坚持中国特色社会主义教育发展道路　培养德智体美劳全面发展的社会主义建设者和接班人》，《人民日报》2018年09月11日。

［5］习近平：《决胜全面建成小康社会　夺取新时代中国特色社会主义伟大胜利——在中国共产党第十九次全国代表大会上的报告》，《人民日报》2017年10月28日。

［6］习近平：《在庆祝中国共产党成立100周年大会上的讲话》，《人民日报》2021年07月02日。

［7］习近平：《在高质量发展中促进共同富裕　统筹做好重大金融风险防范化解工作》，《人民日报》2021年08月18日，第1版。

［8］胡锦涛：《坚定不移沿着中国特色社会主义道路前进　为全面建成小康社会而奋斗——在中国共产党第十八次全国代表大会上的报告》，《人民日报》2012年11月18日。

▲ 学位论文

［1］胡陈芳：《列宁苏维埃文化思想研究》，博士学位论文，新疆大学，2019。

［2］黄時洋：《列宁思想政治教育理论及其当代价值研究》，硕士学位论文，西南科技大学，2016。

［3］林妍君：《列宁共产主义道德观及其当代价值研究》，硕士学位论文，长安大学，2019。

［4］刘胜美：《列宁经济伦理思想研究》，硕士学位论文，东北农业大学，2017。

［5］苏玲：《列宁政治伦理思想研究》，博士学位论文，湖南师范大学，2012。

［6］ 王颂:《列宁文化思想及当代意义》,博士学位论文,武汉大学,2014。

［7］ 徐斌:《列宁思想政治教育理论体系研究》,博士学位论文,苏州大学,2017。

［8］ 张佳慧:《列宁共产主义道德教育理论及其当代价值》,硕士学位论文,东北农业大学,2014。

［9］ 朱丽:《列宁意识形态教育思想研究》,硕士学位论文,贵州师范大学,2017。

▲ 外文著作

［1］ Anne Showstack Sassoon, *Gramsci and Contemporary Politics: Beyond Pessimism of the Intellect*, Routledge, 2000.

［2］ Antonio Gramsci, *Critical Assessments of Leading Political Philosophers*, Volume 1, 2, 3, 4, Edited by James Martin, Routledge, 2002.

［3］ David Joravsky, *Cultural Revolution and the Fortress Mentality*, United States: Indiana University Press, 1981.

［4］ H. Marcuse, *An Essay on Liberation*, Boston: Beacon Press, 1969.

［5］ Shelia Fitzpatrik ed. , *Culture Revolution in Russia, 1928 – 1931*, Bloomington and London: Indiana University Press, pp. 33 – 52.

［6］ Renate Holub, *Antonio Gramsci: Beyond Marxism and Postmodernism*, London: Routledge, 1992.

［7］ А. И. Титаренко, *Марксисткая эитка*, советский: Политизидат, 1976.

［8］ А. А. Киселев, *Ленин и вопросы этики. Львов*, советский: Львовский универстет, 1969.

［9］ Н. К. Крупская, *воспитание модежи в Ленинском духе*, советский: педагогика, 1989.

［10］ Jorge Larrain, *Marxism and Ideology*, London: The Macmillan Press LTD, 1983.

▲ 外文期刊

［1］ Archie Brown Gorbachev, "Lenin, and the Break with Leninism", *Historical Materialism* 2 （2007）.

［2］ Draper Hal, "The Myth of Lenin's 'Concept of the Party': Or What They Did to What is to Be Done?", *Historical Materialism* 1 （1999）.

［3］ Michael Burawoy, "Marxism after Communism", *Theory & Society* 2 （2000）.

［4］ Roger Keeran, Thomas Kenny, "Debating the Soviet Demise: A Rejoinder", *Sicence and Society* 1 （2007）.

［5］ Stefano Azzara, "Marxist Thought, Leninism, and the Historical Balance of the Twentieth", *Rethinking Marxism* 1 （1995）.

［6］ Theodore Von, "A Perspective on History: The Soviet System Reconsidered", *The Historian* 2 （1999）.

图书在版编目（CIP）数据

列宁共产主义道德教育思想研究／高俊丽著. —— 北
京：社会科学文献出版社，2023.8（2024.8 重印）
ISBN 978 - 7 - 5228 - 2121 - 4

Ⅰ.①列…　Ⅱ.①高…　Ⅲ.①列宁主义 – 道德建设 –
研究　Ⅳ.①A821.64

中国国家版本馆 CIP 数据核字（2023）第 147922 号

列宁共产主义道德教育思想研究

著　　者／高俊丽

出 版 人／冀祥德
责任编辑／王小艳
文稿编辑／周浩杰
责任印制／王京美

出　　版／社会科学文献出版社·文化传媒分社（010）59367004
　　　　　　地址：北京市北三环中路甲 29 号院华龙大厦　邮编：100029
　　　　　　网址：www.ssap.com.cn
发　　行／社会科学文献出版社（010）59367028
印　　装／唐山玺诚印务有限公司

规　　格／开　本：787mm×1092mm　1/16
　　　　　　印　张：20.5　字　数：285 千字
版　　次／2023 年 8 月第 1 版　2024 年 8 月第 2 次印刷
书　　号／ISBN 978 - 7 - 5228 - 2121 - 4
定　　价／98.00 元

读者服务电话：4008918866